上海，不能抹去的记忆

许云倩 主编

世纪出版集团 上海人民出版社

上海世纪文睿文化传播公司 出品

朝花夕拾的追寻

徐锦江

《朝花夕拾》名自鲁迅。

《朝花》办《夕拾》其意不待多言。

《朝花》副刊创自1956年，迄今58载，出刊7000多期，是《解放日报》一个历久而弥新的优秀品牌，但随着大时代的变化，特别是互联网大潮的澎湃而至，传统报纸副刊何去何从，值得深考。

2012年，我们有了在《朝花》大品牌下，将其根据不同受众再行细分的考虑和尝试，除了原有《朝花·综合》外，我们又新推出了《朝花·夕拾》和《朝花·评论》，并调整《朝花·收藏》为《朝花·品艺》。2014年，我们又顺时而为，推出了"朝花时文"新媒体微信公众号，让《朝花》再添新蕾。

《夕拾》是《朝花》在传承中创新的一个重要部分。思路确定后，人才是决定因素。文艺部高级编辑许云倩担纲了此版的组稿编辑任务，小许编辑技艺精湛，她负责的"连载小说"一直是《解放日报》为人称道的高水平名栏，凭她的丰富经验、文学功底、专业素养和一丝不苟的负责精神，要么不做，要做就一定能做好。

不久，她就拟好了发刊词："并非每一个人生都会在历史的驿道上留下辙印。在后人称之为'历史事件'或'历史瞬间'所发生的那一个当下，亲历者却未必具备那一种主观自觉，意识到自己之作为所蕴涵的特殊价值。他们中的多数，只是在命运偶尔垂青于他们的时候，承担起了各自的'天赋职责'。而在今天，当他们回首往事时，我们却能以'后知者'的清晰，分享他们的遥远故事。"《朝花·夕拾》于2012年7月16日藉中共二大90周年纪念日正式上位。首发篇即是反映二大召开过程的《风云翻卷上海滩》。在将近两年的《夕拾》版上，也正如小许发刊词所写的那样："以发自内心的真诚和尊重，向读者呈现一幅幅真实的历史画面，让美好的文字，带我们穿越回那'朝花'盛开在晨曦中娇艳欲滴的绝美瞬间。"其中《1976，中央工作组空降上海》，将上海人民都曾经历过的一个极为重要的历史时刻由表及里地重现于文字；《储蓄所门前的枪声》《归去来兮的"打电话的少女"》《追踪神秘的"敲头幽灵"》所叙述的故事，都是当时震惊整个上海的社会事件；《高桥海滨浴场的民国记忆》《"好事只愁天妒我"》《南京路"四大公司"的传奇故事》等，是上海的民国故事，有些已经淡出了今人的记忆，却是海派文化极为重要的一个反映；《"二万户"的温暖记忆》《上海工人文化宫的美好回忆》《文化广场的那些年与那些事》则是为我们讲述了新中国建国之初那些美好温馨的往事；《金敬迈与〈欧阳海之歌〉》再现了一本书及其作者跌宕坎坷的命运，令人唏嘘感慨；《万泉河水清又清——〈红色娘子军〉的幕后故事》，却是叙述了一出芭蕾的诞生和延续。

为了这些故事的刊出，小许可谓呕心沥血，有时候，八千、一万字的长文要删到五千字的版面容量，既要尊重作者，保持原味，又要在方便读者中不放低要求，小许甚至到了粒粒珠玑，惜墨如金的地步。功夫不负有心人，作为一个好编辑，这些按照报告文学要求编辑出的报道有许多上升到了"作品级"，其中《风云翻卷上海滩》和《消失了的"情人墙"》两篇先后获得2012和2013年度的上海新闻奖报纸副刊作品一等奖和二等奖。

每一个故事，都是一个精彩的历史片断，尤其是一些当事人年事已高，记忆力日渐衰退，《夕拾》的文章将他们的回忆收集并以文学的形式再现，可以说是一种拯救工作。朝花夕拾的意义也在探索中不断显现，与互联网的碎片化浏览相比，报纸的阅读性传播更加深入，针对浮躁，年长的读者可以在追寻和重温历史一刻中获得一份定力，年轻的读者也可以藉了解一段不了解的前辈往事增加一份厚重。将这些具有浓郁上海特色的故事和人物发掘并保存，是让后人真正读懂我们所在的这个国际大都市来龙去脉的最好方式。正如后来"夕拾版"也参与其中的"上海，我的1949"口述实录大型报道活动所彰显的意义：还原历史是为了发现价值，替历史存档是为了启迪未来。

现在，《夕拾》的追寻能够汇聚成册，令人十分欣然和安慰。

是为序。

2014.秋

目　录

惊心回眸

海上回声

温情定格

民国往事

海风百年

惊心回眸

1976，中央工作组空降上海

建国初期沪上的一场谍战

智擒暗杀陈毅的刺客

储蓄所门前的枪声——建国后上海第一宗持枪抢劫银行大案侦破记

31年的无悔追踪

追踪神秘的『敲头幽灵』

归去来兮的『打电话的少女』

1976，中央工作组空降上海

冯　乔

1976 年 10 月 8 日，有人在北京用暗语向上海打电话，"我老胃病又发了"、"阿拉老娘心肌梗塞"。"四人帮"在上海的余党十分敏感，猜测出："中央出了修正主义"，"北京发生了宫廷政变"。他们连夜设立秘密指挥点，调集民兵，发放武器，架设电台，对抗中央的武装叛乱一触即发。俗话说，兵来将挡，水来土掩。10 月 20 日，开国上将、海军第一政委苏振华率领中央工作组空降上海，擒妖降魔，打了一个漂亮的闪电战。

老马迷途与热锅蚂蚁

1976 年 10 月 7 日早晨，中央政治局玉泉山紧急会议结束后，上海市委主持工作

1976 年上海市委部分领导：左起彭冲、苏振华、倪志福、王一平、车文仪

的书记马天水和上海警备区司令员周纯麟突然接到中央办公厅的电话，被通知速去北京开会："今天上午，中央办公厅派出专机去接你们来北京，有事情谈。具体时间专机到了上海机场降落后，他们机组人员会跟你联系。"

这一回，号称"老马识途"的马天水却迷路了。临行前，马天水在康平路上海市委学习室里，匆匆召集徐景贤和王秀珍两个人商量。马天水提出疑问："这次和往常不同，中办直接通知了警备区司令周纯麟，而不是由我们转告。"

徐景贤接着说："是啊，前几天我还跟春桥同志有联系，春桥同志说了，中央最近没有什么会，不会开什么会了，怎么突然又要开会呢？这个会讨论的是什么呀，我们都不知道啊。"

王秀珍也说："再说中央以前要开会，都得跟我们上海打招呼，事先要有准备的。要准备什么材料，而这一次什么都没有。"说话间，他们就产生了一系列的怀疑。

徐景贤，时任上海市委书记，原为上海市委写作班党支部书记。王秀珍，时任上海市委书记，原为上海国棉 30 厂技术员。

马天水决定，赶快开个常委会，再把这个情况跟常委通报了。常委们也有同感，有点反常。

徐景贤、王秀珍紧张地跟马天水说："你一到了北京，两个小时之内，就一定要跟我们来电话，到底发生了什么情况？"

中央第一批打招呼的是 4 个省、市（江苏、山东、湖北、上海）和 3 个大军区（南京军区、济南军区、武汉军区）。7 个单位的主要负责人都集中住在京西宾馆。中央有规定，来了以后，大家不准跟外界联系。

上海这边有人就着急了，四处打电话询问："怎么和马天水说好了，两个钟头之内来电话，结果什么也没有。"他们就给马天水秘书房佐庭打电话。房佐庭要马天水接电话，马天水不接。因为中央有规定，他也不敢随便接。

10 月 7 日下午，中央召开第一批打招呼会议，对部分省市和军区负责人宣布，已经将王洪文、张春桥、江青、姚文元"四人帮"抓了起来。

马天水一听，脑袋就发懵了。

10 月 7 日整天，在上海的"四人帮"余党没有打听到任何消息，急得像热锅上的蚂蚁。

一号指挥点在丁香花园

10 月 8 日，"四人帮"上海余党派出的耳目，终于陆续发回了"四人帮"出事的消息。

马天水秘书房佐庭打电话来说："我的老胃病又发了。"徐景贤他们都知道，房佐庭没有胃病的，怎么老胃病发了？

全国总工会负责人金祖敏的秘书缪文金去了北京以后，加了一句："我娘心肌梗塞。"

公安部的内线还传来这样的消息，"人都集中了，锁起来了，不能动了。"

这几个电话，把上海搅得天昏地暗。当天晚上，徐景贤等人焦躁不安，召开了密谋武装叛乱的第一次会议。他们商量，中央出了修正主义怎么办？要对着干。准备撤销康平路这个点，分两个指挥点。一号指挥点设在华山路丁香花园，由徐景贤带领，指挥全局。二号指挥点由王秀珍带领，地点定在南京西路的市民兵指挥部，后来为了隐蔽起见，王秀珍带人又转移到了东湖招待所。这一晚，他们也演了一出戏——"狡兔三窟"。

徐景贤当天晚上下达"手令"："请民兵指挥部加强战备，3500人集中，31000民兵待命（即晚上集中值班）。请民兵指挥部立即派人加强对电台、报社的保卫。"

王洪文在上海多次说过"要警惕修正主义上台"、"要准备打游击"、"打巷战"，公开建立了直接受他们领导的"上海市民兵指挥部"。王洪文多次视察民兵装备，带领民兵训练。他们动用地方经费3000多万元，私造了大量武器。在毛主席病危通知后的第二天，他们就通知马天水把库存的几十万支枪发到基层民兵手里，随时待命。

上海市民兵指挥部，在江南造船厂和中国纺织机械厂设立两个秘密指挥点。黄浦江畔，群魔乱舞，对抗中央的武装叛乱一触即发，大有山雨欲来风满楼之势。

玉泉山确定中央工作组人选

10月10日，中央对上海采取釜底抽薪的紧急措施，把徐景贤、王秀珍叫到北京，敲山震虎，打乱"四人帮"上海余党的阵脚。

但是，他们中的骨干分子仍在上海四处活动。留守上海的一帮人，通过各种渠道打听到"四人帮"确已被捕。他们作孤注一掷的准备。

1976年10月12日，华国锋在北京玉泉山召集了政治局会议。华国锋认为，现在看来，"四人帮"的这些余党，他们已经不能够控制上海了。我们再不去人就会出大乱子，我们一定要想办法，马上派人去解决这个问题。

1976 年在上海锦江饭店留影，中立者为苏振华

派谁去呢？叶剑英说是派去的这个人，一定要不论是在军队，还是在地方，都能够压得住台的，这样才能够把上海稳住。叶剑英略一思忖后说："我看苏振华同志堪担此重任。"为什么呢？他就讲道理了，苏振华既有作战的经验，身经百战。他又在贵州当过省委书记，地方工作也干得很好。

推荐中央政治局候补委员苏振华到上海，还有一个理由，就是苏振华对"四人帮"的斗争很坚决。

早在 1975 年 6 月 5 日，苏振华就给毛主席写了一封信，反映了"四人帮"问题。海军第一政委苏振华的家在北京友谊里海军大院，一墙之隔，就是江青等人住的钓鱼台。他们之间近距离的冲突不可避免。苏振华在中央政治局会议上，就敢当面顶撞江青。

在抓"四人帮"之前，中央军委常委苏振华按照中央主要领导指示，在北京郊外怀柔水库找了北京卫戍区司令吴忠谈话，又和总参王尚荣副总长谈话。苏振华还执行叶帅交办的一项任务，布置海政保卫部的老部下去东海舰队，查扣一个给"四人帮"写效忠信的干事。

第二位人选是倪志福。可当时他的身体状况并不是最好。华国锋说："'四人帮'和他们的余党不是说王洪文是工人阶级的'领袖'吗？他是什么工人阶级'领袖'，我们要派一位真正的工人阶级领袖去。"

倪志福是上海人，是发明"倪志福钻头"的著名的全国劳动模范，有长期工会工作经验。李先念说："我赞成倪志福同志去，他既是上海人，又是有创造发明的劳动模范，在工人群众中威望高，而且有治理地方工作的经验，是工人阶级自己的领袖。"

中央领导认为，最好能从江苏调一位同志去上海工作，在江苏的彭冲曾经被"四人帮"整得够呛。如果派彭冲去，上海将来建设当中遇到很多问题，一定会得到江苏的帮助。

所以这样组成了苏振华、倪志福、彭冲为核心的中央工作组。

10月13日，马天水、徐景贤、王秀珍回到了上海。他们在市委常委会上传达了中央打招呼会的情况。王洪文的小兄弟知道大势已去，再发动武装叛乱无异于以卵击石。这时，粉碎"四人帮"的消息已经通过各种渠道传到了上海。

专机突然降临上海虹桥机场

1976年10月20日上午10时许，海军第一政委苏振华身边的工作人员，突然被召唤到人民大会堂北京厅开会。参加会议的总共有18个人，有苏振华、倪志福、彭冲3位领导，还有林乎加（经委）、严佑民（公安部）、车文仪（海军）、毛联珏（北京）等各单位负责人。苏振华在会上说："这是在特殊情况下执行的一个特殊任务，为了保密起见，事先都没有告诉大家。虽然在北京粉碎了'四人帮'，但是上海情况还是很紧急，有的人想发动武装叛乱，这个权还掌握在他们手上。中央决定组成工作组马上要去上海。"

当天下午13时，中央工作组成员18个人在北京南苑机场集合。16点46分，中央办公厅通知可以起飞。中央指示，为了防止"四人帮"余党狗急跳墙，专机行程保密，不通知上海市委。

朦胧暮色中，专机降落在虹桥机场1号停机坪。苏振华保健护士周亚非记得："首长对大家讲，都坐好，先不要动。"原来是等东海舰队的车来接。不一会儿，海军的车鱼贯而入，海军上海基地司令员杜彪、政委康庄带着警卫人员来迎接首长苏振华。

这时候，虹桥机场正处于严密的戒备状态。专机到达前的 50 分钟，有人听到风声，抢先一步来到机场，对专机进行监视。后来知道在机场蹲守的人，是上海警备区副政委李彬山和上海市委警卫处长康宁一，但他们又不敢上去盘问。

苏振华带领中央工作组，在海军的护卫下，迅速驱车离开虹桥机场，没有去市中心，而是一路向东北方向，开到了水电路的海军上海基地，叶帅要海军第一政委苏振华牵头到上海，就考虑安全因素和海军的便利条件。如果遇到危险，有东海舰队保驾护航。

1977 年在上海，苏振华与倪志福同志在机场

1977 年苏振华与彭冲同志在上海

海水就是要冲冲龙王庙

10 月 20 日晚上，中央工作组到达上海。苏振华，曾经指挥带领二野第五兵团打过长江，一直打到大西南的著名将军。如今，他以军委常委的名义挥师上海。在水电路海军基地设立了临时指挥部，连夜召集了上海警备区司令员周纯麟和驻沪陆海空各部队负责人，了解情况，进行布置。

次日凌晨 3 点，苏振华秘书丑运洲打电话通知马天水到水电路来开会。此所谓，海水就是要冲冲龙王庙。

苏振华警卫员朱明章回忆说："因为苏振华他们都在海军招待所的楼上，就叫马天水上楼。马天水的警卫员也要上，我们在楼下就挡住了他。那个警卫员说，马天水的安危谁负责。我说，到这里来，用不着你负责了。他偏要上。我发火了，你再闹，我们就把你枪给收下来了。他看到这个情况就不吭声了。"

海军招待所比较简陋，事先也没做这方面安排，就摆着几个布罩的椅子和一个茶几。马天水进门一看："怎么那么简单，我们上海有地方啊，有锦江饭店、兴国宾馆，你们就到我们那边去住吧。"

苏振华没理他，就说："马天水同志，今天请你来，是请你汇报一下，你回来以后，你们怎么安排的，中央的精神你们怎么贯彻的，做了一些什么事，请你跟我们谈一谈。"

马天水很紧张，回话就有点结结巴巴了。

当天送马天水走的时候，嘱咐他不要对外界说中央工作组已经来了，而且住在水电路这个地方。但是天一亮，在水电路海军基地门口，外面大字报就贴出来了，欢迎苏振华、倪志福、彭冲率领的工作组到上海。

在东海舰队基地招待所，首长们通宵达旦工作。然后就找徐景贤、王秀珍等人谈话。王秀珍表现出对倪志福的特别亲热。为什么会有一种特别的亲热？因为倪志福是工人发明家出身，工人阶级。王秀珍算是工人起家的。王秀珍要单独找倪志福谈，当时，倪志福没同意："要找就找苏政委，要么我们 3 个人在一起，你直接找我，不见。"

苏振华把南京军区政委廖汉生找来，下令把参与"四人帮"武装叛乱的部队那些人统统调回去。然后请上海警备区司令周纯麟直接抓民兵。南京军区又派了副参谋长张挺，作为工作组成员，监管民兵指挥部。

兵贵神速，苏振华在水电路海军上海基地，打了一个漂亮的闪电战。两天后，他就回北京了。10 月 24 日，苏振华在北京参加了百万军民欢庆粉碎"四人帮"的大会。

大张旗鼓再度飞到上海

10 月 26 日，苏振华、倪志福、彭冲等人乘专机再次来上海，这一回行程不再保密了，而是大张旗鼓。首先，他们在上海展览馆开了一个区县局干部会议。在会上，倪志福传达了中央的决定。中央任命苏振华为上海市委第一书记，市革委会主任。倪志福是第二书记，彭冲是第三书记。一宣布，整个上海都沸腾起来了。

苏振华在会上作了简短讲话："上海是上海人民的上海，上海是中央领导的上海，不是'四人帮'控制的上海。"这样就把上海人民跟中央连在一起。

1978 年苏振华下部队视察时

　　这一次，苏振华一行不再住水电路海军上海基地了，而是搬到了市中心的锦江饭店南楼。按照中央方针，既要解决问题，又要稳定局势，开始了对"四人帮"上海余党的清查工作。苏振华、倪志福、彭冲经过研究，采取了开了大会后开小会的方法。先开常委会，常委会人少，就在锦江宾馆南楼开。中央工作组领导都坐镇在那里，原来的几个常委，马天水、徐景贤、王秀珍、张敬标、冯国柱、王少庸也都参加了。

　　苏振华在常委会上就让在座的人放开讲，从哪里讲起，就从发动武装政变开始讲起。要把"四人帮"和余党在上海搞的所有问题一下子查清楚，很难。但是武装叛乱就是前些天的事，你们最好一天一天地把这个事情摆出来。

　　常委会上，苏振华秘书丑运洲清楚记得："徐景贤比较认罪，很多材料都是直接交给我的，比如说他第一个手令，也是他主动交给了我。王秀珍就老想洗清自己的罪责。马天水就有点装。怎么装法？比如说，他到北京开会去了，发动武装叛乱的这些事，他说不知道。"

当时，新的上海市委领导班子也采取了一些措施，对那些武装叛乱跳得很高的，就是罪恶比较深重的那些人采取措施，抓了一些人，采取了隔离审查。

10 万民兵全副武装游行

"四人帮"上海余党的核心集团就此彻底土崩瓦解。苏振华获悉，江南造船厂曾经是上海密谋武装叛乱的一个指挥点。他想去探个究竟。

苏振华的女儿苏业承曾经对父亲说："上海是王洪文的老巢，他老窝里头有人想搞你，你小心点，别出去以后，人家把你给绑了。"

苏振华说："你就不懂，越是危险，越是安全，你要相信群众，原来我也心里很忐忑，说会不会出大事，这群众基础到底牢不牢？但是我到了那儿，到民兵指挥部去了，跟那老工人谈，我听到了真话。其实大多数的工人群众，绝对是相信中央的，对粉碎'四人帮'是支持的。坏人到底还是没有好人多啊！"

关于上海粉碎"四人帮"开群众大会，市委讨论究竟让不让上海民兵参加。因为上海民兵曾经是王洪文的队伍。苏振华的态度很明确："为什么不让参加？上海民兵那么庞大的队伍，都是工人阶级。如果你不让他参加，就等于把他们都推到'四人帮'那儿，你不相信他们啊！"所以，市委最后决定让上海民兵都参加。其实这个招，现在看来是对的。除了极少数的坏头头孤立起来了以外，广大民兵都属于人民群众的。

1976 年 11 月 1 日，上海 10 万民兵在人民广场隆重集会，还在南京路和外滩进行了声势浩大的武装游行。广大民兵坚决听党中央指挥，坚决拥护粉碎"四人帮"。

1982 年，上海对"四人帮"上海余党进行了公开审判。徐景贤判刑 18 年，王秀珍判了 17 年，马天水因患反应性精神病，丧失供述、申辩能力，依法中止预审。其他帮派骨干分子也受到了法律的制裁。这就是"四人帮"上海余党的结局。

建国初期沪上的一场谍战

李 动

共和国建立之初，上海的上空时有台湾飞机前来骚扰，轰炸机来无踪，去无影，瞄准重点，精确投弹，死伤无数，损失惨重。尤其是 1950 年 2 月 6 日这一天，对于上海市民来说可谓是一个黑色的日子。黄浦江上空发生的"2.6"敌机轰炸案引起了全国人民的悲愤和世界的震惊，此案侦破过程亦可谓惊心动魄，扣人心弦。

护送苏联大师过长江

1949 年的秋天，上海市人民政府公安局接到了一项特殊的保卫任务，10 月 1 日，中国共产党的领袖们在北京天安门举行了举世瞩目的开国大典，苏联共产党派出了阵容强大的文化、艺术、科学工作者代表团前来祝贺。

苏联文化艺术科学代表工作者团参加完开国大典后的第二天，便启程前往远东第一大都市上海参观访问。文化艺术科学工作者代表团团长是苏共中央委员、苏联作协主席、红色经典长篇小说《青年近卫军》《毁灭》的作者法捷耶夫，副团长是著名作家、纪实名著《日日夜夜》、电影《斯大林格勒保卫战》的作者西蒙落夫，代表团成员还有著名芭蕾舞演员乌兰诺娃等诸多世界级的作家、演员、歌唱家和科学家。

中央电令，务必保证苏联这个有着国际影响的代表团成员绝对安全，万无一失。

身为上海市人民政府公安局长的李士英深感压力重如千斤。苏联代表团一行被安排住在南京西路上的惠东饭店，代表团的每一项活动都严格按照计划进行，一环紧扣一环，严丝合缝，安全周到。

苏联代表团抵达上海后的前两天均太平无事，李士英局长绷紧的神经尚未放松，代表团来到上海的第三天，最让人担心的国民党飞机还是幽灵般地在上海的上空突然出现了。正在外滩四马路办公的李士英局长接到国民党飞机前来轰炸的电话报告后，立即命令部下，马上按事先准备的预案行动，代表团成员立即被疏散到防空地下室。

随着尖厉的警报声，只见云层里出现了黑压压的飞机群，伴随着一阵轰鸣声和几股黑烟后扔下了一串串炸弹，轰炸机又呼啸而去。黄浦江边的高射炮密集地向上空飞去，火光冲天，震耳欲聋。但是高射炮的射程对高空飞行的轰炸机望尘莫及，黄浦江两岸的民居和大楼，以及杨树浦发电厂等处被炸得硝烟弥漫、面目全非。

第二天，苏联代表团接到苏共中央的紧急电报，要求他们代表苏共立即赶赴意大利参加意共第九次代表大会。当时上海的飞机航线尚未恢复开通，苏联代表团必须先坐火车赶回北京，然后再坐飞机前往意大利。

为了保证苏联代表团成员的绝对安全，李士英局长决定亲自护送苏联代表团赴北京。他调集了40名侦查员作为便衣，贴身保卫在代表团成员周围；同时又调动了上海部队一个连，真枪实弹地随火车护送前往北京。李士英局长又指示为苏联代表团包了4节专列，沿途还调动了4个团的兵力加以严密保护。

在列车上，李局长用俄语与苏联代表团团长法捷耶夫聊起了天。

李局长操着娴熟的俄语对法捷耶夫道："您的代表作《青年近卫军》我认真拜读过，写得很精彩，我连夜一口气读完，被里面的故事深深地吸引和感动，尤其是几位青年英雄，奥列格、乌丽亚、谢辽萨等形象给我留下了深刻的印象。这部小说对中国青年有着重要的教育意义和激励作用。"

法捷耶夫听到李士英局长能说一口流利的俄语，瞪着眼睛愣住了。金发碧眼、鼻梁高耸的法捷耶夫，身着深灰色的呢子大衣，气质高雅，他好奇地问李局长："您是什么时候学的俄语？"

李士英告诉他："四十年代初，我在莫斯科中国党校读过两年书。"

法捷耶夫恍然大悟："怪不得您的俄语讲得如此流利，原来如此。"

火车抵达南京过长江时，那时还没有建造南京长江大桥，只能靠大船运送。为了安全起见，李局长决定将专列和其他车厢混杂在一起过江。每一节专列混在其他车厢中间分批渐次过江，经过几个小时的摆渡，列车终于安全抵达彼岸。

经过几天几夜的奔波，列车终于安全抵达首都北京。李局长一行来到火车站台上，与苏联代表团成员一一握别，法捷耶夫、西蒙落夫等人还与李局长一行护送人员热情拥抱。目送着这批世界级艺术大师被北京市公安局警卫人员接走后，李士英长长地吁了一口气，悬在心里的大石终于坠了地。

福佑路的"上海独立台"

1950年1月11日，上海市人民政府公安局获得了一条可靠的情报：家住林森中路（现淮海中路）一个叫施家瑞的男子突然收到了775万元人民币巨额汇款。经查，这笔巨款是国民党保密局寄给潜伏在上海的特务吴思源的活动经费。侦查员通过邮局追根究底，很快查明了这笔巨款已被收款人施家瑞领去。

罗炳乾

侦查员又来到派出所查收款人的户口资料后获悉，施家瑞，23岁，男，最近他家在闸北区光复路开设了一家"振记瓷器店"。与此同时，公安局截获了国民党保密局密令吴思源报告飞机轰炸上海的结果，并告知将再拨给他20两黄金的活动经费的电文。这一发现使案情有了新的进展，证明特务吴思源不仅领取了经费，还藏有电台，并且他与敌机轰炸上海有直接关系。可这两人之间到底是什么关系呢？

振记瓷器店

侦查员在林森路的施家和光复路上的瓷器店对面各借了一间视线较好的房子，日夜监视着施家和"振记瓷器店"的出入动向。侦查员化装成顾客来到振记瓷器店观察，这是一间破旧的木屋，小店经营业务不大，顾客稀少。经过几天的仔细观察，发现除了资方施家瑞和父亲施肖莲两人外，还雇有账房、跑街和4个学徒，如此规模的小店却雇用了6个人，连日常开销都难以支付，钱从何而来？然而，小店又恰是施家瑞取走775万巨款后开设的，疑问甚大。

侦查员在外围监控的同时，对瓷器店每个成员展开了秘密调查。经过仔细调查后发现，其中有个叫罗炳乾的男子行动诡秘，此人既不在外跑街，又不在店里露面。通过户口资料细查，他是施家瑞的妹夫，户口报在福佑路。

　　侦查员又对福佑路进行了昼夜监视，这是一间老式石库门房子，两扇又大又厚的木门一关，难以看清里面的动静。几天监视下来，没发现里面有什么动静，晚上也不亮灯，更不见罗炳乾进出的踪影，倒是施家瑞来过几次福佑路的住处，手里提着篮子，上面盖着一块蓝布，不知里面装有什么东西？这一系列情况说明，这个瓷器店的资金很可能来源于特务经费，开店的目的许是为了掩护其特务活动。

　　侦破组为此请来了专门研究敌情的侦查员和了解特务机构及特务活动的老警察来进行会诊。

　　有位老情报人员听说"罗炳乾"的名字后，似有所悟地道："据我了解，国民党保密局也有个报务员叫罗炳乾，他是湖南华容县人，1937年春考入军统的技术干部训练班，毕业后在军统局郑州站等部门当过报务员，曾在国防部二厅技术研究室效劳。此人报务技术娴熟，是个干练的特务。不知此罗炳乾是不是彼罗炳乾？"

　　正在侦破此案之时，1月25日中午11时半，国民党的12架美式B24重型轰炸机、一架P51型战斗机和一架B38型侦察机，突然又飞至上海上空，在黄浦江两岸的杨树浦、十六铺、杨家渡、高昌庙等地进行了狂轰滥炸，像撒传单一样投了四五十枚炸弹，投弹后轰然远去，逃之夭夭。

　　黄浦江两岸顿时响声震天，楼塌屋倒，烈火四起，浓烟滚滚，地面上的房屋和居民顷刻成为废墟，其惨状令人惨不忍睹。据最后统计，这次轰炸共有152人被炸身亡，462间房屋被炸毁，18艘船被炸沉。

　　当日下午，李士英局长、扬帆副局长立刻召集了刑侦专家开会研讨案情。

　　李局长神色凝重地道："面对残酷的事实，公安人员深感责任重大，破案工作已是刻不容缓。现在有没有线索？"

　　戴着细边眼镜的扬帆副局长，这位北大毕业的儒将、新四军里的秀才推断道："根据邮寄特务经费和敌台发报的情况分析下来，那个瓷器小店与台湾特务机关应该有联系，我认为可以动手了。"

　　具体负责此案的老陈道："'振记瓷器店'的那个案件还在侦破中，现已掌握了大量证据，只是关键的人物罗炳乾还没有对上号。"

专案人员为难地说："现在关键是那个罗炳乾始终不露面，我们如果一旦动手，万一他不在，就会惊动他，这样势必会打草惊蛇，可能幕后还有更大的鱼，所以我们还是想放长线钓大鱼。"

李局长果断地说："如果他始终不露面，你们就一直等下去，这太被动了，现在是非常时期，迟破一天案，就意味着给上海这座城市和老百姓增加一天的危险。非常时期，只能采取非常手段，找个理由先进去再说，如果罗炳乾不在，就通过施家瑞找他，出什么问题由我来负责。"

刑侦处长老冯吐着烟雾，点头表示："我同意李局长的意见，就算抓错了，施家瑞不是特务，罗炳乾不在里面，但至少施家瑞领取了特务的活动经费，就这一点审查他也应该的。"

经过讨论大家达成共识，为了迅速打掉敌机的嚣张气焰，对此案的侦查不能按常规停留在外部侦查上，必须立即采取果断行动。于是，李士英局长决定，明天一大早就对施家和瓷器店，以及福佑路的房子进行严密控制，一有情况立即行动。

1950 年 1 月 26 日，又进行了一天 24 小时监视，还是不见罗炳乾的神秘影子。

是夜，李局长接到电话报告，仍未发现罗炳乾，他与扬帆副局长商量后，果断下达了命令："不能再无限期地拖下去了，明天一早立即行动。"

不夜城热闹了一夜终于安静了下来。27 日清晨，天蒙蒙亮，大街还沉浸在梦乡里，两边的商店都紧闭着门，街上行人稀少，大多数居民尚在睡梦里，埋伏在福佑路罗炳乾住处的侦查员，悄然翻进了罗家黑色的大门，随着"吱呀"一声，紧闭的大门被打开，几个黑影趁着晨雾闪进了大院，侦查员们直接冲进了罗炳乾的住所。他们举着枪闪进房间后却不见人影，又冲上阁楼，只见一男子正躲在阁楼上，头戴着耳机，专心致志地在发报。

大个子侦查员用枪对准那个发报的人，大声吼道："不准动！"

那个发报者似乎听到一阵激烈的脚步声，他刚想摘下耳机，拉开窗帘准备跳窗，抬头见几个黑洞洞的枪口已对准了自己，他顿时吓得愣怔住了，只得束手就擒，人赃俱获。

经验身，此人正是特务罗炳乾，1938 年参加国民党军统特务组织，先后在军统重庆总台、国民党国防部二厅侦测总台任职。逃亡台湾后接受国防部保密局"万能情报员"的训练，被委任为"上海独立台"台长，兼报务、译电、情报于一身。当场在其住处缴获美式发报机一部、密码一套、收发报底稿 19 份等罪证。罗炳乾被擒获的同时，侦查员在施家和瓷器店也同时采取了闪电行动，拘捕了施肖莲、施家瑞和施丽华，以及小店里的几名雇员。

经审讯，在铁的证据面前，老练的罗炳乾深知大限已到，无法抵赖，当即招供了一切。

为无辜牺牲的生命报仇

1949 年 7 月，国民党保密局四处处长杨震斋，突然找到罗炳乾谈话，请他出山去上海执行一项特殊的任务。

上司走后，罗炳乾却比他更激动。上级的任命正中他的下怀，因为他朝思暮想的恋人施丽华就住在上海滩，他趁此次到上海执行特殊任务之际可以"假公济私"地与恋人相聚。

1949 年 8 月 25 日，罗炳乾携带活动经费和美式发报机，迫不及待地登船离开台湾，途经舟山至上海吴淞口悄然上岸。一登陆，他就熟门熟路地摸到林森路女友施丽华的家。

罗炳乾经过一番寻觅，在福佑路觅到了一间理想的阁楼，周围没有什么高房子，小阁楼对周边一览无余，他以结婚为名租下了房子，就这样潜伏了下来。

十几天后，也就是 9 月 12 日，罗炳乾与施丽华闪电结婚，没有放鞭炮、新娘也没有穿婚纱，他们在施家悄悄摆了一桌酒席，施家父子和几个雇员一起，庆贺一番新婚快乐，当夜他们住进了福佑路的新房。

罗炳乾与台湾岛上的老巢接上头后，11 月 10 日，台湾保密局给他寄来了 775 万元人民币，施肖莲父子以此经费又在光复路上租赁了一间破旧的木屋，简单地整修一下后，挂出了"振记瓷器店"的牌子。小小的店堂里出现了 4 个小伙计，其实都是罗炳乾收拢来的散兵游勇。他们以瓷器店为掩护，开始了特务活动。

罗炳乾怕暴露身份，整日躲在楼内深居简出。施家父子和几个"雇员"则频繁外出活动搜集情报，他们通过各种关系到机关、工厂、街道等处搜集情报，对黄浦江附近特别感兴趣。他们来到浦江边到处乱窜，将人口密集的居民住地和码头记下来，又来到发电厂、造船厂、自来水厂等周边踩点，将厂址的方位标了出来，为台湾的轰炸机精确投弹确定了目标。

这些情报通过罗炳乾及时发往台湾，台湾方面根据其提供的目标，不断地进行定点轰炸。轰炸机呼啸而去后，施家父子立刻赶到被炸现场，望着惨不忍睹的废墟和尸体，他们幸灾乐祸，回来兴奋地向罗炳乾汇报，罗炳乾又及时地向台湾电告轰炸的成果，邀功领赏。

正当侦查员在审讯罗炳乾和施家父子之时，1950 年 2 月 6 日，上海市区上空突然又出现了黑压压的一群美式轰炸机，16 架飞机从厚厚的云层里呼啸而来，霎时，一串串炸弹雨点般地在黄浦江两岸骤然落下，地面顿时火光一片、响声震天，两岸的工厂和民宅顷刻成为一片火海。那些正在工厂里劳作的工人和在家的居民，还没反应过来，已是火光四射、血肉横飞、房屋倒塌、浓烟滚滚，顿时陷入了一片混乱之中，其惨状令人见之撕心裂肺，悲愤满腔。

被缴获的电台

当上海市人民政府和上海市人民政府公安局的领导闻讯赶到那片被轰炸后的废墟上探望时，他们望着遍地尸体和倒塌的厂房、民居，神情凝重，眼里含泪，内心更是万箭穿心，肝胆欲裂。

身着棉布黄军装、头戴棉布军帽的陈毅市长脸色凝重地望着惨不忍睹、还在冒着青烟的废墟焦土，沉痛地对身边分管公安的副市长潘汉年和公安局的领导李士英和扬帆发誓道："我们一定要迅速挖出潜伏的特务分子，绝不能再让轰炸机随意地轰炸我们的城市，残害我们的人民生命和财产，破坏我们的新生政权！否则，我们对不起党

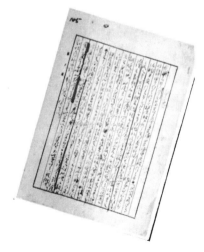

罗炳乾案台湾来信

中央对我们的信任，更无颜向上海的父老乡亲交代啊！"

经过雷厉风行地审讯调查，"2.6"轰炸案目标是罗炳乾被抓获前提供的情报。为了严惩罪大恶极的国民党特务，上海市军管会于"2.6"轰炸惨案的第二天公开宣判了这群特务分子。参加公审大会的群众义愤填膺，振臂高呼，口号声响彻云霄。特务罗炳乾吓得弯腰颤抖，尿湿裤子，被判处死刑，立即执行枪决；施家父子、施丽华和特务帮凶亦分别被判处重刑。

之后很长一段时间里，上海的天空平安无事，湛蓝的背景里只有美丽的鸽子宁静地飞翔，未留下一丝痕迹。

智擒暗杀陈毅的刺客

李 动

　　翻开尘封的历史档案，透过历史的烟雾，回眸当年上海刚解放的峥嵘岁月，令人感慨万千。虽然当年国民党的军队像雪崩一样地瓦解了，其残余势力逃往孤岛台湾，但是国民党却不甘心其失败之命运，国民党保密局派了一些训练有素的特务不断地潜入大陆搞暗杀领导人的阴谋。面对严峻的形势，新成立的上海市人民政府公安局主动出击，有的放矢，一举生擒企图暗杀陈毅市长的"天字特号"刺客。

接获情报　张网以待

　　上海是中国最大的工商城市，也是国民党特务重点经营的老巢，各个特务机构解放前在上海建立了公开和秘密机构48个，控制大大小小的外围组织近100多个，近万余人，职业特务网络渗透到社会的各个角落。

　　大江东去，人民解放军以滚滚洪流不可阻挡之势占领上海后，大量的特务悄然潜伏了下来，他们与地方上和外来的顽匪纠集一起，盘根错节，伺机破坏，形势十分严峻。在上海刚解放的艰难岁月里，上海市公安局的公安将士们日夜操劳，在隐蔽战线与台湾特务展开了一场斗智斗勇的生死较量。

　　在短短的几个月里，上海市人民政府公安局破获特务、间谍案件417件，捕获特务1499名，缴获电台109部，缴获各种枪支数千支，沉重地打击了敌特的现行破坏活动，震慑了猖獗一时的特务，保卫了新生的政权和上海社会的稳定。

　　在这些形形色色的特务案中，刘全德刺杀陈毅未遂案的侦破，最为影响重大和惊心动魄。

1949 年 10 月 30 日晚上，一份特急绝密电报通过特殊渠道送到了上海市公安局副局长兼社会处处长扬帆手里。扬帆是北大才子，新四军里的秀才。

他展开电报急切地看了起来："据可靠情报，台湾特务机关派遣少将组长刘全德带领安平贵、欧阳钦等人，欲抵上海执行谋刺陈毅市长的任务。"

扬帆看罢电报，心里顿时一惊。他双眉紧锁，来回踱步不停地吸烟，心想上海人民正沉浸在刚刚庆祝新中国成立的喜悦之中，陈毅市长亦正在日理万机地处理百废待兴的事务，台湾特务机关却在这时派老道的杀手来沪谋刺陈毅市长，企图采取极端之手段，制造震惊中外的恐怖事件，以达到搅乱人心、动摇我新生政权之目的，其用心何其毒也！绝不能让他得逞。

扬帆顾不得已是凌晨一点多了，立刻闯进隔壁的李士英局长办公室，对着埋头看文件的李士英局长道："士英，我刚收到一份电报，获悉老蒋特务欲来上海暗杀陈老总。"

李士英局长是上世纪 30 年代中共特科行动队的虎将，曾亲自惩处了上海滩的许多叛徒。他一听扬帆汇报的情况，顿时眉心凝成了疙瘩，赶紧接过电文仔细看了两遍，感到这是头等大事，决不能怠慢，立刻决定赶到陈毅市长处向他当面汇报。

李士英局长通过桌上的红色电话机向陈毅市长报告有要事汇报，陈毅市长立刻让他来家里面谈。李士英局长穿上外套和扬帆副局长立即驱车直驶陈毅市长寓所，小车驶入了武康路。这是一条幽静人稀的马路，两边的法国梧桐树遮天蔽日，绿树丛中一幢幢洋楼隐约其中，典雅宁静。黑色轿车来到湖南路口一个小转弯戛然而止，他俩下车后匆匆走进那幢深宅大院。

陈毅市长见两位公安局长心急火燎地深夜赶来，猜想一定有重大事情。身着灰色中山装、光着脑袋的陈毅市长开门见山地道："无事不登三宝殿，两位公安局长半夜上门定有大事，什么事？请说吧。"

扬帆副局长从皮包里取出那份绝密电报递给了陈毅市长。

刘全德

陈毅市长看罢电文淡然一笑，操着四川口音朗声说："老蒋特务要来，你又不能阻止他不来，他们要来只能让其来啰，但既然来了，就不能再让他们跑了，一定要全力侦破，一网打尽，全部抓获。"

是夜，两位局长回到福州路上海市公安局大楼，李士英局长让扬帆叫来了社会处副处长，经过认真分析谋划，大家一致认为擒贼先擒王，决定集中全力要首先擒获刘全德，然后再深挖细究，一网打尽。

李士英局长请扬帆副局长具体指挥此案，张网以待，务必生擒。一场围捕特务杀手的特殊战斗，分秒必争而又悄然紧张地展开了。

社会处的侦查员立刻调出刘全德的资料，此人在国民党特务圈子里颇有名声。

刘全德其实是喝着共产党的奶水长大的。他1913年生人，江西省吉水县人。1929年就参加了红军，1931年加入中国共产党。陈毅任红四军政治部主任时，他是红四军十一师某团的传令兵。他在红军队伍里做过班长、排长、特务连连长。因人机灵，1933年曾被我党派往上海做地下党的除奸保卫工作。因此，他对我党的情报和保卫工作非常清楚，对上海的情况也很是熟悉。1935年11月，在武昌被国民党军统特务逮捕，经不住军统特务的逼供和利诱而叛变，拜倒在军统特务头子戴笠脚下，死心塌地为国民党特务充当鹰犬，多次受到特别训练。他当过军统特务头目陈恭澍、毛森等人的副官、军统江西站行动组副组长、海外交通站站长、东南特区中校警卫队长、京沪杭卫戍总司令部上海指挥所第二处上校警卫组长等职。

刘全德头发卷曲，满脸络腮胡子，相貌朗俊，以胆子大、枪法准、心狠手辣著称，先后执行过数十次对重要人物的暗杀、爆炸等行动，屡屡获奖，颇受重用，是一个狡猾老道的反共老手。

空降舟山　潜入上海

1949年6月下旬，上海解放初期，刘全德曾被人民解放军驻沪警备部队保卫部门逮捕过，由于当时掌握的情况不多，信息不灵，加上此人狡猾老道，隐瞒其姓名，又积极表现立功赎罪，关押一周后予以释放。

不久，刘全德秘密随国民党国防部保密局交通线华庆发逃亡舟山，转赴台湾。国民党保密局局长毛人凤、潘其武、毛森等都将刘全德视为至宝，轮番召见，蒋介石更是"钦点"刘全德出山执行刺杀陈毅等上海的党政军要员的任务。

很快刘全德被委以"国防部保密局直属行动组上校组长"的头衔，行动小组共6人，由刘全德自己挑选。离开台湾前往大陆前，刘全德选定了安平贵、欧阳钦为组员，刘全德与他俩接受了短期简易的爆炸训练。

猜疑多端的蒋介石还亲自点名让毛森至厦门督阵。

老蒋发话道："只许成功，不许失败！"

毛森领命后匆匆赶到厦门召见了刘全德，毛森先把那个装有满满一包活动经费的皮包往他面前一扔，充满厚望地道："这是发给你的2780枚银元，作为活动经费，还有一架电台，此次行动被称为'天字特号'任务，限你在6个月内完成谋刺陈毅的行动任务，成功后重赏，你有信心吗？"

刘全德"霍"地站起来道："一定完成党国交给的重任，不辱使命！"

毛森激动地握着他的手道："国难识良将啊，好样的！等你完成任务回到岛上后，我一定在毛人凤局长面前替你报功，事成之后重赏千两黄金，并晋升为少将军衔。"

刘全德双手握着上司的手感激道："谢谢，谢谢局座栽培！"

毛森交待完任务后，又从包里掏出一张上海特务组织名单交给他，口授命令道："我们已派往上海和即将潜沪谋刺其他共产党军政要员的名单都在里面，他们均归你指挥，非常时期谁不服从命令，你可以当场处决他。老头子已下了死命令：只能成功，不许失败！"

刘全德自信地站起来，一个立正道："是！"

1949年10月初，台湾特务机关用飞机将刘全德和行动组成员安平贵、欧阳钦送到大陆定海，他们跳伞后，立刻与当地潜伏的女土匪头子黄八妹接上了头。黄八妹虽是女流之辈，但在土匪圈子里混迹多年，抗战时她积极抗日，赢得了部下的拥戴。她染上了一股匪气，满口粗言恶语，脾气暴烈，枪法了得，说一不二，故部下都服她。后来她投靠了国民党。解放前夕，她带领手下逃亡浙江舟山地区，曾多次派人潜入上海进行破坏活动，但都被我公安人员一网打尽。黄八妹是毛人凤埋伏在舟山地区的一颗"定时炸弹"。

深秋的海滩，海潮滚滚，涛声阵阵，浪涛如雪，月色迷人。黄八妹在银色的海滩见到了台湾飞机上降落的 3 个黑影后，激动地上去与来客接头。她带着手下的虾兵蟹将一路护送海外来客到了一间平房里。胆战心惊、东躲西藏的黄八妹听说老蒋欲反攻大陆，他们此次行动是先去上海刺杀陈毅等人，便信心大振。她情绪高涨地请部下烧了许多海味接待了这些登陆的"壮士"，胡喝海吃后个个瘫倒在床上。

求功心切的刘全德从昏睡中醒来后喘了口气，急不可待地对黄八妹道："你明天一大早赶紧设法找个小船把我们兄弟几个送到大洋山，靠他娘的上海滩越近越好。"

黄八妹点头应允道："好的，老娘马上给你去找条船来。"

很快，他们果然觅到了几条船停靠在岸边，她对部下严厉地道："听好了，小心划船，跟我一起送这几位台湾客人去大洋山。"

大清早，小木船在烟雾迷离中悄然离岸，在茫茫的水面上颠簸了很长时间才抵达大洋山。

刘全德上岸后，又命令黄八妹道："再辛苦你将安平贵和欧阳钦两位老弟送到上海吴淞码头，让他俩搭乘货船进入上海。我自己行动，你就别管我了。"

刘全德与搭档交待了接头地点后，让欧阳钦给他买了许多糖，自己则化装成卖糖的商人离开大洋山只身前往浙江乍浦。

入网的大鱼滑掉了

侦查员查清了刘全德在上海的关系网，发现他在上海有 4 个交往甚密的人，刘全德潜入上海后，有可能和这几个关系人联络，并在其处居住隐藏。

对此，上海市人民政府公安局制定了"张网捕鱼"的侦察方案。一是严密控制吴淞口码头，防止从海上潜入；二是马上接触与刘全德有关系的几个人，晓以利害，争取为我所用；三是深入调查，继续侦察寻觅新的重要线索。

刘全德是一只难以捉摸的狡兔，要抓获他绝非易事。当时我公安机关刚接管国民党警察局，公安情报网络尚未完全建立。在大上海茫茫 500 多万人口中，要捕获一个长相普通的刘全德，犹如大海捞针。撒出去的网已好多天了，但仍不见其踪影。

专案组商量后决定"深入虎穴"主动出击。经过侦查员多天的日夜走访了解，摸出了 4 个与刘全德关系甚好的人，他们是刘全德在上海的关系网，有条件接触刘全德。侦查员根据刘全德这几个关系人反复琢磨，感到其中有个叫陆仲达的可以为我所用。1949 年 3 月，毛森任上海警察局长，刘全德跟随前往任职，从而与陆仲达相识。陆仲达是上海旧警察局调查科情报股的便衣，现在是市局的留用人员。

专案组向陆仲达交待了任务，他明白现在是共产党的天下，为了自己的生计和养家糊口，他表示一定竭尽全力，立功赎罪。

陆仲达接到这件特殊的任务后，第一个想到的是刘全德的密友姜冠球，他住在长乐路文元坊。11 月 8 日晚，陆仲达来到姜冠球家探望，进门就看见刘全德坐在客厅里，不觉心里一怔，转而又是窃喜。

刘全德意外地见到陆仲达心里一惊，他立刻来到窗口处扫视一下，没有发现人影晃动，稍加宽心。刘全德对陆仲达笑着说："我刚从舟山过来，准备找个熟人陪我去公安局自首。"

陆仲达马上明白了刘全德对自己的不信任。为了打消他的顾虑，他对刘全德说："我已经失业在家了，想请老朋友帮忙介绍个职业，养家糊口。"

久经沙场的刘全德没有轻信对方，他感到这里不是久留之地，与陆仲达寒暄了几句便起身告辞，并示意陆仲达一起走。

途中，陆仲达心里琢磨着，如果一直跟着刘全德，可能会令他起疑；倘若采取行动，又感到不是他的对手，为了不打草惊蛇，只得借口去看另外的朋友，与他分道扬镳。由于姜冠球家进出人员较多，侦查员也未能及时与陆仲达取得联系，辨明目标，入网的大鱼滑掉了。

虽说刘全德侥幸溜之大吉，但是扬帆认为"见鱼撒网"的路子是正确的。于是，扬帆决定一方面继续监视文元坊，另一方面则布置前往刘全德关系更铁的史晓峰处探望。

时间紧迫，为了不贻误战机，扬帆经过反复思考后，决定找来高激云与他接触。高激云不是留用的警察，风险可能更大，扬帆决定亲自与他谈一下，晓以利害，相信他会识时务的。

当夜，中年男子高激云来到一处秘密点，他走进屋内，见一位气质不凡的男子坐在里面，虽不知对方的身份，但明白是个大人物。

彼此寒暄一番后，扬帆开门见山道："据我们了解，你与一个叫刘全德的人有点私交，是吧？"

高激云一听军统特务刘全德，吓得连连摇手，矢口否认道："我们只是在1943年见过几次面，此后没再往来过。听说他好像逃到台湾去了，具体情况我真的不太清楚。"

扬帆直截了当地摊牌道："是的，他是逃往台湾了，现在他将要潜回上海企图刺杀重要领导人，所以，我们想请你出山，设法找到他，帮助我们挖出这个祸害。"

高激云犹豫地嗫嚅道："我与他只是一面之交。我又没他的联系方法，怎么找到他？"

扬帆启发他道："我们了解到你有一个姓史的朋友与他关系甚密，你去找他，就一定能找到刘全德。"

高激云担心地喃喃道："这恐怕……"

扬帆神色庄重地晓以利害："如果你协助人民政府及时抓获这个特务，为人民立功，我们将会奖励你，将功补过，你也曾当过特务，这我们是一清二楚的；如果你不配合人民政府，其后果你应该明白。你自己看着办吧。"

高激云望着扬帆严峻的目光，胆怯地低下了惶恐的眼睛。心想现在已经解放了，是共产党的天下，站在屋檐下，怎敢不低头。干好了有奖，这我倒不在乎，倘若不答应，必定没好果子吃，还有老婆儿子，以后的日子还长着呢。想到此，他决定豁出去了，为共产党效劳，将功补过。

经过扬帆的谈话，高激云答应作为内线，立即去刘全德关系最铁最有可能前往的史晓峰住处探望，如有情况立即汇报。

高激云与刘全德的关系还得从抗日战争期间说起。那时，他和史晓峰同是汪伪特工总部政治保卫学校的学生，1943年，刘全德在极司斐而路（今万航渡路）76号魔窟附近，刺杀汪伪特工总部电讯总台少将台长余阶后，逃至政治保卫学校史晓峰的住处避难，同寝室高激云当时年轻，颇讲义气，到外边帮他打听风声，还每天给他送吃的，与史晓峰一起帮他渡过了难关。刘全德对此感激涕零，此后，他们关系日趋密切，尤其是史晓峰与他更情投意合，他们彼此从没断过联系。

睡梦中被生擒

刘全德潜入上海后，安全起见不敢住旅店，而是想到了当年的铁杆兄弟史晓峰。解放后，史晓峰在上海山西南路7号开设了一家大叶内衣公司发行所，楼下做生意，楼上为住所，日子过得平静殷实。趁着夜色他摸到了山西南路 7 号的"夫顺兴棉花号"，敲开店门后，果然找到了久违的兄弟史晓峰。

史晓峰望着夜色里的不速之客，一时没有认出来者，刘全德道："兄弟啊，连老朋友也认不出啦？"

听到熟悉的声音，史晓峰立马认出了刘全德，他先是一阵惊讶，而后警觉地望望

刘全德潜伏地原址

刘全德被捕入狱

两边，见无人后，拉着刘全德进了店铺。

史晓峰悄声道："老兄，你不是到台湾去了吗？怎么又回来了？"

刘全德道："回来执行一项特殊任务，这段时间就住在这里了，行吗？"

史晓峰知道刘全德的背景，心里有点担心，但是看在老交情的分上，他顺水推舟地说："有朋自远方来，不亦乐乎！哪有不欢迎的，快上楼谈。"

当晚，史晓峰简单地凑了几个菜，陪着刘全德喝起了黄酒，酒逢知己千杯少，史晓峰通过这顿酒，完全摸清了刘全德这次来上海是执行刺杀陈毅市长的特殊任务，史晓峰听后虽有点害怕，但是过去的反共经历和对共产党的仇恨，决定了他的反共行为。

刘全德特别谨慎小心，白天躲在家里睡觉，晚上才外出联络和踩点。出门化妆，不见熟人，行动十分诡秘。刘全德制定的暗杀计划主要是通过他熟悉的一些老关系，摸清陈毅市长的动态，相机执行暗杀任务，或设法混入陈毅市长参加的宴会场所，将毒药投入领导人使用的饮料中，或趁领导人集会时进行爆炸。

1949 年 11 月 9 日上午 11 时许，高激云领命后忐忑不安地来到山西南路老同学史晓峰住处探个虚实，刚踏进门口恰巧史晓峰从外面回来，老朋友多年失去了联系，突然相见，格外高兴。

史晓峰热情而又惊讶地拉着老朋友的手道："今天什么风把你吹来了？"

为了取得史晓峰的信任，高激云苦着脸说："兄弟啊，老弟失业啦，想请兄弟帮忙介绍，做点生意，混口饭吃。"

史晓峰听罢，打消了顾虑，热情地说："快，快，上楼，你看谁来了？"

高激云佯装不知，随其上楼进屋后，果然见刘全德坐在史家的沙发上抽烟看书。刘全德见来人，警觉地从书里抬头，先是一惊，认出是多年不见的老朋友高激云后满面笑容地站起来，热情地拉着他的手道："没想到会在这里又遇见老兄，幸会，幸会！"

高激云也紧紧地握着刘全德的手道："见到你真高兴，没想到在这里又见到了老朋友，你老兄这几年到哪去啦？"

刘全德胡乱地瞎编道："在一家私人公司随便混口饭吃。"

高激云原来也帮过刘全德，故刘全德对他还算热情，也无戒心，但狡猾的刘全德知道自己此次任务重大，又多年未与他联系，不知其近况如何，是否被赤化，职业的习惯使他多少有点防范心理。

为了取得刘全德的信任，高激云主动拿出了早已准备好的被税务部门遣散的证书，摇头说："没饭吃了，只能求老朋友帮忙做点生意，好养家糊口。"

刘全德见高激云已经失业，放松了警惕，同时也同情他的难处，便同意史晓峰留他一起吃午饭。

中午喝酒时，刘全德故意频频给老高斟酒，不断地与老高碰杯道："老朋友相见，格外高兴，来，干一杯！"

两人碰杯后，一饮而尽。刘全德一会儿又敬酒道："来，再干一杯，这杯是我感谢老朋友当年救弟之恩。"

为了不引起对方怀疑，老高又干脆一口闷。刘全德似乎欲灌醉老高，想让他醉后吐真言。

高激云为消除刘全德对他的怀疑，也是来者不拒，应付自如。经过一番周旋，刘全德开始信任起了老高，并对他说："兄弟，过一段时间，待我将货物脱手后，咱们再相聚一次。"

高激云急于想脱身，好向公安机关的联系人报告。他急中生智，趁刘全德和史晓峰不注意时，将吸的香烟咬下半截吞下肚去，刺激肠胃引起呕吐，便佯装醉酒，果然呕吐不止，摇摇晃晃、含糊不清地乘机告辞道："我喝醉了，难受得很，我先回家睡一会儿，你们慢慢聊。"

刘全德信以为真，并不阻挡，高激云一人摇摇晃晃地匆匆离去。一出门，高激云被微风一吹，立刻头脑清醒了许多。为急于抓住刘全德，他立即飞奔到马路上气喘吁吁地向指挥交通的解放军和交通警求援道："快！跟我去抓特务。"

解放军战士一听有情况，也顾不得危险和多想，拉上交警一起立刻随报案者前往，他们一起紧跟这个男子跑步到山西南路的棉花店铺。

中年男子又指着那扇棉花店铺的窗口道："你们先在这里等一下，如有情况我从那扇窗口里向你们挥帽子作为信号，你们见了马上就上来。"

说罢，高激云便急匆匆地进了小楼，他唯恐特务刘全德起疑溜之大吉，担心警察和解放军战士突然上门又会打草惊蛇，故他想好以醉酒不能骑自行车，要将自行车放在史家为由，悄然上楼察看。

老高轻轻地来到史家二楼，见刘全德已脱掉衣服卧在床上呼呼大睡，高激云心里一阵窃喜，当即下楼招呼军警一拥而上。正在睡梦里的刘全德睁开睡眼惺忪布满血丝的眼睛，尚未反应过来，他想抓起枕头底下的从不离身的手枪，却已被一长一短两支枪抵住脑袋，无可奈何地束手就擒。

毛泽东亲自予以嘉奖

从11月2日刘全德潜入上海，至11月9日被擒获，仅仅7天时间，暗杀陈毅的阴谋计划便宣告流产失败。

李士英局长和扬帆副局长接到刘全德被生擒的消息后，高兴不已，悬着的心终于坠了地。他们都一再关照马上审查，加强警戒，决不能让这个到手的老狐狸跑了。

刘全德立刻被押往老闸分局（现黄浦分局）审查。但这个经验丰富的特务果然是个老狐狸，死不承认自己叫刘全德，更不承认此次来上海是执行刺杀陈毅市长的任务，而一口咬定是来上海会老朋友的。

已是深夜了，大上海的高楼大厦都渐次地闭上了瞌睡的眼睛，老闸分局的审讯室还灯火通明。办案员拿出了刘全德的档案，并翻出了他的照片请他自己辨认这是谁？刘全德见自己的照片和厚厚的档案，顿时惊住了，他知道再抵赖也是枉然，只得承认自己就是刘全德，但还是不承认此次潜入上海是执行刺杀陈毅市长的任务。

审讯员开导他道："你看看现在是谁的天下？现在是人民的天下，不是蒋介石集团的天下。你还是放明白点。那些国民党的高级将领都识时务为俊杰，放下武器低头认罪了，共产党都给予了宽大政策，有的还给予了职务。你一个小小的特务，还不识时务，能有好结果吗？"

刘全德使用的手枪和自白书

刘全德也是个聪明人，知道自己已穷途末路大势已去，不得不低头老实交代了潜入上海的经过和此次执行刺杀陈毅市长的特殊任务，同时，他还想联系在上海潜伏下来的特务一起为反攻大陆做准备。

根据刘全德口供的线索，公安人员在捕获吴淞码头上岸的安平贵、欧阳钦等8名直属行动组成员之后，11月12日和15日，又将保密局派来策应刘全德一伙的"保密局技术总队直属行动小组"少尉队员邱信和"东南人民反共救国军上海行动总队"队长江知平等9名特务全部擒获，打了个漂亮的歼灭战。

翌年7月，上海市人民公安局奉命将刘全德押往北京公安部，3个月后，北京市军管会军法处对刘全德执行枪决。

这个狡猾的杀手执行"天字特号"任务的信息幸亏被上海公安机关及时获得，并迅速抓获之，否则，后果不堪设想。因为当时的领导人都与人民打成一片，随时随地就出现在马路上或公共场合，万一被他们这些老道的特务盯上，很难预料将会有什么后果。很快，全国公安展开了紧急搜捕大行动。不久，北京破获了预谋刺杀毛泽东主席、以计兆祥为首的特务案；广东破获了特务黄强武为首的预谋刺杀叶剑英省长的案件。

毛泽东主席闻悉这起"天字特号"大案后，异常重视，高度赞扬了公安部门的卓越功勋和实战能力，并亲自通报予以嘉奖。

储蓄所门前的枪声

——建国后上海第一宗持枪抢劫银行大案侦破记

章慧敏

距离今天 28 年的 1987 年，上海发生了一件震惊全国的大案——一个叫于双戈的青年持枪抢劫了上海东体育会路的一家储蓄所，成为中华人民共和国成立后上海市第一宗持枪抢劫银行的大案。

今天，本埠中年以上的人们对于双戈这个名字一定记忆犹新，然而，这起盗枪、抢劫、杀人案中的详细过程以及一些细节，并非外人所知。为此，本文作者采访了当年指挥上海公安干警侦破此案的原上海市公安局副局长崔路。老局长的叙述将我们带到了 1987 年 11 月 13 日那个阴冷的日子，一个惊天罪恶就在那天被拉开了序幕。

"茂新轮" 上的盗枪案

这个秋天的中午，在外滩的防洪堤前，一个穿米黄色外套的男青年正专注地盯着黄浦江江面上的"荣新轮"。中午时分，正是吃午饭的时候，江堤上行人很少，谁也没有在意他以及那只始终不离其身的帆布包。

这个"看风景"的人叫于双戈。此刻，他要实施一个在心里盘算了好些天的计划，计划的目的地就是停泊在江面上的"荣新轮"。

江风凛冽，于双戈打了个寒战。当过海运公安分局乘警的他比谁都明白，如果自己再朝前迈一步，那等待他的会是什么样的下场！去，还是不去？只要一个转身，现在回头还来得及。这时，又一个声音冒了出来：回去干什么？我今天的落魄还不是他们造成的？于双戈怨恨地朝"荣新轮"瞪了一眼，他想起几天前和女朋友蒋佩玲说过的话："你看好，我们的婚礼不会比别人差！"大话是说出口了，但与人攀比是需要钱的，钱在哪里呢？

1987年，上海一对青年的平均结婚费用为1000元左右。这点钱在今天算得上是裸婚了，不过，当时对于双戈这个每月工资还不足百元的青年来说，这笔结婚费用是个不小的负担。一想到钱，于双戈就觉得这两年自己有点背运：当乘警的时候，不就是贩卖了几条走私香烟，竟被调离到公交公司当了一名卖票员！做售票员工资不高，本想靠赌两把让手头活络点，可手气就是那么差！为了消费，为了赌资，他前前后后已经向人借了上万元了。

结婚要钱，讲究生活质量要钱，在人面前充大好佬要钱，连抽一包拿得出手的香烟也是钱……于双戈满脑门被一个钱字堵住了。他拍了拍背着的帆布包，里面是他早就准备好的旋凿、羊角榔头和老虎钳等工具，对着江面上的"荣新轮"阴郁地说："你无情，别怪我无义！"

于双戈熟门熟路地朝停靠交通艇的北京路码头走去……

当于双戈登上"荣新轮"时，正是大家吃午饭休息的时间，他的运气不错，一路潜到乘警值班室门口也没遇到一个人。他从帆布包里拿出旋凿正想撬门，不想听见有人朝这边走来。毕竟是做贼心虚，这脚步声把于双戈吓得腿都软了，他一下子拐进角落隐藏起来。

一个于双戈十分熟悉的人走了过来，他就是"荣新轮"的乘警于队长。于双戈大吃一惊：不是说于队长调走了吗，怎么还在船上？于队长的出现，让于双戈有点发怵：他可没少给于队长添过麻烦，可于队长从没轻视他。那句"一笔写不出两个'于'字"，于队长把他当兄弟看待了。如果在于队长的地盘里犯乱，那岂不恩将仇报？何况，一旦查起来于队长第一个就会想到是他……

于双戈没敢耽搁，他又原路返回，再一次来到外滩。他心里有种没做成事的沮丧，他又盯上了江面上的"茂新轮"。下午2点，他再次乘上交通艇。

他上了"茂新轮"后，一下子蹿到乘警值班室，用包里的工具撬开了门，然后又撬开了保管枪支弹药的武器库的箱子。于双戈真没想到在保险箱里有意外的收获，他将箱子里所有的枪支弹药全都抓进包里，正想离开，门外传来了脚步声。他不敢冒失，在值班室里躲藏了1个多小时，直到确认外面安全了，这才又乘坐交通艇回到了北京路码头。

　　傍晚，有乘务员在不经意间发现一向紧闭的值班室门敞开着，当他走进房间时更是吓出一身冷汗，放置枪支的保险箱被撬开了，所有的武器都不见了……

　　警方赶到"茂新轮"清点被盗枪支弹药，数量之大让他们一惊："五四"式手枪2支，"六四"式手枪1支，弹夹6只，子弹268发，手铐1副……这个胆大包天的罪犯是谁？他盗窃那么多武器想干什么？如果不能尽早抓获这个罪犯，那将对社会治安造成极大的隐患。

糊涂朋友铸大错

　　在案情分析会上，谁是罪犯困扰着每个人。20多年前，上海街头的电子监控还十分稀少，还原罪犯作案的轨迹几乎不可能，分析案情靠的是侦查员们的推理。

　　有人说，会不会是摆渡的乘客作的案？但这个论点很快就被否定了，因为乘客不可能知道值班室里有枪支弹药，况且上下客的时间有限，没有足够的时间可以作案。于是，警方围绕着"茂新轮"，从船长、大副、二副到水手、伙房和烧锅炉的都细细地展开了调查，但最后又一一被排除了嫌疑。

　　时间就这么在调查中流失，这天深夜，就在侦查员们向局长崔路汇报调查情况时，他的脑际突然灵光一闪：这个罪犯对乘警室内部的情况如此熟悉，我们是不是转变一下调查的方向，从曾经接触过乘警室的人中间去寻找线索呢？他刚把想法说出来，海运公安局的一位警察马上接口说："对了，我想起一个人，会不会就是他？"

　　"谁？"在场的人都兴奋起来。

　　"于双戈！他曾经当过乘警，熟悉轮船上的情况。3个月前，他因为赌博和贩卖走私烟违纪被调离到公交公司当售票员去了。"

　　那么，此时的于双戈又在哪里呢？

　　盗枪后的当晚10点多钟，他去了朋友徐根宝的家里。一进门，他便压低声音说："根宝哥，我干了一件惊人的大事……"说着，他从帆布包里取出了手枪和子弹给徐根宝看，还讲了上船盗枪的经过。

　　徐根宝还从来没看到过真枪和真弹，他吓得倒吸一口冷气，颤抖着声音问："你、你做这么大的事，怎、怎么也不找我商量商量呢？要知道这是犯法的呀。"

"可是枪我已经偷出来了，你再怎么说也没办法了。"

"办法还是有的，要么你马上去自首，要么还把枪还到轮船上去，要么赶快把它们扔掉……"平静下来的徐根宝劝说着于双戈。

于双戈不吱声，他怎么肯把冒着危险盗来的枪支弹药扔掉呢？何况，他是要干大事的。但他心里清楚，这种时候可不能顶撞徐根宝，要是得罪了他，徐根宝一个告发，等待他于双戈的不就是立刻蹲班房吗？于是，于双戈涎着脸皮央求徐根宝说："根宝哥，我想问你借几百元钱，我准备去一次南通，在那里做点生意，等我回来后再把枪扔掉，你看怎么样？"

看到徐根宝的脸色缓和了些，于双戈又提出了要求："根宝哥，还有一件事情求你，等我走以后，你帮我把帆布包里的这些羊角榔头、水果刀和旋凿统统丢掉好吗？"

徐根宝点了点头，说了句："你放心好了，我来帮你丢！"

徐根宝没有想到，为了所谓的朋友义气，他的行为已构成了包庇罪。然而，比包庇罪名更可怕的是由于他的"沉默"，才有了后来的人间悲剧。

就在徐根宝以为于双戈去南通做生意时，于双戈却带着上了膛的手枪开始了罪恶的行动。那是11月16日的上午，一夜没睡的于双戈再也按捺不住了，他决定向银行"要钱"。他骑着从熟人那里借来的自行车，原打算去水电路上的一家银行抢劫，可骑到那边一看，周围挺热闹的，很可能作案后会脱不了身。于是，他又寻找起下一个目标……

伸向银行的罪孽之手

不久，在东体育会路上，他发现了一个不起眼的储蓄所，很符合他能进能退的想法。于双戈将自行车停放在储蓄所附近，然后走进了门。他看见里面有一男一女两个职工，男的看上去身材不小，蛮有点力气的。毕竟心虚，于双戈不敢贸然行动，他坐在椅子上，既为平复一下"怦怦"乱跳的心，也为观察。

两个职工在柜台里点着钞票，这一把把花花绿绿的票子刺激着于双戈。临近中午，是储蓄所关门吃饭的时间。男职工见于双戈坐在那里既不存钱，也不问询，就招呼说:"中午休息时间,我们要关铁门了,有事请下午再来。"

于双戈朝他很古怪地笑了笑,转身出了门。其实,他根本就没走远,他骑上车绕着这家储蓄所转了一圈。这一转让于双戈有了惊喜的发现,他看到有一条弄堂直通储蓄所的后门,隔壁就是外语学院的书店,两家通道共用一扇小门,门外就是外语学院的操场。也就是说,储蓄所前面的铁门虽然关死了,但后门是可以进出的。

于双戈穿过弄堂,他通过一户居民家的气窗向储蓄所里张望,只见里面那个男职工吃饭去了,只有一个女职工在打电话。于双戈右手握住枪,用左手敲了敲后门。"谁呀?"传出女职工的问话。狡猾的于双戈连忙掐紧喉咙装成女人的声音:"是我呀,你们的邻居。"

那名叫朱亚娣女职工不疑有诈,当她刚将门打开,忽然愣住了,门外站着的是个男人。她本能地想关门,但这一切都晚了,在两股力量的抗衡中,女职工根本挡不住一个亡命之徒的蛮力。于双戈用力顶开门,用枪指着她的脑袋威逼说:"不许出声,要喊就打死你!快去打开保险箱。"

朱亚娣面对枪口,她知道自己的职责是什么。她发出了声嘶力竭的喊声:"抓强盗啊!来人啊……"

"砰"一声爆响,慌了神的于双戈一枪正中朱亚娣的头部,她倒在了血泊之中……枪响也惊动了附近居民,有人从房间里走出来看热闹,还以为今天谁在办喜事放鞭炮呢。不料,一位女邻居出门就撞上了满脸杀气、持枪的于双戈。他用枪指着女邻居说:"不干你的事,回去!"她吓傻了,站在那里还没回过神来,又看见跑出来两个身穿蓝色上衣的男子。

16日的下午,还有一起抢劫案发生在虹口区的一家五金店。3名歹徒闯进店里,其

于双戈抢劫大连路上的工商银行储蓄所——胡明摄

于双戈作案所用自行车——胡明摄

中一个装成哑巴看货，乘机抢走了店里的 1000 元。目击者描述他看到的 3 个抢劫者的体貌特征和女邻居看见的储蓄所抢劫案的 3 个人似乎蛮相像，一时间，银行发生杀人抢劫的新闻一传十，十传百，引起社会上的一片恐慌。

面对一个个"大道"与"小道"的情报，上海警方没有受外界的干扰。储蓄所血案发生后，民警第一时间赶到现场，痕迹专家捡到一枚"五四"式弹壳，一发"五四"式枪弹，经过比对，"茂新轮"和储蓄所两起案子现场留下的指纹是一个人所为，这条线索必须死死咬住不放。

事实证明这个思路是正确的，调查结果很快有了结论，银行与五金店两起案子互不相关，女邻居看到的两个穿蓝色上衣的男子后来也被确认是外语学院的教师，他们是听到枪响跑出来看究竟的……

银行抢劫案发生后的第二天，现场勘查的侦查员发现了一辆停靠在附近的自行车。这辆车从昨天停到今天，是谁摆放在这里的呢？通过对牌照的核查，侦查员们立刻找到了车主。连车主自己都搞不明白，自己的车怎么会在储蓄所附近呢？但他提供了一个重要的线索，于双戈在昨天早上借走了这辆自行车！

侦查员们火速赶往于家，此时的于双戈已不知去向。不过，警方在于家一共搜查出"五四"式手枪 1 支、子弹 248 发。也就是说，逃跑的于双戈随身携带了"五四"式和"六四"式手枪各 1 支以及剩余的子弹。

困扰了警方多日的罪犯终于可以确定就是于双戈了！接下来，抓捕携枪外逃的于双戈是头等大事。

逃亡不归路

现在来还原一下 16 日中午杀人后于双戈的去向，他是一路狂奔穿过外语学院的草坪，连自行车也顾不上拿，随机跳上了一辆公交车。这时，他想起了女朋友蒋佩玲。黄昏时分，于双戈来到蒋的工作单位东海船厂，他把自己抢银行杀人的事都告

在于双戈住所收缴的作案枪支——胡明摄

诉了女友，还问她愿不愿意一起逃离上海？

蒋佩玲先是吓了一跳，厂里传得纷纷扬扬的银行抢劫案竟然是自己的恋人所为？但她还是以情为重地说："我已经是你的人了。我说过我们要永远在一起的，那么，我陪你一起跑，也好有个照顾。"

蒋佩玲的表态让双戈放下心来，他们甚至还设计了一个方案，那就是先回家拿换洗的衣物，然后由蒋佩玲装着去外面买香烟，去大街上叫一辆出租车在家附近等着……

这个计划最终没有实施，原因是两人到了于家后，蒋佩玲去叫车了，而成了惊弓之鸟的于双戈看到自己的父亲在弄堂口和人说话，他怀疑父亲一定在和公安干警联络。于是，他顾不得和蒋佩玲的约定了，拔腿就往外跑。

当过乘警的于双戈的确有很强的反侦察能力，从他逃跑的线路图上就可看出他的"迂回战术"——那晚，仓皇逃离的于双戈先是拦了辆出租汽车到老西门，担心后面有"尾巴"，又换了一辆出租车到曹家渡，下来后还是不放心，再拦下车到达华亭宾馆。几个弯转下来，他没发现有人跟踪，就往西南方向走路，一直步行了4个多小时，直到天蒙蒙亮才到达莘庄。

可他仍没有停下脚步，又搭乘长途汽车到闵行，然后再转车到南汇县的北桥，又跳上了去金山县的车。到了那里，于双戈刚想松口气，忽然想到公安部门肯定会发出通缉令和协查通知的。通缉令里有关他的体貌特征和穿着一定会罗列得清清楚楚，他怎么还敢穿着从家里穿出来的黑皮夹克呢？想到这里，他马上来到一个服装地摊，买了一件蓝色制服和一条军裤。

换了衣服他还是不敢停留，赶紧又上了一辆去金山枫泾的长途车，然后再坐上去嘉兴的长途车。这么一折腾，已经是18日的傍晚了，这时，他才想起一整天没吃过东西了。于双戈在嘉兴的街头吃着粽子充饥。忽然，又是一颤：怎么可以这样暴露呢？万一被巡警发现，自己转了一整天的长途车不是前功尽弃了？该找个旅馆住宿。他从口袋里掏出工作证，"于双戈"三个字无比地触目惊心，拿着这张工作证，如同捏着一只烫手的山芋。于是，他在"于"字下面小心地加上一划，成"王"，接着，他又在"戈"字的旁边加上了折勾，变成了"划"。就这样，工作证上于双戈变成了"王双划"，他拿着涂改后的工作证住进了一家小旅馆。

第二天，于双戈又从嘉兴乘长途车到了海宁。这一次，他投宿在朋友的家里。他是有目的的，因为对那张涂改过的工作证根本不放心，感觉早晚会被人识破，与其这样，还不如彻底改变自己的名字和工作单位。

他对朋友说，他要去宁波出差，走的时候匆忙，把单位开好的介绍信忘记在家里了，他要朋友帮他弄一张空白的介绍信，免得白跑一趟。

那位朋友真的给他搞来了一张空白介绍信，于双戈在姓名一栏里填上了"杜卫国"，带着它从海宁坐火车到了杭州，当晚又来到宁波，住进了天一饭店。

姓名改了，服装也换了，直到这时候，于双戈才有了这段日子久违的轻松感。他似乎以为从此以后只要隐姓埋名就再没谁注意他了。然而，他算尽了所有的机关，唯独在一个小小的细节上疏忽了。

这个"细节"就是蒋佩玲提供的。老局长曾对我说过："如果不是蒋佩玲，抓捕于双戈还需时日。可就因为蒋佩玲的配合，侦查员们少走了许多弯路。"

这条线索是什么呢？在审讯中，蒋佩玲供述了她曾经带于双戈去过宁波的姑妈家……顺藤摸瓜，上海警方立刻联系了宁波警方，在蒋佩玲姑妈的家门口，日夜都有公安便衣在伏击守候着。

　　那天中午，于双戈果真去蒋佩玲姑妈家了。他谎称自己趁出差特地来看望姑妈。老人心里开心，留于双戈在家吃午饭。下午，就在于双戈走出姑妈家，准备去邮局打电话时，公安人员突然出现在他的面前，"咔嚓"，冰冷的手铐锁住了他那双罪恶之手。

　　亡命之徒于双戈懵了，他颓丧地耷拉下脑袋，自己的末日来临了……

　　25年前的一页早已翻过了，然而，当今社会还偶有张君以及周克华之类的悍匪重蹈于双戈当年持枪抢劫银行的覆辙。但无论他们有多嚣张，最终都将自取灭亡。现实最能激活我们的内心——筑建一个和谐社会，添加一块平安基石，这才是善良的人们最真实的期盼啊。

31 年的无悔追踪

李 动

31 年悬案指纹一朝配对成功

年近耄耋、身材高大的王学仁提着满满一兜布袋从菜市场回到陕西北路家门口时，蓦地发现门口停了一辆蓝白道警车，作为刑警出身的他比较警觉，特意看了一眼警车上的标记，是静安分局的车。老王心想小区谁家发生案子了，这里可是靠近南京路最繁华的地段，安保措施甚严。他拐到门卫室问了一下保安，警察找哪一家？保安笑着告诉他，找的就是你。

老王一听心里纳闷，自己是市公安局刑侦总队退休的，关系在市局，静安分局的警察怎么会来找我？他一时搞不明白，便匆匆地赶回家。疾步来到二楼走进家门，见有位身着制服的警察坐在了沙发上，老王细瞅，原来是自己在静安分局刑队时的战友王友斌，他高兴地握着王友斌的手，好奇地问："小王，怎么突然上门了。无事不登三宝殿，你找我一定有事。"

王学仁猜对了，王友斌有大事告诉他。小王笑着说："几天前，也就是 4 月 18 日，刑侦总队刑事科学研究所的指纹工程师刘志雄比对上了一枚 31 年前采集的指纹，这枚指纹是发生在静安区旅馆的一起电击杀人案现场遗留的指纹，这枚指纹与江西省的一名抢劫罪犯的案犯指纹吻合，这

77 岁破案后的王学仁

人名叫艾红光。"

王学仁一听说电击杀人案对上了指纹，激动得从座椅上跳了起来，长长地吁了一口气，激动地说："我追了他一辈子了，这小子终于露出水面。"王学仁掰了一下手指，心理盘算后说："31年了，终于被抓到了。好！好！好！"王学仁一连说了3个好后，又追问："我记得当时采集了4枚指纹，对上的是哪一枚？"王学斌下意识地伸出右手中指，比划着说："是右手中指。"

王友斌是静安分局刑事科学研究所的主任，他告诉王学仁："比对指纹说起来容易，其实要在浩如烟海的指纹库里比对上指纹绝非易事。过去刑侦总队的指纹库里指纹档案堆满了几个房间，技术员目不转睛地看一整天也最多只能比对五六十枚指纹，一天看下来眼睛生疼，要将指纹库的指纹全部比对一下需几年时间，且只能比对上海自己指纹库里的那些指纹，要与外地指纹库的指纹比对，还要专门上门指名道姓地核对。现在全国的指纹库已联网，比对速度突飞猛进。"

王学仁好奇地说："电脑这玩意真是神奇啊。"王友斌介绍说："科技比对指纹，就像现在的高铁，比过去的慢车速度提高了成千上百倍，803刑科所早在新世纪初就采用电脑比对指纹，上海指纹库已升级输入了500多万枚指纹，全国各地的指纹库更是数千万枚之多，通过电脑联网比对一下子破了大量积案。"王学仁说："但是科技再先进，也离不开人去认真细致地采集和比对。如果我们不认真比对，也无法对上这枚指纹；如果江西警方不将这枚指纹上网，我们更是无法对上。这正如古人所言：成事在天，谋事在人。"

王友斌告诉王学仁，在浩如烟海的指纹库里能觅到这枚指纹就像中了头彩一般罕见，刘志雄工程师认真仔细，耐心真好，功夫了得。

上海发生第一起电击杀人抢劫案

王友斌告诉王学仁，办案人员除了这枚对上的指纹外，对此案的案情却一无所知，当年的发案情况如何？又是如何侦查的？为什么31年了还没有抓到凶手？总队一支队和静安刑侦支队的侦查员没人能说得清，道得明，这些都成了斯芬克斯之谜。时间已经过去了31年，铁打的营盘流水的兵，侦查员已换了一茬又一茬。没日没夜侦破大案的侦查员都是年轻力壮的中、青年，其中大多数 30 来岁，许多人 1981 年发案时还没有出生呢，有的还在穿开裆裤，资格老一点的当年也还在读小学。

侦查员从档案库里找出了这起尘封已久的电击杀人案卷宗，拂去历史的尘烟，从中看到了当年负责侦破此案的几位侦查员的名字，其中就有你老前辈王学仁，你一直负责侦破此案，一直追踪了十多年。

王学仁插话说："不是追踪了十多年，而是追踪了 31 年，我一直到现在也没有放弃过追踪。"

王友斌继续说："从卷宗里侦查员们看出了你当年还是静安分局刑队的侦查员，写得一手漂亮的钢笔字，做的破案报告、旅馆发票、现场勘查图、指纹照片、出差之地、询问笔录、审讯笔录、笔迹鉴定等各种记录都是一板一眼，一清二楚，尤其是那张调查对象一览表，还有你们的足迹遍布了全国各地，从 1981 年到 1995 年你退休为止，历时 15 年，近 300 多个对象被否定……大家看后深深佩服你们老前辈那种一丝不苟、认真执著的职业精神。"

说罢，王友斌问王学仁："到底是怎么一个案件？大家都说不清楚，你介绍一下。"

王学仁从书橱里翻出那只牛皮纸袋，找出那张电击杀人案调查一览表看了一下，陷入了往事的回忆之中。

那是 1981 年 8 月 8 日，被害人从青岛来上海出差，入住静安区建华旅馆 42 房间，1 房 3 铺。那时为了省钱都是陌生人合住一房，之前一名东北人已在此房间住了半月。当时上海正在播放日本电视连续剧《姿三四郎》，那晚，许多旅客挤到会议室观看电视，青岛人没看电视早早地睡下。

8 月 10 日，有旅客反映 42 室房间里渗出一股异味，特别臭，服务员进去打扫卫生后才发现躺在床上的客人已经咽气了。静安分局刑队接到报案后，王学仁与战友们一起赶到现场勘查。市局刑侦处处长端木宏裕、静安分局局长周志全等都赶来了。死者名叫李嘉惠，男，28 岁，青岛假肢橡胶配件厂外勤，遇害后，身上的 200 多元现金和一块瑞士罗爱斯手表，以及一个黑色的小公文包、铝饭盒等物被洗劫一空，当年的青工都是 30 多元的工资，200 多元与瑞士手表算是一笔不菲的财产。

技术员在离地面两米高的通风管道内发现了几根用黑胶布缠绕的照明灯电线，还有一个红色有机玻璃头箍，其两端焊有 2 个通电的金属体，另有一把 21 厘米长的西

46岁时的侦查员王学仁

瓜刀，以及几根约7尺长的杂色旧电线等物，并采集到了不太完整的右中指、左拇指、中指、环指四枚指纹。

经法医尸检后，查明被害人的面、颈、前胸及背部等十处有呈淡黄色电击烧伤的痕迹。电击杀人极为罕见，上海系第一列。

与被害人同住的那个东北人，案发后没有结账不辞而别，从他填写的登记表看，名叫李义清，男，40岁，吉林省人，那时住宿登记还没有身份证，需持有单位或居委会介绍信，他所持的是吉林省双阳镇中医院的介绍信。

静安分局马上成立了专案组，王学仁是专案组的主要角色。那时没有监控探头，只能靠目击者来回忆凶手的长相特征。根据服务员回忆，其人不胖不瘦、皮肤较黑、长方脸、板刷头，身高1.70米左右。侦查员请来了工人文化宫的画家画了模拟像，然后专案组根据印发的模拟像通缉令，分头到上海的各家旅馆排摸，一一筛选，400多家旅馆都仔细过堂，但查无此人；另一头王学仁与沙晓平准备赶赴吉林省双阳镇，临行前队长王德火决定亲自去东北，调下了王学仁汇总材料。他们一去就是45天，经查该县根本没有中医院，但他们不甘心，挖地三尺查遍了年龄相符的男性，结果无功而返，最后两头线索都断了。

几天后，公安部电告上海警方，浙江省嘉善县魏塘镇旅社也发生了一起类似案件，一名男子在旅馆熟睡期间突然遭到电击，但人未死。王学仁与搭档立马赶到嘉善，与当地刑侦队长研判后，感到作案动机和作案方法以及工具均相同，但旅客登记表上的笔迹却不同，经了解是服务员代其填写。找到被害人冯守安询问，他说在熟睡中突然遭到电击，惊醒后大叫，罪犯吓得翻墙跳入河中逃逸，但他的模样却深深地刻入冯守安的脑海里。

当地刑警经过侦查怀疑一名叫陈仁的对象，但王学仁带回嫌疑人的指纹最终被否定。不久，嘉善刑队又抓获了一名怀疑对象，一时审不下去，交给上海警方，王学仁与搭档细审和调查之后，从时间上排除了这名对象作案，发案期间他没有来过上海。

9月11日，江西省上饶市也发生了一起电击杀人案。获悉信息后，王学仁和搭档连夜赶往上饶县，被害人余开和的面颊两侧、腮部遭到电击死亡，被劫走200多元和一块上海牌手表。同住者也是不辞而别，其登记单上留下的名字是陈志伟，男，40岁，湖南省乐安市人，东安粮食加工厂职工。据当地服务员反映，长相和年龄与模拟像相似，经笔迹鉴定为同一人所留，但湖南省乐安市也查无此人。

9月25日，江西省九江市又发生了一起电击杀人案，闻讯后，王学仁与姚银生副队长、钟信义等人立马赶往九江。因为前几次到北方出差，都是窝头或馒头，南方人吃不惯，他们带上了大米，请饭店帮助蒸饭。这次出差王学仁比较细心，做好了打持久战的准备，特意带了一只小煤油炉和一袋大米以及榨菜等，准备四处奔波回来晚了自己烧饭吃。与上饶市情况类似，被害人谢伯尧也是面部两侧有多处电灼伤致死，他所带的200多元现金连同推销的衣裤样品被洗劫一空。同住者年龄与长相符合通缉令的条件，笔迹认定一致，其登记单上填写的名字是李明春，男，43岁，黑龙江人，通河玻璃仪器厂职员。技术员从电灯上采集到一小块掌纹痕迹，从烟缸上取到一枚指纹。经笔迹鉴定，确定与上海电击杀人案犯为同一人，当然，黑龙江的李明春也是子虚乌有。

全国公安是一家

王学仁勒住回忆的野马，缓缓地回到了眼前的现实中，禁不住感叹人生真是太快了。他站起来准备给王友斌杯子加水，王友斌看了下手表催着说："哎呀，我都忘了时间，王支队长和队里人等着听你介绍发案经过和侦破情况呢，快走。"

王学仁坐在车上，望着南京路上鳞次栉比的商店，心情格外激动，眼里泛着泪光。不知不觉警车已到了静安分局，王学仁随着王友斌来到会议室，与刑侦支队长王锡铭等侦查员握手寒暄后，思路清晰地介绍起了当年发案和侦破的详细经过。

王学仁如数家珍地介绍完当年的发案情况后，端起杯子喝了一大口水，又回忆起了当年赴全国各地侦破的经过。

1981年11月19日，四川成都也发生了一起电击杀人案，12月3日成都警方抓住了凶手。王学仁与姚副队长接到公安部电话后，连夜赶到成都，遇上了九江和上饶的刑队同行，大家都兴奋不已。四川省公安厅刑侦大队长吴妙华带领队员天天陪着他们深入到西城分局排摸和审讯嫌疑人。擒获的对象人叫万康寿，系江苏省溧阳市劳改农场的逃犯，28岁。审讯了3周，最后从时间、长相和年龄上感到都不像，只得抱憾而归。这名犯罪嫌疑人很快被判处死刑，但四川省法院一直没有执行，等上海警方鉴定其指纹和笔迹予以彻底否定后，四川才执行枪决。

虽然四川一行没有对上凶手甚为遗憾，但当地公安和法院的鼎力支持和配合令人感动。天下刑警是一家，王学仁感叹地说："不管你是哪里的刑警，只要找到当地的刑队，就像回到了自己的家。犹如列宁导师所言，不管无产者走到哪里，只要听到《国际歌》声，就能找到自己的同志和朋友。"

刚回到上海，听说广东省饶平县发生了电击杀人案，王学仁又随王德火队长马不停蹄地赶往当地，没有卧铺就坐硬座赶到厦门，然后再从厦门坐长途汽车赶往饶平，长途车上已没座位，为了赶时间，他们站了7个小时才抵达目的地。当地没有招待所，他们就住在老乡家里，房间里有一股发霉的异味，被子又潮又脏，上海人比较讲究卫生，好在王学仁每次出差都带上一块干净的棉布和几个别针，晚上睡觉时，将棉布别在靠头的棉被一边，再脏的被子也能对付。那是因为上世纪60年代一次出差时的痛苦经历。1960年春，王学仁去浙江武义外调，找一个国民党情报人员了解情况，当地人告诉他此人有病，王学仁问，能说话吗？得知能说话，王学仁便接触了这个对象，没想到他患的是肺结核，王学仁回来后不久便染上了肺结核，住了1个月疗养院，指标正常了马上就出院，与大家一样每天晚上加班熬夜到十一二点，不久旧病复发，且肺穿孔，那个洞足有5分硬币那么大，结果又被关进了医院，这下老老实实地住了22个月才康复，这个教训令他终生难忘，以后他出差都带上毛巾、牙刷和水杯，以及那块棉布。

他们与江西省上饶县的刑队副队长孙良贵，还有九江的吴队长等侦查员一起，加上当地的侦查员，每天"同吃同住同劳动"。吃住在老乡家里，每天交5角钱和1斤粮票。晚上厕所里一片漆黑，第二天发现厕所里有灯座，却不安装电灯，一问是为了省电。当地公安没有车，他们就步行下乡，10里路一个亭子，最多的时候一天走了6个亭子。虽然生活艰苦，但当地公安和老乡淳朴热情，他们与当地的侦查员像梳篦子一般一个村一个村地梳理，夜以继日地排摸了两个星期，没有发现符合条件的对象，最后扫兴而归。

1982 年，江西省九江市刑队在福建顺昌抓住了一名湖南省米江茶场的田姓逃犯，当地公安笔迹认定与电击杀人凶手为同一人，上海刑侦处的张声华队长与静安分局刑队队长王德火兴奋地赶到当地后，反复核对感到不像，回到上海后重新做笔迹鉴定，最后还是否定了，空欢喜一场。

此后，凡是外地发生电击杀人案，王学仁打起背包就出发。两年时间里，他与战友马不停蹄地奔走了成都、重庆、厦门、福州、汕头、饶平、南京、溧阳、杭州、温州、金华、嘉善、石家庄、北京等 20 多个市。正当王学仁四处奔波痴迷地追踪嫌疑人时，1983 年 10 月，市局一纸调令，调他到上海公安专科学校当教官，没有抓到嫌疑人，王学仁心有不甘，但军令难违，他移交的案卷材料有 20 来本，每本几十页，怀疑对象按地区归类，有的对象一人就一本卷宗，共有 300 来个对象，老王望着自己的心血之作被内勤抱走时，心里有种难言的郁闷，带着深深的遗憾去公安学校报到了。

王学仁虽在教室教书育人，但他却身在曹营心在汉，心里一直牵挂着电击杀人案。1983 年至 1989 年教学期间，他时常打电话给原来的搭档打听破案情况，一有线索就请假回分局与搭档一起奔走。因老端木欣赏王学仁的执著与细致，1990 年终于将他调到刑侦总队，此后，他更是全身心地投入此案。他利用公安部通报全国发案的信息，始终关注着这起悬案。1991 年，张声华总队长也一直关心此案，特意派王学仁到公安部汇报了这起案件的侦破情况，并询问有无线索，结果没有一点信息，但王学仁执著无悔，仍然像猫一样警惕地关注着老鼠的踪迹。

1995 年春天，王学仁退休之前，先后奔波了四川、云南、广西、广东、湖南等 11 个省市，但还是没有发现线索，他带着遗憾的心情离开了为之献身 45 年热血和汗水的刑侦岗位。

没有抓到凶手，老王心有不甘，每每与战友聚会时，他都会滔滔不绝地讲起此案；每当报刊上看到电击杀人案后，他仔细阅读，并都小心翼翼地剪下来，贴在了笔记本上，仔细比较，如有疑问，他会写信去询问破案的情况。此案成了王学仁破案的败笔，也成了他的心病，更成了他难言的伤痛。王学仁发誓不抓住这个凶手，死不瞑目。

2012 年 4 月 22 日，老王听说当年的电击杀人案对上了指纹，激动难抑，一迭声地说："好！好！我终于活着看到破案了。"说罢，眼睛里噙满了热泪，这泪水不仅是破案后的欣慰之泪，更是一名老公安能告慰战友和九泉之下被害人的欣喜之泪。

当年一起参加破案的端木宏裕处长、王德火队长和姚银生队长，以及侦查员章忠汉等领导和战友，因积劳成疾都 60 多岁过早地先走了。想起与他们一起同甘共苦的难忘经历，王学仁禁不住感叹唏嘘。

听罢老王的详细介绍，王支队长不无感叹地说："没想到老王记得那么清楚，记忆力真好。"王学仁笑着说："我追踪了他 31 年了，怎么会不清楚，我对他是铭心刻骨，至死不忘啊。"

王学仁好奇地问王支队长："你们是怎么抓住这狡猾的小子的，不，现在应该是 60 多岁的老头了。"

王支队长指着坐着角落里的那位小青年说："二队队长姜东强与 803 一支队的侦查员一起赴江西抓捕凶手的，让他给你介绍一下。"

姜东强腼腆地笑了一下，绘声绘色地向王学仁娓娓道来追捕凶手艾红光的过程。

指纹工程师刘志雄

我们是上海来的警察！

破案与踢球一样，速度就是胜利。比对上指纹的第二天，也就是 2012 年 4 月 19 日，刑侦总队一支队的万宗来、李臣和静安分局刑队姜东强等 7 名侦查员风风火火地开车赶到江西鹰潭，连夜找到了当地民警了解情况。对象艾红光所在的村里都是七大姑八大姨，直接上门可能会打草惊蛇，甚至发生意外。当地民警悄然摸到信息，对象正在南昌附近的衙前镇电力

犯罪嫌疑人艾红光

工地打工。追捕人员一路疾驶追踪到衙前镇却扑了个空，那里没有工地，循着这条线索继续追踪，几经周折又打听到艾红光在东乡县高铁建设工地打工。不管真假，赶过去再甄别。

星夜兼程赶到东乡县后，望着工地浩大的场面，侦查员们惊叹道，这么大的工地怎么找人啊？仅工地就有十多处，上万名打工者星散四处，且流动频繁，工地项目部的人也无法拿出准确的名单。经过商量，7名上海侦查员与当地30多位民警分成几组，身着便衣以项目部的名义，像梳子梳理头发一般逐个寻觅符合"籍贯鹰潭"和"60来岁"两个条件者。

功夫不负有心人。22日凌晨2点，万宗来带领小组摸到一个工棚，敲门进去那位民工惺忪着眼睛用浓重的当地话说："同住的有个60多岁打工的，但几天前与老乡回家忙农务去了。"大家一阵心凉，但万宗来细心地追问，是鹰潭人吗？不是的。那有没有鹰潭来的人？对方道，有的。大家听罢激动不已，连夜继续追踪，一路盘问，终于找到艾红光打工所在的工地，但他住在荒郊野外，那里人多复杂，半夜查找易引起对象警觉逃跑，大家最后决定明晨悄悄地进村。

4月22日清晨，山里的鸡鸣声悠闲动听，但万宗来的心里却格外紧张。头戴安全帽的便衣警察挨个叫来了工地上60来岁的打工者，花甲老翁毕竟不多，当一名头戴草帽、手拿杯子的黑皮老头出现时，对凶手模拟像早已烂熟于心的万宗来眼睛顿时一亮，尽管岁月的沧桑刻满了此人的黑脸，但他的基本轮廓还是没变。万宗来向周围的同伴使了一个眼色，他们像猛虎一般直扑过来，迅速将其制服。艾红光尚未反应过来，万宗来大声告知他："我们是上海来的警察！"他顿时明白自己的末日到了。

追踪了31年的对象被生擒，这正应验了中国的一句老话：法网恢恢，疏而不漏。

面对铁证，凶手的抗审心理彻底崩溃

因为凶手艾红光死不承认电击杀人，审讯陷入了僵局，已退休的老预审员周国雄被请回来参与办案。

王学仁又被第二次请到了静安分局刑队，刑警出身的分局长周建国也特意来听王学仁的介绍。办案人员告诉王学仁，艾红光现在是矢口否认电击杀人，只交代了自己曾在上海扒窃过几只皮夹子，预审员对其加大了审讯的力度，他只是试探性地露出了一句，我在金山地区做过一桩对不起政府的事情，电击过一个同住的旅客，但人没有死，他惊醒后大叫救命，我吓得翻墙逃走了。

老王果断地说，他在说谎，你们不要上这个老狐狸的当，金山地区根本没有发生过这类电击杀人案，他在放烟雾弹，是在试探我们到底掌握了多少案情，你们不能照着他的路子审下去，被他牵着鼻子走。

王学仁向办案人员提供了一个关键细节，当年浙江省嘉善县有一个被害人叫冯守安，他当年 52 岁，就他一人没有死，其余 3 人都死了。如果他活着的话应该是 83 岁了。

周建国插话道，马上去调查一下那个姓冯的老人是否活着？通过电脑查询很快获悉，此被害人还活着，真是万幸。周局长当即决定，马上带着凶手艾红光的照片到嘉善去找这个活着的人证，请他辨认。

一个小时后，警车闪着灯来到了嘉善市，侦查员按图索骥地找到了冯守安老人。冯老头一头银发，身材瘦长，但身板硬朗，说话中气十足。侦查员拿出艾红光的照片，问 83 岁的被害人冯守安："你还记的这个人吗？"冯老头戴上眼镜，看了一下，指着照片说："就是他，烧成灰我也记得这张可怕的脸！"冯守安老人听说凶手被抓后，颤抖着手点上烟，猛吸了一口，高兴地说："人家说我运道好，我活了这么大年纪，就是为了看到他被抓住的这一天。"

侦查员给被害人做完笔录后，兴奋地说："好！冯老伯，有你写的这个证词，看他还能抵赖，有了指纹证据和被害人的证词，即使他死不开口，照样能把他送上断头台。"

艾红光又被带到审讯室，承办员问："艾红光，你到底是在上海金山做的案，还是在浙江嘉善做的案？"艾红光找借口说："记错了，好像是在浙江嘉善。"他心里想，嘉善旅馆里的那人大叫救命没有死，所以说出他来还能保住命。但这雕虫小技只是农民的狡黠，他不知嘉善的被害人还活着，且成了他作案的又一铁证。

侦查员拿出一张嘉善旅馆的被害人照片，问艾红光："你还记的这个人吗？"艾红光看了一眼照片，他未必记得这个白发老人，但他心里猜出了几分，侦查员告诉他："这就是当年你在嘉善旅馆电击的对象，他还活着，并且指认你就是当年的凶手。"艾红光听罢，意识到自己是聪明反被聪明误。

侦查员提醒他说："你不要再自作聪明了，现代科学发达程度早已超出了你的想象，否则，我们31年后，怎么会到这么偏僻的地方找到你的。"

顷刻间，艾红光心里的防线彻底崩溃，2012年4月23日下午2点，艾红光被押回上海15小时后，不得不向警方缴械投降，但他只交代了一起上海作案的经过，对江西的两起电击杀人案却讳莫如深，闭口不谈。又经过20天的反复较量，5月15日上午，艾红光终于彻底交代了上海的"李义清"、上饶的"陈志伟"和九江的"李明春"，以及嘉善的"冯守安"都是他一人所害，至此，1981年八九月间发生的"三死一伤"的电击杀人抢劫案彻底告破。

埋藏在艾红光心底的秘密终于像挤牙膏似的全部吐了出来，他交代完后，压在他心里31年的大石终于搬掉了，他心里反而一下子轻松了下来。作恶虽一时得逞，没有被及时抓住，他自以为聪明，但心灵的十字架却压了他一辈子，使他惶惶不可终日。31年来，他常常从噩梦中惊醒，出一身冷汗。交代完后的当晚，他终于安安稳稳地睡了一觉。醒来后，他才真正感悟到中国的古话太灵验了：不是不报，时间未到；时间一到，什么都报。

王学仁从静安分局回到家后，也是31年来首次踏踏实实地睡了个安稳觉，他心想这下我安心了，老端木处长、王德火队长和姚银生队长等战友也可含笑九泉了，还有那三个被害人也该在九泉之下释怀了。

追踪神秘的"敲头幽灵"

刘 翔

　　1997年早春的上海，本该是春光明媚、花团锦簇的季节。经过了漫长的"冬眠"的人们，多么想纵情地投入到令人心旷神怡的大自然怀抱，去感受那春天的温馨。然而，一个专敲妇女头颅的罪恶幽灵，竟会徘徊在上海的东北部，将美好的春光蒙上了一层浓浓阴影。一时间，全市满城风雨，人心惶惶。女性夜里不敢独自走出家门，一些家庭开始为不得不夜归的家人绞尽脑汁地采取种种保护措施，丈夫接送妻子、父亲陪伴女儿的现象，让警方倍感压力。

血案频发

　　这真是一个恐怖的幽灵。

　　1997年3月18日晚6时30分许，风雨交加。和丈夫一起借住在杨浦区殷行街道东费家宅某号的26岁菜贩胡女士从集贸市场收摊回家，她撑着雨伞艰难地走到居家附近一空旷工地时，脑后部突遭歹徒袭击，当即不省人事。

　　因胡的丈夫在市郊贩菜，周围邻居见胡久不归家即四处寻找，当找至工地时，已是深夜10时45分，发现胡已死亡，立刻拨打"110"报警。

　　3月20日，家住在宝山区淞南新村的41岁施女士跟同事在西藏路某饭店聚餐后回家，约在晚上10点50分行至家门口，发现忘带大楼总门钥匙，就径直走到阳台下，叫丈夫把钥匙从6楼扔下。可丈夫把钥匙扔下后，却迟迟不见妻子上楼，遂下楼察看，却见妻子已惨死在楼旁，身旁溅满鲜血，随身挎包已被劫走。经宝山警方勘查，施是被人从身后突然袭击，采用拳击撞墙等暴力手段致死。

两起案件在不同的地区、不同的时间发生，但侵害的对象都是单身夜归的妇女。作案者是否同一人？

　　此时下结论似乎为时尚早。

　　谁知两天之后的3月22日，杨浦警方又接到一名居民报案：称其妻44岁的郑某21日晚9时10分左右，乘坐124路公交车在共青森林公园站下车，步行5至6分钟快到家门口时，背后一条黑影猛然蹿出，用钝器击打其头部，郑当即昏死过去，随身带的包被抢走。经法医验定，郑某的头部损伤主要在后脑头枕部，共有5个创口，并颅骨骨折。

　　几乎在同一时间内的22日、23日，宝山区又连续发生袭击单身妇女的案件，作案手段大体一致。宝山警方迅速将案情通报给杨浦警方。布控的大网已经撒出，在以后的一个星期内"敲头幽灵"却没有出现。

　　然而，从4月1日到4月6日这一段时间内，杨浦区的殷行、宝山区的淞南、海滨地区竟又发生了7起此类案件。至此，共有12名无辜市民遭到暴力袭击，其中两人死亡，数人重伤。

　　显然，夜幕下，一个"幽灵"正在杨浦、宝山的结合部游荡，以极为残忍的手段伤及无辜妇女，猖狂地向警方挑战。

流言四起

　　面对这样一个灭绝人性、手段残忍的"敲头幽灵"，在这短短的十几天中，申城的市民似乎有点谈"敲"变色了。由于在短时间内，受害者频频被送入案发地惟一的市级医院长海医院救治，于是乎，消息迅速在社会上不胫而走。一时间全市各种猜测纷起，以讹传讹，越传越离谱。由于受害者没有目击到作案工具，先

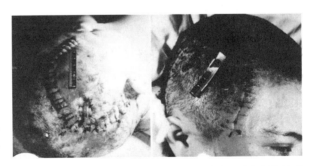

被害人头部损伤情况

是关于一把钉有铁钉的大榔头被传得沸沸扬扬；接着是一些市民开始自己描绘起案犯的画像：说这是一个骑摩托车作案的犯罪团伙，他们来无影去无踪，准备专门挑100个长发披肩的靓丽女子下手；又有人说歹徒是用木棒把铁钉从脑后打入被害者的脑壳。关于作案人的动机和作案形式传言，竟有几十种不同的版本。

全市满城风雨，人心惶惶。女性基本上不敢走出家门，一些家庭开始为不得不夜归的家人绞尽脑汁地采取着种种保护措施，丈夫接送妻子、父亲陪伴女儿的现象，成了一大奇观。在个别地区甚至出现了戴着头盔匆匆夜行的市民，不少人家早早闭门关灯，女性则是全部进入"一级戒备"。在五钢集团工作的王女士尽管只有3站路车程，但上晚班一定得有丈夫充任"贴身保镖"。不少饭店、娱乐场所的老板更是"损失巨大"，晚上根本就没有生意，只得关门大吉。大有风声鹤唳、人人自危之势，给上海的社会治安、社会秩序带来了严重的破坏。

幽灵疑踪

从3月18日到4月6日，这短短的19天，无疑是个"黑色的时间段"。"敲头幽灵"的连续出现，引起了上海市各级党政领导的高度重视。上海市公安局迅速成立由刑侦总队、宝山公安分局、杨浦公安分局组成的专案组。于是，在8.7平方公里的殷行地区，每天有数百名民警昼夜睁着警惕的双眼，在四周设伏、排查、布控。由上海铁路公安局的公安部特邀侦查员张欣绘就的犯罪嫌疑人模拟像分发到每个参战民警手中。

可以说，上海警方是顶着巨大的社会舆论压力、在一片沸沸扬扬的议论甚至是不明真相的责备声中默默艰难地寻找任何一丝突破此案的细微"裂缝"，艰难地展开侦破工作。最终，专案组领导经过对案情详尽分析、研究，认为这13起案件能够并案侦查，并刻画了歹徒的特征、作案手法，判断了案件的特点、作案工具后形成5点共识：

一、歹徒作案时间大多选择在夜间和市郊结合部的偏僻地段，用钝器从背后或侧面袭击被害人致昏迷，以施抢劫。

二、歹徒较多选择年龄较大、身材较矮的中年妇女为侵害目标。

三、歹徒以劫财为目的，作案手段凶狠，不计后果。

四、根据被害人头部形成的创口，推断作案工具系铁管、铁棒类容易挥舞的钝器。

五、歹徒系外来人员的可能性较大，身高 1.70 米左右，流窜于两区间作案，且乘公共汽车流窜的可能性较大，对案发地周围情况比较熟悉，其居住地或工作单位很可能就在案发地区一带。

令人欣喜的是，被害人 47 岁的阚某经医院全力抢救苏醒过来后，成了所有受害人中惟一能向警方提供点滴线索者。4 月 2 日晚 9 时许，她乘公交车回家到闸北电厂站下车，沿军工路由东向西走在田埂小路时，发现有人尾随在后，便侧身想让那人先走过去。不料那人走过她身旁时故意猛地撞了她一下，阚某斥道："你撞我做啥？"

谁知，那人接着从右手袖管内抽出一根铁棒朝她脑后击去，将她击昏。待醒来时，发觉手上铜鼓戒和颈上项链没有了，被抢的包内有 100 多元现金。据她模糊回忆，作案人身高 1.70 米左右，体态魁梧，穿黄色风衣，说普通话。

至此，经过对不断筛选的情报分析，歹徒的各种特点、特征已在全体参战民警的心中渐渐清晰了起来。

最后惨案

搜捕的大网已越收越紧，上海市委、市公安局的高层领导均亲自来到专案组，进行现场督战。谁能料到，正当全体参战民警夜以继日地工作之际，"幽灵"却一反常态地在白天出现了。

4 月 14 日，在杨浦区的共青森林公园内，魔爪再次伸向一对正在休闲的老年男女。这天中午，"110"报警台接到群众报警，在共青森林公园内钓鱼湖边的椅子上有一男一女两名老人被人击伤后已送往医院抢救。接到报警后，杨浦警方迅速赶赴现场，交警立即封锁了周围的一切路口，刑侦总队也派出警犬队到场助战，大批警员包围了公园。警方对公园内进行了地毯式搜查。但时近傍晚，仍无所获。公园一名工作人员说，早上曾有个穿灰色上衣的男人躺在旁边一条长椅上，后来去向不明。在医院的急诊室里，被救醒的 63 岁周老太惊恐地向警方回忆着被害经过：这天上午 7 时 45 分，她与 71 岁的朱某相约至森林公园游玩，中午 11 时多，便坐在湖边的椅子上吃点心，冷不防被人从背后猛击头部后失去知觉。手上一只金戒指和颈上一根项链也被劫走。被劫的项链上有一鸡心锁片挂件，锁片正面是鸳鸯图案，背面镌有篆体"明月"两字，是她儿子的名字。

午夜擒魔

森林公园的惨案发生当晚，杨浦公安分局领导立即召开全局紧急会议，详细公布了该案赃物特征，迅速在全区范围内布置落实控赃工作。宝山公安分局也同时加强了案发地附近的布控力度，严密监控赃物的转移和出现。

4月15日上午，杨浦公安分局五角场派出所的一位民警来到朝阳百货商场的金银饰品柜台了解情况。营业员向民警反映说，一个小时前有人来此修理过刻有"明月"两字的鸡心挂件，该金项链上带有明显的拉断痕迹。此人系一外地民工模样的男子，剽悍强壮，操一口并不纯正的普通话，身着紫红色夹克衫，且不止一次来此修

魏广秀系列敲头伤害抢劫案（公安人员在案发现场）

理、重铸金银饰品。

这一消息，犹如晴天惊雷，迅速反馈到专案组，神笔张欣立即绘出犯罪嫌疑人的模拟像。侦查员根据模拟像再次在案发地周围排查。此时，宝山区淞南地区一个名叫魏广秀的安徽人进入警方的视野。据当地居民称，此人外貌与模拟像极其相似，且经常有些金银首饰带进带出。当晚，侦查员经过反复排查，终于从 5 个可疑的窝点中最终确定淞南镇华浜二村某号 202 室为犯罪嫌疑人魏广秀的落脚点。市公安局领导迅速在刑侦总队设立指挥部，由刑侦总队、宝山公安分局组成的特别行动队直扑淞南。为防止走漏消息，打草惊蛇，这一突击行动方案只有高层领导和特别行动队侦查员知道。

晚上 11 点 30 分，30 多名特别行动队侦查员封锁了华浜二村的所有路口，7 名民警直奔 2 楼，但 202 室的铁门足足敲了好几分钟，里面却没有反应，正当特别行动队员准备破门而入时，房间里传来了一个女人的声音：“谁呀？”

“我们是公安局的，来查户口。”

那个女人无奈地打开了铁门，一走进房间，侦查员们发现通往阳台的门开着，一个穿短裤的胖墩墩的男子正想跳楼逃窜，但二楼阳台的通道早已被特别行动队员堵住，面对黑洞洞的枪口，他只得退回房内。

“你叫什么名字？”

“魏广秀。”

“哪里人？”

“安徽利辛县人。”就在盘问之际，两名机灵的侦查员早已贴靠到魏的身边。此时，魏广秀似乎意识到什么，但仍故作镇静地吼道：“干什么，干什么！”说时迟，那时快，4 名侦查员猛地扑过去，经过一番搏斗，将他按倒在地，戴上了手铐。随之，在房间内进行搜查。

“‘明月’项链锁片找到了。”一名侦查员惊喜地电告指挥部。在魏广秀凌乱不堪的家中，这枚锁片裹在小纸团中，丢在饭桌底下，但仍被细心的侦查员查获。此后，被害人的背包、钱夹、戒指、手表、化妆品等物品也被一一搜出。而那开门的妇女系魏广秀的妻子。

深夜 12 时 55 分，警笛呼啸，警灯闪烁。特别行动队侦查员将犯罪嫌疑人魏广秀

被缴获的金饰品

魏广秀依法批准逮捕

押往刑侦总队，踏上了凯旋之路。

4月17日上午9时，为尽快公开案情以正视听，上海市公安局在第一时间召开了新闻发布会，宣告"3·18"系列"敲头抢劫案"，经过警方整整29个昼夜的侦查成功告破，神秘的"敲头幽灵"魏广秀被擒。

"破案了！破案了！"申城的大街小巷里、公共汽车上、企事业单位内，惊魂甫定的市民们奔走相告、额手称庆："上海警方果然厉害啊！"

1997年6月17日上午，上海市公安局隆重召开侦破"3·18"杨浦、宝山地区重大抢劫、伤害系列案表彰大会。会上宣读了公安部部长陶驷驹签发的给"3·18"专案组记集体一等功的命令。

幽灵真相

1997年5月27日上午9时15分，上海市第二中级人民法院在第六法庭公开开庭审理了魏广秀抢劫案。穿着彩色长袖T恤、土黄色布裤和黑布鞋的矮矮壮实的魏广秀，惶惶不安地被法警押进庄严的法庭。此刻，这个穷凶极恶的"敲头幽灵"，终于被剥下神秘外衣。

1971年3月3日，魏广秀出生在安徽省利辛县。初中毕业后到上海当兵。1992年，他结识了一位大他三岁的来自崇明县的上海姑娘顾某，不久，便非法同居，并生下一男孩。后在钱欲的驱使下，因盗窃大量的锌锭，在1993年5月被军事法院判处有期徒刑5年，后被减刑，于1996年11月释放出狱，退回原籍。同年12月14日，他便来到上海和顾某重聚，这时他们的儿子已经5岁了。

在繁华的大上海，魏广秀茫然无措。他没有一技之长，又无固定的生活来源。很快，他又重新选择了犯罪，选择了用钝斧去残害那些反抗力弱、反应不灵敏的单身中年女子。1997年4月13日，也就是他最后一次作案的前一天，顾某带着儿子从崇明老家回到华浜二村的住处后，便独坐一旁悄悄地抹泪。魏广秀关切地询问缘由。顾某哽咽道："手链在崇明回上海的船上掉了。"魏广秀轻声安慰了一番后，第二天中午即窜至共青森林公园袭击了一对老人，将抢来的那个受害老妪的金项链"赠"给顾某。对妻子的万般柔情和对受害妇女的凶残暴行，居然在这个幽灵身上得到了莫名其妙的统一。

经过了长达 7 个小时的庭审，魏广秀交代了自己自 3 月 18 日至 4 月 14 日的犯罪经过。他单独持钝斧乘坐公交车或骑自行车，在宝山区的淞南、海滨地区和杨浦的殷行、中原地区及森林公园等处，寻找到作案目标后，尾随被害人至行人稀少、灯光暗淡的偏僻地带，从背后用斧背猛击被害人的头部，击倒被害人后实施抢劫。先后作案 13 起，致伤 14 人，其中两人身亡。共劫得现金、首饰、手表、女式背包等价值 7500 余元的财物。

5 月 29 日上午，法院再次开庭，魏广秀被一审判处死刑。当天，魏就提起上诉。6 月 12 日，上海市高级人民法院驳回其上诉，维持原判，并依法核准死刑。6 月 13 日下午，魏广秀被押赴刑场，依法执行死刑。

弹指一挥间。当笔者再次回眸这起震惊全市的"敲头案"时，依然还清晰地记得魏广秀在法庭上作最后陈述中的一段话："人为什么要在失去之后才明白生命的价值和意义呢？我相信我不是第一个犯罪的，也不是最后一个。那些没有犯罪的人可不可以以我为戒呢？这个代价实在是太大。现在我后悔了。"

可是，人世间是没有后悔药的。当正义的枪声响起那一刻，我们无法知道临刑前的魏广秀在想些什么。但有一点是不容置疑的，那就是：无论罪犯是何等的邪恶和狡猾，都终将逃不过法律的惩处，并使这颗罪恶的灵魂彻底地屈服。

归去来兮的"打电话的少女"

刘 翔

被盗前设立在上海淮海路茂名路口的"打电话的少女"铜像

2000年春天,坐落在上海市中心淮海中路、茂名南路地铁出口处"打电话的少女"铜像雕塑突然离奇失踪。这座当年被称作上海十大城市雕塑之一的作品,在上海市民中享有很高的知名度,深受上海市民的喜爱。因其在城市雕塑中具有很高的艺术价值,还被收进了《中国雕塑史》和《中国美术全集》。此案经媒体披露后,一时成为上海市社会各方广泛关注的焦点。

"打电话的少女"铜像到底为何原因不翼而飞?这个谜团困扰了上海市民整整4年。警方为此也一直苦苦追寻着答案,直到2004年8月,经过历时4年的艰苦侦查,"打电话的少女"铜像雕塑失踪之谜终于解开。

众目睽睽之下的一起失踪案

现在不妨让我们把时空拨回到2000年的5月,那时上海的1300万市民都怀着焦虑的心情,急切地在寻找一个失踪的"打电话的少女"的下落。她就是坐落在上海著名的商业中心——淮海中路、茂名路口的一座"打电话的少女"铸铜雕塑。

该铸铜雕塑地处当时上海最为繁华、时尚的商业街,又靠近地铁出口处,紧挨着她身旁的还有一个"东方书报亭"。马路上整天人流、车流川流不息，直到深夜也经常是车水马龙。雕塑怎么会在众目睽睽之下不翼而飞呢？

这座当年被称为上海十大城市雕塑之一的铸铜雕塑，在上海市民中享有很高的知名度。它是上海油画雕塑院雕塑家何勇的得意之作，也是淮海中路上第一座铜像雕塑。据何勇介绍，"电话少女"的创作是从 1995 年开始的，从在稿纸上落下第一笔，一直到把她安装在街头，前后花费了一年多的时间。铜像形塑的打电话的少女神情清纯可爱，楚楚动人。左手轻插胯部，右手执话筒，左腿站立，右足点地，亭亭玉立。短发、短裙飞扬着青春的灵动与活力。曾赢得了上海市民很高的"回头率"，可谓人见人爱。给高雅著称的淮海路平添了几分时尚和温馨，成为该路段上一个独特的标志性城市景观。

正是因为"打电话的少女"身上所散发的浓重的生活气息，所以，铜像一露面，就立即赢得了上海市民的喜爱。在美术界，她也被看作当代城市雕塑中的精品。上海市美术家协会副主席朱国荣说："少女心情非常愉快地在打电话，她的衣着非常时尚，但是又很大方，我觉得她是有代表性的，这不是一件普通的雕塑，她代表了这一时期，上海人的心情，上海人的时尚。"1999 年 5 月 18 日，该雕塑被收进了《中国雕塑史》和《中国美术全集》。

这座雕塑高约 1.78 米，重约 350 公斤，其主要成分为青铜，价值近 20 万元。按常理推断，如此"庞然大物"没有三四个身强力壮的年轻人根本就别想搬动。而且还必须有辆车子作运输工具，才能快速离开现场。否则，是无论如何也运不走的。然而，就这么一座优美的雕塑艺术品，竟然会在"众目睽睽"之下，就这样在大上海的闹市中心莫名其妙地失踪了，简直让人不可思议。

找到一个山寨版的"少女"

一时间，"打电话的少女"失踪一事，显得扑朔迷离起来，引起了全体上海市民的极大关注。最早向警方报案的是上海市城市雕塑办公室干部郑先生。2000 年 3 月 8 日，郑先生路过淮海中路、茂名南路路口，突然感觉视野里少了点什么，仔细一看，原来是伫立在地铁出口处的"打电话的少女"铜像不见了。认真负责的郑先生立即向有关职能部门询问，得知铜像并无计划作过移动，于是立即向警方报案。

接到报警后，卢湾公安分局刑侦支队的侦查员立即开始侦查。案发现场位于交通繁忙的十字路口，除了雕塑底座留下的"打电话的少女"脚印和断落的螺丝帽外，现场几乎没留下什么有价值的线索。经实地勘查，从作案手法上看，雕塑与地面的连接处切割痕迹十分整齐，那部"电话"也是很"小心"地被从架子取下。显然是蓄谋已久。由此可推断，作案者是个技术熟练、动作迅速的"职业杀手"。经侦查员多方调查，最后证实，这座雕塑确实是在春节前后被人"拐走"。由此推断，"打电话的少女"失踪已有 3 个多月了，而被人发觉报案距今也有 2 个多月了。警方失去了宝贵的侦查破案第一时间。无法确定确切的案发时间，也就更不要说完成对作案对象的刻画了，这无疑给此案的及时侦破带来了很大的难度。据分析，犯罪嫌疑人胆敢在繁华闹市中心的淮海路作案，夜间作案的可能性较大。根据铜像的高度与重量，作案人至少是 2 名或以上成年男子，并且具备运输工具；综合现场勘察情况，作案人应为文化程度不高的外省市来沪人员，很可能是拾荒人、走街串巷的小贩之流。

雕塑被盗后的现场

警方在案发现场调查

据此，侦查员们连续一个星期，利用晚上休息时间在案发地附近展开查访和对环卫工人、送奶员的走访；并对全市的废品收购点和案犯可能销赃之处进行了仔细的搜索和盘查，以求发现"打电话的少女"的踪影。与此同时，还在新闻媒体上向社会公布了案情，发动全市人民积极向警方提供破案线索。

案情在媒体上披露后，立即在社会上引起了强烈反响。卢湾公安分局刑侦支队几乎每天都要接到许多电话来询问"打电话的少女"的下落。

也有很多热心市民纷纷提供破案线索。而侦查员们只要得到任何一条线索，都会仔细去一一查证和追踪。

2000年5月26日中午，贵州省贵阳市民严先生向警方举报，"打电话的少女"铜像现身贵阳市一家酒吧门口！尽管举报人说不清酒吧的具体地址，但侦查员凭着百折不挠的精神，在贵阳市公安局同行的大力协助下，不仅查清了酒吧的地址，而且通过传真见到了酒吧门口的"打电话的少女"照片！高矮、神情、动作和"打电话的少女"的特征一一都对上号了。侦查员们一阵欢呼："打电话的少女"失踪的谜底，眼看就要解开！

5月27日，上海侦查员一行风尘仆仆乘飞机抵达贵阳，连夜找到了举报人严先生和那家酒吧，在亲眼看见那座"打电话的少女"雕塑后，侦查员满心的希望犹如被浇了一盆冷水：这根本就不是淮海路上的"打电话的少女"！眼前的"打电话的少女"这座雕像只是一个粗糙的仿制品。尽管其外形、神态与上海的相差无几，但无论是做工还是制作材料，两者都无法相提并论，淮海路上的"打电话的少女"太完美了，实在是不能随便仿制的。

经了解，原来贵阳这家酒吧的老板有个酷爱艺术的好朋友吴先生。在装饰酒吧门面时，老板请吴先生设计并制作一座雕塑放在酒吧门口。吴先生从一本画册上发现了何勇的"打电话的少女"，便按图索骥制作了一座。

看似极有价值的线索断了。不久，一封人民来信再次点燃了侦查员们心头的希望之火。来信者是退休干部老张，其称，同年一个春风沉醉的夜晚，他在"打电话的少女"雕塑对面的国泰电影院看完电影，发现有两个30多岁，穿着很脏的工作服的拾荒人模样的男子推着板车，板车上好像装着一座人体雕塑模样的东西，慌慌张张从他面前走过。后来，老张看见媒体关于"打电话的少女"铜像被盗的报道，这才联想起来：那两个男子有重大作案嫌疑！

张老先生提供的线索点燃了破案的希望，热心的老张告诉侦查员，看电影的具体日期他记不清了，但他清清楚楚记得片名是《再见，美国》。于是，侦查员到国泰电影院展开了调查，但结果发现，老先生观看的那部电影是从4月初开始放映的，也就是说，当时已经案发了。看似很有价值的线索就这样又断了。

想象力丰富的种种猜测

与此同时，在上海市民中有关"打电话的少女"的下落种种议论和猜测又纷纷响起，流传出了另外的几种说法。有人说是拾荒者当废铜卖了，也有人说，"打电话的少女"极有可能是落入那些具有一定的艺术修养、平日喜欢收藏各类艺术作品的"雅贼"之手。当他们看到这样一座城市雕塑深受上海市民的喜爱时，便会抑制不住内心的欲望，铤而走险地"收藏"为己有。还有一种比较时髦的说法就是，随着社会工作和生活节奏的日益加快，某些人的心理产生偏差，行为出现怪癖，由此而对美丽的"打电话的少女"浮翩起非分的联想，想把"打电话的少女""带"回家，独自与她"亲热、亲热"，以至做出冒天下之大不韪的行动。

2000 年 10 月 16 日晚 9 时，侦查员突然又接到紧急报告，说是"打电话的少女"铜像已经回到了淮海中路、茂名路口的失踪之处，目前现场正围聚着上百名游客在驻足观看。侦查员心里一惊，马上驱车赶了过去。

到达现场后，侦查员们看到密密麻麻地围着足有数百人。他们费了好大的劲，才挤了进去。一看场地中央果然亭亭玉立着那座让他们"朝思暮想"的"打电话的少女"。可再仔细一瞧，侦查员们傻眼了："打电话的少女"的眼珠怎么会动啊！

经询问，原来，这是某文化传播有限公司特别策划的"找回失踪打电话的少女"公益宣传活动，那铜像是由真人扮演的。

面对此情此景，侦查员们心中是说不出的滋味。种种迹象，种种猜测，一下子使此案变得扑朔迷离起来，使之成了一桩让全体上海市民和各级领导牵挂的悬案。

四年破案　少女归来

光阴似箭，一晃，4 年过去了。4 年中，上海市各级公安机关特别是卢湾警方始终没有放弃对"打电话的少女"铜像的寻找，警方一直在不停地开展侦查工作。尽管该排查的线索都排查了；该走访的人和场地都走访了。社会各方提供的线索最终也被一一否定。可是，整整 4 年，案件的侦查一直未有实质性突破，"打电话的少女"成了一起"无头案"。

2004年6月，上海城市雕塑展览会隆重举行。五彩缤纷的城市雕塑精品让上海的市民在享受着一道"艺术大餐"的同时，亦情不自禁地勾起了他们对"打电话的少女"的深情眷恋。沉寂一时的"打电话的少女"失踪案的话题重又被市民们和有关专家提起。上海市的领导亦对"打电话的少女"失踪案作出了重要指示，要求上海市公安局查清案情，尽快破案。

在对4年前的调查工作进行了梳理、分析后，侦查员们一致认为：当年的侦查思路和判断是正确的，侦查方向也没错，犯罪嫌疑人看中的是铜，而不是看中这件艺术精品本身。因此，犯罪嫌疑人很有可能就是那些盗窃马路上公共设施的外省市来沪拾荒人或小商小贩，应该以这些对象为主攻目标。

功夫不负有心人，地毯式的排查终于有了成效。某监狱的一名在押人员看到警方的协查通告后，神态十分反常，他的这一细小变化被监狱民警察觉。民警立即找他谈心，在反复的政策教育下，他表示自己知道"打电话的少女"铜像失踪的线索，要检举立功。

据他交代，2000年春节过后的一天，他和江苏淮安来沪人员胡正龙、赵谢俊和许国兴3人一起喝酒时，他们醉酒后"自豪"地谈起，他们曾经联手在淮海路盗窃了一座"打电话的少女"铜像，卖得了钱后他们平分掉了。他说，胡正龙、赵谢俊和许国兴三人是亲戚，在上海无正当职业，主要以捡垃圾、收废品为生，没有固定的住所。

得知这一线索，侦查员马不停蹄进行调查，获悉胡正龙于2002年因盗窃罪被徐汇区人民法院判处有期徒刑8年，目前在监狱服刑；赵谢俊因涉嫌盗窃目前关押在徐汇区看守所；许国兴则在上海闸北区长安路一带继续干着"老本行"。

2004年8月12日，经过艰苦地守候伏击，侦查员将许国兴抓获。在警方出示的证据面前，胡正龙、赵谢俊和许国兴无法自圆其说。不得不先后交代了3人结伙在2000年春节期间盗窃淮海中路茂名南路地铁出口处"打电话的少女"铜像的犯罪事实。

2000年春节前的一天的清晨5点多，胡正龙、赵谢俊和许国兴3个人一起骑着三轮车，上街回收废品。当他们经过淮海路、茂名路口时，3个人的目光都不约而同地盯上了"打电话的少女"铜像。就在前一天早上，他们也是去收废品路过这里时，许国兴说是要用锯条把它给锯掉，但没锯成。于是，他们先是把"打电话的少女"背着的书包扭断，确定是铜质的，他们决定第二天来继续干。

那天他们看看周围没人，便走上前去，先是用锯条锯，然后用绳子拴住铜像后用力拉，因为"打电话少女"只靠一条腿连接在地面上，很快，她就被拉倒了。接着他们把铜像抬到三轮车上，用纸板箱盖好。然后他们当天就将铜像卖给了长安路、共和新路口的一家废品回收站。他们说，他们根本就不懂这是一件艺术品，只知道它是铜的，很值钱。就这样，造价近20万元、艺术价值无可估量的"打电话少女"铜像最终被他们以3元1斤的价格卖出，只换得了900多元钱。至此，案情取得决定性进展。但"打电话的少女"铜像后来又流向何处？这依然是个谜。侦查员们明白，只有尽快将"打电话的少女"找回来，才能真正告慰四年来一直关心她下落的广大市民。

据犯罪嫌疑人胡正龙、赵谢俊和许国兴供述，那家废品回收站是他们一位江苏淮安老乡开的，至于此人姓甚名谁，他们也说不上来。4年前的长安路、共和新路路口是闸北区废品回收站的聚集地和外来人员的暂住地，在短短100米的距离中，就有10多家店铺。但由于城市建设市政动迁，现在这里取而代之的是加油站与一片茂密的绿化区和拔地而起的商业楼，要找到一个无确切姓名和地址的废品回收站，无异于大海捞针。

因长安路、共和新路属于闸北公安分局的辖区，于是专案组立即请求闸北公安分局治安支队协查。接到协查请求后，支队领导马上找来了当时该地的分管治安民警。这是位经验丰富的老民警，在对犯罪嫌疑人销赃的原地点进行仔细辨认后立即肯定地

工人在重新安装雕塑

说道："这家废品回收站是江苏淮安人张朝明经营的。"他清楚地记得2000年春天，他曾经到该废品回收站布置过"打电话的少女"失踪案的协查工作。

8月16日，犯罪嫌疑人张朝明被侦查员"请"到了专案组。他对2000年春节期间收购胡正龙等3人偷盗的"打电话的少女"雕塑一事供认不讳。

长达4年的"打电话少女"铜像失踪之谜，在上海警方4年的艰苦努力下终于水落石出。

2005年2月28日，上海市卢湾区人民法院以盗窃罪，分别判处赵谢俊、许国兴有期徒刑12年和10年，并处以1万元和2万元罚金；以收购、销售赃物罪判处张朝明有期徒刑1年6个月，并处罚金5000元。

2006年5月24日深夜11时30分，6年前在上海闹市街头神秘失踪的著名城市雕塑"打电话的少女"，在雕塑家何勇再度精心"孕育"下，终于重返故地——淮海中路、茂名南路地铁口。当新生的"打电话的少女"再次亭亭玉立地回到了上海市民的身边，广大市民们不禁"百感交集"："打电话的少女"最终遭到"粉身碎骨"这样悲惨遭遇，对每一个关注她的人来说，是不愿意看到乃至是痛苦的。然而，作为一尊独具风格的城市雕塑，"打电话的少女"的深层意义更在于她失踪后唤起了人们对于城市公共文化设施的保护意识，以及如何捍卫城市文明的认真思索。由她的命运所引发的思考将会一直在上海这个国际大都市延续着……

海上回声

上海闲话讲得来

——"阿富根"节目的几起几落

冯远 冯乔

拔掉穷根栽富根

上个世纪六十年代，上海郊区金山县有个老农民叫阿牛，每天到中午辰光总归矮凳一摆，喇叭头下面坐好了，好像打着瞌睡那样眯着眼，听广播里阿富根讲上海闲话节目入迷了。广播喇叭里的每一句话，他都听进去了。阿牛对当生产队长的儿子讲："喇叭头里讲了，明朝要落雨了，侬当心啊！落雨天派啥生活？"

1961年，在政治气候相对比较宽松的情况下，上海人民广播电台的副总编辑邹凡扬，想开一档人情味比较浓的节目，对农民进行社会主义思想教育。邹凡扬和编辑汪韵之商量，设计这个节目叫《阿富根谈生产（家常）》，一定要把谈生产摆在前面。眼前的节气是啥？病虫害来了，侬要打什么农药？所以谈生产为主，家常是括弧里面带带过的。实际上，家常阿富根还是经常谈的。比方讲邻里关系、婆媳关系、生活小常识，听众也是非常要听的。

为啥叫"阿富根"呢？上海农村里很多男女社员名字称呼前面都加个"阿"字。比方叫侬"阿林根"、"阿小妹"。"阿富根"意思就是农民愿望要过上好日子，要拔掉穷根栽富根。阿富根请啥人来做呢？电台里老早主持评弹节目的万仰祖，人矮笃笃，胖墩墩，面孔很和善，讲上海闲话，有点苏州口音，糯嗒嗒，好像蛮灵格。编辑汪韵之考虑让万仰祖来担当阿富根。另外，汪韵之请女播音员钱英菲来当一个虚拟人物小妹，她相当于大队妇女主任的角色。当时提倡男女平等，她也要为女社员讲讲话。

播音员万仰祖和钱英菲，就成了广播里讲上海闲话的第一代阿富根和小妹。这辰光，阿富根的一句闲话，要比大队书记的话还要顶用。当时，上海郊区十个县，每家人家屋里厢都装了喇叭头，一根线一拉一开，一拉一关。田头也装了大喇叭，劳动时大喇叭一响，大家能够听到，公社和家庭全覆盖了。

万仰祖

"阿富根"节目还善于运用歇后语，"十月里的鸡冠花——老来红"，"八月半的月亮——正大光明"，"买布不带尺——存心不量（良）"，听众听上去也蛮有味道。"额角头上挑扁担——头挑"，"头挑"什么意思？就是头牌，你这个人是第一位，这就是方言的魅力。

"小小横沙岛，四周浪滔滔，丢只原子弹，逃也没处逃"。阿达在横沙岛广播站当播音员，一直模仿阿富根腔调广播："横沙人民公社广播站，贫下中农同志们，革命的社员同志们，现在播送天气预报，今天夜里到明朝，阴天，也就是勿落雨。明天局部地区阴有阵雨，就是有格地方，一阵子一阵子落雨。"

钱英菲

有个小孩听了广播不理解问道："啊哟，姆妈，阿拉明朝还好不在局部地区。不然，天天落雨。"

阿富根蹲羊棚

宽松的环境好景不长，阿富根不晓得后来政治气候要变化的。1964年的广播里经常讲："阶级斗争年年讲，月月讲，天天讲。"在这个大背景下，阿富根变调了，只好大讲特讲阶级斗争了，斗得来七荤八素。广播里很多谚语歇后语都不能用，只好用"篱笆扎得紧，野狗钻不进"，始终绷紧阶级斗争这根弦。只好用"屋檐下的洋葱头——根焦叶烂心不死"，形容地主富农好比屋檐下的洋葱头，不要看外面根焦掉了，叶子也烂掉了。但是它的心不死的，要复辟，还是要反攻倒算的，吓人伐！

1966 年，文化大革命爆发了，要扫除一切害人虫，把阶级观念模糊的老好人阿富根也列入了清除对象。

不久，阿富根节目关掉了。对阿富根的批判又升级了，上纲上线，变为是地主富农的代言人。当时，牛鬼蛇神要关进牛棚。但是，写稿子的编辑汪韵之，播音的万仰祖，他们两个人历史上清白的，从来没有参加过任何反动的党团组织。解放后，他们工作勤勤恳恳，那凭什么说他们两个人是地主富农呢？凭什么把他们关到牛棚里去呢？于是，他们就关到了羊棚里。羊棚里的人，比牛棚里的人待遇稍微好点。是敌我矛盾性质，按人民内部矛盾处理。或者还没到"地富反坏右"级别，有点问题就关到羊棚里。

地主富农的代言人阿富根带到农村田头，接受贫下中农的批斗。编辑是谁？汪韵之。谁播的？万仰祖。以前一直是明星，农民原来只听到声音，一直看不到真的人，这次来了。"哦，这是阿富根。"快去看一看，都来看热闹。农民一点也没觉得是坏人来了。

阿富根万仰祖分配到农村养猪猡，别看他农业生产讲得头头是道，其实是不太会做农活的。养猪猡也确实蛮难的，当地农民知道他是阿富根，比较同情，就来帮助他养猪猡。

1969 年，要动员城市里的人到农村里去。在这个背景下，电台就有"四个面向"。第一个面向是带领知识青年到黑龙江去插队落户；第二个面向是吉林知识青年慰问团；第三个面向去南京梅山的 9424 工程，万仰祖就到了梅山铁矿，分配到食堂去劳动；第四个面向到中学里复课闹革命，钱英菲抽去中学当教师。

第一代阿富根万仰祖、小妹钱英菲，就这样离开了电台。

阿富根的"红二代"

1965 年，在外滩的上海人民广播电台，要招一批播音员。越剧院青年演员李素芬去参加了应聘。当时越剧才子佳人戏不好唱，演员无用武之地了。

李素芬口齿比较清楚，考试读稿子的音，也分得清楚尖团音，因为越剧白口也分尖团音。那时候非常讲究家庭成分，工人、贫下中农、革命军人家庭最吃香。李素芬运道好，是工人出身，这个条件对于进电台是非常重要的。

到了电台，李素芬像到了保密单位一样，真的不敢多动，也不大敢多响。播音业务训练，一人拿一份稿件，整天读天气预报："今天晴到多云，明天多云转阴"。有一个老编辑听了李素芬的播音以后，让她试试小妹看。就将带教李素芬的任务交给万仰祖了。万仰祖很开心。旧社会私营电台出来

顾超和李征

的老播音员万仰祖，已经不受重用了，给伊一个学生带带，老给伊面子的。

电台播音不能用本名，要改个名字。李素芬，改名沿用了原来的姓，原来想用贞洁的"贞"，叫李贞。播音组负责人陈醇说："有一个女将军叫李贞，重名了。你就用长征的征吧，比较有革命气势，就叫李征吧。"

当时电台要求很严格。比如听众来信，信封上写播音员的名字，写李征，就必须要组织上来拆，或者你拆了以后，也必须要交给组织上看一看。假设这封信上写李素芬的，那就不拆，是私人的信。

顾超和李征是《阿富根》节目的第二代传人。两个人是1965年一道考进电台的。

顾超是从中学里面挑出来进电台。调皮但很机灵。顾超的头型比较大，外号叫"大头"。他会剃头，有一套理发"家什"：推子、木梳、剪刀。大家都叫他剃头，连电台老台长也叫他："大头啊，有空吗？上来给我剃个头。"有时候，大家喜欢和他开玩笑。比方下雨天了，有人说："顾超啊，你这把伞借给我。"顾超讲："我自己要用。"同事开玩笑："你不要嘞，你有大头嘛。人家有伞，我有大头，你不要伞的。"

后来，顾超从调皮的小男孩，认真工作，变成了电台《阿富根》节目的顶梁柱。

李征说："我和顾超搭档，是很放心的。顾超播的阿富根，有新农民形象的感觉。"

1986年，顾超被广大听众推选为"我最喜爱的播音员"第一名，但是，1992年，上海闲话节目关掉了。

1997 年 2 月 13 日，大年初七，电台节目组在南浦大桥下面的大桥饭店聚会。

播音员叶进说："顾超老师和我们讲，上海话播音有可能要恢复了。另外，顾老师的妈妈过 80 岁生日。还有顾老师因为在电台年数比较长了，可能又好分房子了，好事情挤在一起。那天，酒也没怎么喝。顾超说他来唱个歌叫《送别》。他特别喜欢唱卡拉 OK。他说，我最喜欢唱这个歌了，接连唱了几遍。"

顾超唱好歌后："哦哟，今天我爱人关照的，要我天冷早点回去。"顾超开着助动车回去。平时天冷，他都戴头盔的。那天也巧，他买了一件新的鸭绒衫，有顶鸭绒帽子。他想帽子一戴就暖和了，头盔就不戴了。

过年时节，路上黑黝黝的。顾超助动车开得比较快，就撞在大桥的桥墩上。他骑的火鸟助动车，轮子很小的，过不去，轧牢了。车子速度快，人就飞出去，撞到旁边的隔离栏上，他昏过去了。6 天后，再没醒过来。

顾超开着火鸟上了天堂，走的辰光只有 50 岁。

顾超的墓碑，做得有他的特点。上面是一份用铜片做的稿子，旁边竖着个话筒，这是顾超身前的工作状态。最瞩目的就是铜片稿子上的文字："上海人民广播电台，对农村节目现在开始。听众朋友，侬好，今天是 2 月 19 号，农历正月十三。"这是对农村广播的开始语，就是顾超平时每天要讲的话。

下面结束语："谢谢各位收听阿富根节目，搭大家讲一声再会。"

李征和万仰祖

顾超是那一天离开人们的，他离开的时候，还没有忘记听众。

小菜场与绣花工

1981 年，上海广播电台开始第一次向社会招聘播音员。文革动乱十年，也给电台造成很大伤害，播音人才严重断档。所以要拨乱反正觅人才，向社会招聘播音员。

叶进在做播音员之前，是一个"文艺青年"。他的工作在静安区副食品公司陕北小菜场。因为怕营业员缺斤少两，小菜场专门有一个公平秤。叶进就做公平秤工作。假设你买了一斤青菜，他就帮你校秤，差一分两分，就开一张单子。这个顾客就拿着这张单子，去摊位和营业员"倒扳账"。

"买营养菜"也归叶进管。比方讲菜场里的鸡蛋、老母鸡、排骨、鲻鱼等东西，非常紧张。大清早的菜场里顾客放块砖头，或放个破篮子，排队也不一定买得到。这个营养摊位是保证的，每天必须有几只鸡，有几箱蛋，有多少鱼，凭卡和单子供应给革命军人、残废军人、孕妇、骨折病人。菜场营业员叶进有空的时候就到工人文化宫演话剧。

肖玲没做广播之前，在工艺美术公司的地毯厂工作。肖玲说："其实我也像叶进老师一样的，尽管在工厂里工作，其实骨子里很向往舞台，文艺女青年。格辰光，最有名的一句话是，莫让年华付水流。自己有时候会想，哎呀，就一辈子做刺绣地毯吗？"

肖玲利用业余时间，也到文化馆参加话剧团。肖玲记得："有一天晚上在排戏，导演说你们停一停，广播电台要来听听你们的声音，请你们每个人读一篇新闻稿。"

过几天，肖玲接到通知去北京东路 2 号，她一看门口有两个解放军站岗，就很紧张。跑进去录音的时候，她害怕得手心里冒汗，声音发抖。考官顾超就安慰她："小姑娘别急，别怕，心定一点，慢慢点来。"

当时大概有几千个人考，最后剩了 4 个人。肖玲、叶进，还有一男一女。这 4 个人剩下来之后，还只能保留两个，需要招一个男的，一个女的。这 4 个人呢，又要PK 了，又要开始考试了。再考，考到最后，就是肖玲和叶进。他俩运道真的很好，也是比较有缘分的。

肖玲和叶进考进了电台，为了做上海闲话节目，按规矩先吃了五六年的萝卜干饭，当徒弟，学生意。上班就放一个四喇叭的录音机，拿张报纸读，学上海话，阿富根谈生产谈家常的时候，就在旁边竖起耳朵听。终有一天，媳妇苦出头，熬成了婆婆。肖玲和叶进成了上海闲话节目的第三代当家人。

但是，1992年，因为要推广普通话，阿富根节目又关掉了，上海闲话歇搁了。上海话土壤上的两根苗，叶进、肖玲转业了。叶进播美食节目，成了一个美食家，上海许多饭店有多少种菜，怎么烧法，叶进就是大菜师傅。电台有个《名医坐堂》节目，肖玲就主持了《名医坐堂》，跟上海的许多医学专家交了朋友。

小笼馒头里面是汤还是露

2002年，电台恢复了阿富根节目。生命力顽强的阿富根又活了，还是老样子和小妹一道讲上海闲话，讲的内容更加广泛了。现在名称不叫《阿富根谈生产》《阿富根谈家常》。派头大了，叫《谈天说地阿富根》。

听众觉得节目蛮好听的，经常会跟你有沟通，写封信来跟你说，今天内容蛮好，昨天这个字不太准，大家和你商榷商榷。有一次，叶进在介绍南翔的小笼馒头，老好吃的，老灵格。讲到小笼馒头里面一包汤："吃起来要当心，不要一口咬下去，烫着了。"

叶进和肖玲

播出第二天，一位老先生写了封信来："叶进啊，小笼馒头里面，这个不叫汤，里面是一包露，不叫汤。"

叶进一下子觉得，老先生讲得有点道理。所以第二天播音直播，马上讲："昨天，我说了这么一桩事情，结果有个老先生来纠正我，小笼馒头里面不应该叫汤，应该叫露。啥道理呢？这个汤是在外面的。比方说我在吃馄饨，馄饨是汤。而露是包在里面的，叫露。他说出道理了。"

结果播出去以后，马上又有听众来信了："不对的，还是应该叫汤，汤包汤包，没叫露包的。汤包汤包，就是包子里面有包汤，叫汤包。"

还有人讲："小笼馒头里厢，应该是咸味道卤汁的卤，不是花露水的露。"小笼馒头是汤、是露、还是卤？好像还好继续讨论下去。

上海话学问交关多。上海话里有许多字，活灵活现的。"碧绿生青"，形容青；"滴溜滚圆"，比喻圆。有的时候用叠词加重语气，"蜡蜡黄"、"雪雪白"、"碧碧绿"、"血血红"。比如说烫，"踏踏滚"，烫得都踏踏滚了嘛。

现在很多人问起来，啥是标准的上海话，感觉好像蛮难回答的。但"阿富根"可以理直气壮地讲，上海人民广播电台的上海话播音，分尖团音的，就是标准的上海话，因为听众很认可你的。过去上海沪剧院、上海滑稽剧团排戏，碰到一些字眼咬不准的，就会打电话来，打到播音组来问："万老师啊，顾老师啊，格个上海话字音应该哪能读？"

普通话里"我和你"中的"和"字，到上海话里有好多种讲法："阿拉跟侬"、"我俚同侬"、"我搭侬"、"我帮侬"等等。大家可以猜一猜，"跟"、"同"、"搭"、"帮"，哪一个是"阿富根"的标准答案呢？

50年前，上海电台诞生了"阿富根"节目。再过50年，上海闲话节目还会有哦？

晨星是你机敏的眼睛

——广播剧《刑警803》幕后故事

瞿新华

一只皮鞋的分量

我[1]和《刑警803》的因缘得从一只皮鞋说起。大约1987年夏天的光景，下班后，路过一个小水果摊，木柜上码放整齐的一长溜黑皮条纹西瓜吸引了我，驻足问价后便选了一只五六斤样子的西瓜放到了一只老式秤杆型的秤盘里，老板利索地左手提秤绳，右手移动秤砣，一声"七斤一两"的脆亮吆喝声把我吓了一跳。我故作轻松地一只手托起西瓜对老板说："这只西瓜顶多五六斤，你也太斩人了！"不料老板眼乌珠弹出反击道："这只西瓜没有七斤一两，你把我秤杆当场拗断！"就在我俩争得面红耳赤时，默立一旁观战的一个中年男人突然脱下脚上的一只皮鞋，冷不丁地放到了秤盘里，然后用眼神示意老板称一下这只皮鞋的重量。仅仅是一眨眼的工夫，老板冲我说话的声音开始发抖起来："师傅，我老眼昏花，看走了眼，西瓜六斤一两，算六斤，拿走吧。"这是一场无声的较量，中年男人瞪了老板一眼，拿起皮鞋穿好后拍了拍手抬脚走了。我付了钱，立即追上了中年男人，好奇地问道："先生，你知道自己的皮鞋有多重？"中年男人没有停下脚步，只是摇了摇头。我更好奇了："先生，那你不是多此一举？"中年男人笑了笑答道："心理战。"我恍然大悟，一面掏出记者证，一面仍不减好奇地追问："先生，我是电台的一个编辑，我很想知道你从事什么工作。"中年男人打量了我一下不经意地答道："做公安工作的。"见我还是欲罢不能的样子，

---

① 作者为广播剧《刑警803》的主要策划、实施者之一和开篇编剧——编者注。

便补充了一句："搞刑事侦察的吧。"这是我第一次和刑警面对面地交流，自此，也打心眼里深深地记住了那只皮鞋的"分量"。

一杯白开水的故事

好像过了两年，又是一个盛夏的季节，市公安局刑侦处二队副队长盛铃发率侦察员前往南国酒家调查一起特大诈骗案，当对可疑对象查验证件时，犯罪嫌疑人王强突然从包中抽出一把尖刀向侦察员姚建达刺去。盛铃发见状一个箭步冲上去推开了姚建达，赤手空拳与嫌犯展开了搏斗，胸部被刺两刀，血流如注的盛铃发不顾个人伤痛，用手捂住伤口，和战友一起从二楼奋力追到一楼，将犯罪嫌疑人团团围住时，自己却因肺、肝动脉被刺破，流血过多，当场壮烈牺牲。这流血的几十步书写了一个刑警崇高的英勇，感动了申城的无数百姓。我突然想起了两年前那只皮鞋的故事，一个是细微之处见智慧，一个是惊天动地显英勇，刑警形象在心里一下子高大、清晰起来，策划制作一部上海刑警题材广播剧的念头油然而生。

策划方案经领导认可后，电台广播剧科的相关人员带着部分外请作者便直奔市公安局刑事侦察处采访去了。当时听一线侦察员谈了很多案子，其中一起案子引起了大家格外的关注。这是一起上世纪 80 年代的名案，凶杀案的被害人蒋梅英是旧上海的十大美女之一，就是老上海人都见过的"美丽"牌香烟盒上的那个美女，年老后丰韵依旧。据说蒋梅英到地段医院看病，医生握着她的手不肯放；蒋梅英到银行存款取款，营业员眼睛定洋洋地盯着她看，竟忘了自己手头的工作。就是这么个美人胚子，在 71 岁时，莫名其妙地在她延安西路一间 20 多平方米的屋子里一命呜呼。现场勘察，茶几上留有一杯显然是为客人倒的白开水。从蒋梅英一本记事本上获悉，有个在旧上海任银行襄理的老相好曾向蒋梅英借过一笔不小的钱。蒋梅英死后，这个老相好在众说纷纭中匆匆离开了上海，当刑警找到他时，他竟很快承认了自己是残害蒋梅英的凶手。案件分析会上，有人认为这个老相好有赖钱不还的害人动机，而当他真的将曾经缠绵多年的蒋梅英害死后，由于心理崩溃，便爽快地如实招来，似乎逻辑关系成立。这时，却有一个警官言之凿凿地否定了老相好是真正的凶手，依据是茶几上留下的那杯白开水。原来，此警官经过明调暗查，得知蒋梅英有个几十年不变的规矩，亲戚来访，红糖水一杯迎客；朋友拜会，必泡一杯咖啡待客；唯有一般的访客，出于礼貌，便赐白开水一杯。按此规矩，如果最后停留在案发现场的是老相好，那茶几上应留下咖啡一杯。一言既出，震惊四座，日后破案，果然如此，真正的凶手是另一个特殊的人物。这个警官正是精于现场勘查、长于案件分析、与当年公安局刑侦处的裘礼庭、谷在坤并称为"三剑客"之一的张声华，时任市公安局刑侦处长。"三剑客"是继"江南名探"端木宏峪之后，上海刑侦界的又一金字招牌。

以"一杯白开水"来判案，实在是意味深长，它使我们仿佛看到了刑警的智慧

电视剧《刑警803》剧照

和勇敢背后的东西，那就是一个刑警的崇高责任感，一个更加立体的刑警形象浮现在了我们的眼前。当年的张声华处长曾给我们作者讲过这样一段话："刑警们也是一个个普通的人，是人就会有弱点，就会犯错。但刑警的崇高责任感决定了对他们'弱点'的容忍度是非常苛刻的。"他举例告诉我们："当刑警们赶到一个案发现场侦察时，往往因为确定的侦察方向不正确，而错失寻找第一犯罪现场的时机，这就会造成严重的后果，譬如露天的血迹等重要证物，会因一场大雨被冲洗干净，从而使案子有可能成为永远的死案。"

那一刻，我们觉得比任何时候都更加理解刑警，他们所从事的是一个非常特殊的使命，事关国家和人民的安危，他们承担不起太多的失败，这就是他们所面临的巨大压力和肩负的崇高责任。

生活中的刑警们是如此的可爱、可亲、可敬、可信，于是书写、歌颂生活中真实的刑警们，成了我们日后创作这一题材广播剧的重要原

电视剧《刑警803》探长剧照

则和鲜明特点，而为了强化广播剧的真实性，上海刑侦总队所在地中山北一路 803 号也变成了这部广播剧的剧名了。1990 年 8 月 10 日，广播剧《刑警 803》在广大听众的期待下闪亮登场，并日渐被打造成了一个享誉全国刑事侦察战线的艺术品牌。

清咖、豪华酒店和 400 元稿酬

这似乎是三个毫不相干的小故事。

小故事一。当年我们通过采访时任宝山区主管刑侦工作的副局长金龙发时知道，宝山区地域面积大，流动人口多，刑侦工作的任务很艰巨。就拿交通工具来说，警方多使用桑塔纳、昌河汽车，而犯罪分子往往使用各种品牌车。有人自嘲道：如双方发生角逐，警方的车很容易不是"伤脱了"（桑塔纳沪语谐音），就是"闯祸"（昌河沪语谐音）。那时宝山区女公安局长王月英上下班也就是一辆摩托车，英姿飒爽，成了宝山区的一道风景。可是办案条件再拮据，保一方平安的使命却时刻装在宝山刑警们的心中。该局有位从事经侦工作的刑警对我们说起这么一件事：一次他奉命尾随一个经济犯罪的嫌疑人来到某知名宾馆的大堂，见嫌犯大摇大摆地走进宾馆内的一家鱼翅店后，他便在大堂酒吧点了一杯清咖，在视线所及的范围内，一面监视嫌犯，一面独酌咖啡。那边冻花蟹之类的精品冷菜开吃了，这边依然清咖一杯；那边鲍鱼海参轮番品味，这边只剩了清咖半杯；那边大啖鱼翅佳肴，这边却是已然见底的清咖空杯。那个嫌犯整整吃了三个半小时的海鲜大餐，而执行监视任务的侦察员却将一杯清咖也整整喝了三个半小时。这位刑警不无感慨地说："没办法啊，我们只能报销一杯咖啡的钱。一杯清咖，喝到那个分上，才真正品出苦味来了。不过，回味还是甜的，因为通过那天的监

《刑警 803》连环画封面

视，我们终于逮到了这个嫌犯的重要犯罪证据。"

小故事二。一次带作者们去闸北公安分局下生活，记得接受采访的是魏局长，他向我们介绍了一个刚侦破的缉私案。某天，闸北警方捕获了一条从境外游来上海潜伏的"大鱼"，绰号金丝猴，此人戴着一副金丝边眼镜，别看他长着一张三十开外年纪的小白脸，却是个在境外走私圈里颇有名声的黑道大佬。经过艰难的秘密审讯，金丝猴招供了此行的任务，并表示愿意戴罪立功。原来一星期后，有一条走私大宗香烟的船只将出现在靠近我领海的公海上，金丝猴扮演中间人的角色，负责为上家和下家牵线搭桥，一旦确认上海警方没有察觉，便向在公海上游弋的上家船只发出指令，让它迅速驶进中国领海，和前来接应的下家船只完成交接走私香烟的勾当。为了不打草惊蛇，一举擒获走私船只，闸北警方决定对金丝猴依法执行监视居住，特派了两个便衣刑警随金丝猴入住某豪华酒店套房，直至这次缉私任务结束。临行前，局领导对两位刑警的告诫很简单也很实在："这个金丝猴身价过亿，挥金如土，你们和他同住一室，也许会面临他抛出的很多诱惑。记住了，你们上有老，下有小，一言一行要对起父母，对得起家庭。"两位刑警入住豪华酒店套房后，金丝猴先是扔给他们整条的高档烟，两刑警坚持每次只接受一支烟的赠予。金丝猴接着随手递过来好几张百元面额的美元，要两刑警随意享受客房送餐服务，但两刑警各泡了一碗方便面果腹，用这种方式回绝了对方的拉拢。金丝猴颇感无趣地又使出了一招，他掏出随身携带的一只小药盒，开盒取出了一粒胶囊说："让两位兄弟开开眼界，这是美国特制的营养胶囊，一天一粒，延年益寿，你们说我三十几岁，错啦，我刚做过 50 大寿。这一粒胶囊的价格嘛，也许够你们买几十箱的方便面，我们的日子过得很不一样吧……"两位刑警就在这样的环境下和金丝猴同住了一个星期，最后出色地完成了任务。魏局长介绍完这个案子后，在我们的要求下，当场叫来了其中的一位叫大陆的刑警，我们问了大陆一个最简单的问题："和这个金丝猴同住了一星期的豪华酒店，你有什么感想？"大陆犹豫了一下答道："这家伙在做人啊！"魏局长一听惊得连眉毛也竖了起来，不料大陆话锋一转笑道："领导别急，这句话是我们和金丝猴分手时故意试探他说的。他回答我们说，我在阴暗中做人，你们在阳光下做人，你们才是真正地在做人啊。"

小故事三。为了给未来广播剧《刑警 803》的播出造势，电台和市公安局联合向社会广泛征集主题歌歌词，发出通知的一个多月里，一共收到了本市和外省市 1000 多篇来稿，经过逐一筛选，最后选定了由贾立夫和贾彦写的歌词：晨星是你机敏的眼睛，在每一个角落里闪烁；晚风是你匆匆的身影，在每一条小巷里飘过……歌词写得很动人，电台的两位音乐编辑杨树华、杨树竞联袂为它谱了曲。这时，所有与广播剧《刑警 803》有关的创作人员心中都涌动着一种激情，都希望将这部剧做大做强，于是就顺理成章地提出了请刘欢来演唱这首主题歌的想法。说干就干，我和音乐编辑杨树华带着大家的期望直奔北京而去，我们甚至没好好地想过应该面对的问题：刘欢愿不愿为一个尚未问世的广播剧唱主题歌？刘欢在艺术上是否接受这首歌？我们在费用上是否请得起刘欢？直到在刘欢的家里当面见到刘欢时，我们才忐忑不安起来。好在刘欢很随意，我们共同探讨了这首歌的艺术追求等想法，研究了录制这首歌的时间节点等问题，唯独稿酬的事我们迟迟难以启口。趁喝茶闲聊的间隙，我们和刘欢说起了采访上海刑警的一些感受，记得说到了宝山刑警一杯清咖喝了三个半小时的小故事，也说到了闸北刑警陪黑道大佬住豪华宾馆、吃方便面的小故事。我们聊得很投机，很愉快，那次北京之行的很多细节都记不清了，只记得我们最后付了刘欢 400 元的稿酬，好像藏家捡了个千载难逢的大漏似的，以致在录音棚里，音乐编辑杨树华激动得差点坐到了录音控制台上。当晚，我们便捧着"滚烫"的歌曲录音带打道回府了。若干年后，《刑警 803》的名声渐渐远扬，上海电台看准时机，在西安召开了广播剧《刑警 803》的全国各电台订货会，这是将广播剧作为一个特殊的文化产品，在广播圈里率先实施的一个准市场行为。从此，"803"走向了全国，刘欢的那首充满着阳刚之气又不失温婉抒情的主题歌也同时唱响了大江南北。

《刑警 803》的一个特殊听众——巴金

1991 年的新春佳节前夕，上海电台《刑警 803》的编导们、演员们和市公安局刑侦总队近百位的刑警们相会于银河宾馆大宴会厅，在这个被誉为"真假 803"的大型联谊会上，艺术工作者与刑警们互叙友情，演绎了一幕幕动人的活剧。有配音小生之称的王玮是第一代演"803"刘刚的配音演员，他和著名配音演员翁振兴合演了《蓝

广播剧《刑警 803》主创与巴金合影

村怪案》中的一个精彩片断。而龙俊杰和张先衡演了《雷派登宾馆魔影》中的对手
戏，张先衡扮演的"魔影"狡猾而道貌岸然。演毕，张先衡问真实捕捉"魔影"的刑
侦总队神探陈竹山："像不像？"陈竹山拉住张先衡，连声说："像！像！"两人顿时
一个拥抱。

　　《刑警 803》不断在社会上形成一个个收听热潮的时候，也惊动了一位特殊的老
人——巴金。一个冬日的傍晚，我们《刑警 803》剧组一行人员来到了文学大师巴金
的寓所。进了门，只见巴金老人安详地端坐在大客厅的一隅，那时他已体弱多病，但
一头银发仍在夕阳的余晖中熠熠生辉，让人肃然起敬。《刑警 803》也真是与巴老有
缘，该剧的导演之一孔祥玉是文学名家孔罗荪的女儿，孔老与巴老是世交，所以孔
祥玉是巴老家的熟客，自然就担当起了《刑警 803》剧组和巴老之间的桥梁了。当孔
祥玉将三部新录制好尚未播出的《刑警 803》录音带赠送给巴老、请他先听为快时，
巴老兴奋地接下了这份礼物。然后，巴老带着川音语调对大家说："由于我生病，年

纪大了，视力也不好，因此不能多看电视，所以我就常常听广播，听了《刑警803》后，觉得蛮好，就连听了几集。"

巴老忽然想起了什么，忙打开了收音机，客厅里顿时响起了刘欢演唱的那首《刑警803》的主题歌，原来剧组一行人是挑准了时间来拜访巴老的，此时正是《刑警803》播出的时段。我们陪着巴老一面收听《刑警803》，一面请巴老为该剧提提意见。巴老十分谦虚地说道："我对广播剧没有研究，总的来说是不错的。只是803刘刚应多点人情味，他一心扑在工作上是对的，但应有正常人的感情，如他刚接电话（是他离婚后的妻子打来的），但有案情了，连话也不说就挂了，好像不妥当。"这位一生都在讴歌人间真情的文学大师对《刑警803》的关注，正是表达了他对中国刑警的深切感情。

巴老的一席话经媒体披露后，一石激起千层浪，听众的议论似乎从巴老引出的话题中稍稍拐了个弯，人们更加关注起《刑警803》中803刘刚的命运了。剧中的刘刚由于紧张的侦破工作而长期无暇顾及妻女，导致婚姻破裂，妻子带着女儿离他而去。我们在真实的采访中得知，有位破案高手，屡建奇功，被人们誉为不败的神探，但他和剧中的刘刚相似，长年寝食无序，顾家不及，以致家庭解体，成了一个婚姻的失败者。我们经过多方了解，刑警们的后院着火现象绝非个案，当我们在真实生活中看到一个个脸呈菜色状的刑警们，心里很难过。英勇善战的刑警们也有自己的软肋，他们对自己的这一"失败"很无奈，也很感慨。日后广大听众因此将《刑警803》中刘刚队长情感生活归宿的大讨论推向了高潮，广大听众热切呼吁刘刚和妻子破镜重圆，甚至为他们设想了结局，让他们俩在结婚纪念日同去黄山天都峰锁链处共开连心锁。有位《刑警803》的作者因思想开小差误闯了红灯，交警把他拦下后依法罚了款，当他得知眼前的交通违规者是《刑警803》的作者时，立即郑重其事地请求作者："必须让剧中刘刚的妻子重新回家，否则我们的803们太苦了。"

《刑警803》所引起的涟漪效应是：此后上海文艺出版社出版了剧本专集，上海人民美术出版社出版了连环画。1993年我调入东方电视台后，又将广播剧的部分剧集拍成了同名电视剧。

关于《刑警803》，有太多美好的回忆，只是当年《刑警803》的领头人之一祖文忠已永远离开了我们，编审戎雪芬、王小云，导演孔祥玉、雷国芬，音乐编辑杨树华、殷洪也已先后退休，另一位音乐编辑杨树竞则远走他国，剧务小吴变成了老吴，而我于1993年便离开电台去了电视台。好在长江后浪推前浪，年轻的编导徐国春，年轻的音乐编辑罗文早已挑起了重担。如今，《刑警803》的播出已超过803集，这是一个创作团队创造的奇迹，这也是刑警们创造的奇迹，这更是一个时代创造的奇迹。

金敬迈与《欧阳海之歌》

冯 乔

广州东山，一条蜿蜒小河在寺右路军区干休所前拐了个弯。尽管"军事管理区"的牌子竖在门前，但老百姓依旧可以穿越小区去杨箕地铁站。我登楼叩门，开门的是一个满头银发的老人，抬手就是一个标准的军礼："金敬迈，你就叫我老迈好了。小时候，我妈妈就叫我老迈的。"这就是写了影响了一代人的长篇小说《欧阳海之歌》的军旅作家，给我的一个见面礼。以后的故事，就是 84 岁老作家习惯站着说，而我坐着记录的。

金敬迈在云浮

一个和指导员对着干的英雄横空出世

金敬迈，1930 年生，南京人。抗日战争爆发后，他随贫困家庭辗转于湖南洞庭湖沿岸，后来流浪到四川万县。他曾经靠卖油条和擦皮鞋维持生计。1949 年 6 月，他在武汉参加中国人民解放军。由于金敬迈长得机灵，记性又好，被挑进了广州军区战士话剧团。

广州农林路，金敬迈和战友们经常排戏演出。有一次，金敬迈扮演一个匪兵，在舞台悬崖上和解放军格斗。戏演得非常逼真，解放军战士用力将匪兵一推，"啊！"

金敬迈应声倒下，从几米高的布景悬崖上掉到后台，本来应该有几个战士在底下用麻袋接应。可是，后台做保护的人看戏走了神，忘了去接人。结果，金敬迈从高处跌下来，背着地，硬着陆，摔得很重。有人还对他说："轻伤不下火线，重伤不喊不叫。"可他把腰和脊椎也摔坏了，再也不能当演员了，就改当创作员。

刚开始，金敬迈想写一个独幕剧《一个战士》。"领导不见得比下级高明，反映到我写的这个兵身上了。"但是剧本还不成熟，他又下连队体验生活。

1958 年，金敬迈

欧阳海

1963 年，金敬迈到衡阳的 139 师挖掘题材。一天，金敬迈登南岳衡山。祝融峰下，陪同的政治部主任说起临近的 140 师出了一个事故，有个战士调皮，没管好马，在铁轨上行走，被火车给轧死了，害得那个战士所在的团评不了"四好"，大家倒霉极了。说者无意，听者有心。金敬迈顿时来了主意，不游山了，下山。金敬迈立马去了 140 师。

那个被火车轧死的人，就是欧阳海。金敬迈到了欧阳海生前所在的连队。指导员说欧阳海不好："调皮捣蛋，见了大姑娘就走不了路。"而连队其他干部战士都说欧阳海好："耿直、能干。"金敬迈深入采访，渐渐了解了眉目。原来，欧阳海爱提意见，曾经模仿中苏论战"九评"《陶里亚蒂同志同我们的分歧》社论的语调，写了一篇文章《我与指导员分歧的由来和发展》。指导员恼火了，想各种法子整他。金敬迈恍然大悟，写戏要有矛盾冲突："我就写一个反对指导员的英雄。我就写一个战士比领导强的故事。"

采访了当时目击事故的见证人，金敬迈渐渐还原了当时的情景："列车鸣着长长的汽笛进入了两山峡谷中的一个急转弯。一队炮兵战士拉着驮炮的战马，正沿着铁路东侧迎面走来。万万没有想到，一匹高大的驮着炮架的黑骡被震耳的汽笛声惊怒，闯上轨道，站在路轨中间，驭手使尽全力猛拖缰绳，黑骡纹丝不动。就在这千钧一发的时刻，从部队的行列中猛然冲出一个战士，他奋不顾身地跃上铁路，抢在机车的前面，用尽全身的力气把黑骡推出轨道之外。旅客和列车得救了！但是，这个伟大的战士却被迎头撞倒在火车轮下……"

英雄辈出的年代，要不断地推出惊天动地的英雄。金敬迈等人写出了通讯《共产主义战士欧阳海》。

28 天写出 30 万字的长篇小说

战士话剧团给金敬迈的任务是写独幕剧。可是，金敬迈觉得，演欧阳海拦惊马救火车，怎么把马和火车搬上舞台呢？演话剧有点难。索性就写小说吧，要写就写长篇小说。金敬迈到了欧阳海的老家桂阳县凤凰村采访，对地理环境、风土人情作了观察。

金敬迈从来没有写过小说，47 军政委孙正替他给军区领导请创作假。广州军区给了金敬迈一个月创作假。金敬迈暗暗叫苦，一个月要拿出一部 30 万字的长篇小说，登天呐。

以欧阳海的事迹为框架，融入自己的经历和感情，金敬迈起笔写道："春陵河水绕过桂阳县，急急忙忙地向北流着，带着泥沙和愤怒，留下苦难和鸣咽，穿峡出谷，注入碧蓝碧蓝的湘江。"金敬迈笔锋一转："几只老鸦，扑打着翅膀，匆匆忙忙自天外归巢，山上留下了一片凄凉的呱呱声。它们像是替老鸦窝的穷苦人鸣不平：苦哇！苦哇！"每天 1 万多字的速度，金敬迈连写了 28 天，一支新买来的派克笔都写秃了，30 万字的小说就出来了。

《解放军文艺》的副主编鲁易到广州组稿，连看了几天，不满意。他打算明天回去了。这时，有人推荐了金敬迈。鲁易看了金敬迈的小说手稿傻了眼："我在延安就开始当编辑了，什么怪字，我都认识。你这不是中国字！"金敬迈也觉得自己字写得潦草："鬼画桃符。"

在珠江宾馆，鲁易拿出茶叶泡茶，让金敬迈读给他听，因为时间紧，跳着读，读第一章开头和第五章开头。

金敬迈有点朗诵天分："一开始，我读得磕磕巴巴，这小说写得匆忙，很多字我自己也不认识。我是演话剧的，越读越来劲，抑扬顿挫。遇到不认识的字，临时编一个出来。第一节我读完了，这还是大雪纷飞的季节，然后翻到第五章开始读：火辣辣的太阳……"

鲁易听得入神："别、别、别，怎么火辣辣的太阳了？刚才不是还在大雪纷飞吗？倒回去，接着往下读，一段都不要落。"

金敬迈只好完完整整地朗读第一章，鲁易听得泪水涟涟，十分感动。他连忙退掉火车票，要金敬迈在珠江宾馆连续读三天小说。鲁易当场拍板要这部小说了。

为了把稿子写端正，金敬迈在油印社找人誊写，每抄 1 万字给 2 块钱，30 万字60 块钱。金敬迈翻箱倒柜，找出一对结婚戒指，拿到东山的一家国营古玩玉器收购店去卖。店员说："国家规定，金银禁止买卖。这对戒指，金子是不值钱的，但这两块宝石不错，一共 43 块钱。"誊写还缺 17 块钱，金敬迈的妻子自告奋勇把剩余的几万字抄完。

"最后 4 秒钟"要不要改

书稿寄到北京，排印成白皮书，送给中央首长审阅。不久，总政文化部谢镗忠部长传达了江青的指示：一、不要把欧阳海写成职业乞丐。乞丐不劳而获，是"寄生虫"，我们不能歌颂流氓无产者；二、欧阳海的哥哥不要被国民党拉去当壮丁。他当了国民党兵，那欧阳海不就成了反动军人的亲属了；三、"最后 4 秒钟"的描写不好，很不好，一定要改掉。

金敬迈觉得修改意见莫名其妙："我什么时候把欧阳海写成'职业乞丐'了？我用了很多篇幅描写小海砍柴、烧炭、卖炭，就一次跟着妈妈去要饭，被地主家的狗咬了，他折断打狗棍，表示饿死不讨米。再说，小海的哥哥被国民党拉去当壮丁，但路上就跑了，一直躲在外地当长工。"金敬迈坚持不改。

面对飞驰而来的列车，欧阳海冲上铁轨推惊马。金敬迈联想丰富，"短短的 4 秒钟里，也许想起了他 23 年的一生，一个从雪里边捡回来的穷孩子，男扮女装。是共产党从风雪中把他救了出来，是毛主席拨亮了他的眼睛，使他懂得了，人为什么才受苦、人活着应该怎样去斗争。"金敬迈继续发挥，洋洋洒洒，写了许多大段的心理描写，欧阳海看见了什么？听到了什么？说了些什么？最后归结为："在这关键的时刻，他是不必重温一遍的。这时，只有一个信念在推动着他、召唤着他：决不能让人民的生命财产遭受损失！为共产主义理想献身的时刻到了！共产党员应该冲上前去！"

在从化温泉，陶铸对金敬迈说："最后4秒钟的描写很好嘛，我看很精彩嘛，为什么要改呀？不要一听到什么意见就改。文艺作品，哪有十全十美的？今后，关于这本书的修改，你要先通过我。你是我的兵，我说了算！"

陶铸望着陈毅说："陈老总，你说说。"

陈毅说："她的事情，沾不得。"

响鼓也用重锤敲

1965年7月，《欧阳海之歌》在上海《收获》杂志上率先发表。巴金对金敬迈说："响鼓也用重锤敲，你写的这句话好啊！"

解放军文艺出版社10月出书，全国各地书店出现排队买书的长龙。国家主席刘少奇听说这本书第一版印了15万册，高兴地说："这样好的书，印1500万册也不多！"

落难中的彭德怀元帅买了一本《欧阳海之歌》，边看边感叹。他在一段批语中写道："小海，你七岁随母亲讨米，我八岁带弟也讨米。受富人的欺负，只讨了一天，再不讨米，决心砍柴变卖。你在路上留下白雪印，我严寒冰里捉鱼卖！你我同根生，走上一条路。"

部队、工厂、农村到处都在传读《欧阳海之歌》，电台里也在播送小说连播《欧阳海之歌》。小说里有个情节，在国防施工中，欧阳海抢大锤，连续200下不休息。后来，许多青年也抢起18磅大锤学英雄，可是力气不够，挥打没几下就放

《欧阳海之歌》

手了。

学生有了零花钱，就赶紧到少儿书店去买《欧阳海之歌》，还摘抄书中描写时令景物的美妙句子做范文。有一天，有个女孩买了一本《欧阳海之歌》，这本书在班上流传，她经常在午睡的时候偷着读，结果还被老师没收了。这个女孩就是如今的中国作家协会主席铁凝。看过这本书的人，后来成为作家的特别多。

《欧阳海之歌》轰动全国，金敬迈可谓一夜成名，大红大紫。书越印越多，越来越受欢迎。有个领导担心了，查查看，《欧阳海之歌》到底印了多少？可不能超过《毛选》呀！那是要犯大错误的。查的结果，好像印了两三千万册，他才松了一口气。

《收获》发给金敬迈2040元稿费，解放军文艺社不发稿费，只给了点修改费和样书。金敬迈除去还了一些账以及买了一台收音机外，交了1500元党费。后来发的200元修改费，金敬迈也全数上交给党小组了。

钱塘江大桥：小木棍能颠覆列车吗？

1966年底，总政治部肖华主任传来江青的指示，要金敬迈去杭州写蔡永祥，据说这是一位"为保护红卫兵而牺牲的烈士"。南京军区安排金敬迈住到了华东饭店的AB楼，那里是原美国顾问团公寓大楼，是南京军区接待领导人及外国元首的地方。

当时报纸上已经开始宣传这个人物了："1966年10月10日凌晨，蔡永祥守卫在钱塘江大桥上。2时34分，由南昌开往北京的列车向大桥飞驰而来，蔡永祥突然发现离他40多米的铁轨上，横着一根大木头。为保证列车的安全，蔡永祥不假思索地抱住大木头跃出铁轨。列车安全地停在大桥上，而他却在火车强大气流冲撞下壮烈牺牲。"

金敬迈下了工夫观察，在杭州六和塔边的钱塘江大桥上站了一个月的岗。那座桥是交通枢纽，灯火通明，每10分钟就有一趟列车，战士半夜两点钟上岗的，事情发生在2点34分，是他上岗后的34分钟，坏人想绕过岗哨，在铁轨上放根棍子，企图将火车颠覆，不太可能。再说两条铁轨之间的距离是1.435米，棍子长度只有1.35米，根本搭不上铁轨，细细的一根木棍，怎么能把火车颠覆呢？细心人提出一连串疑问，有人又将木棍换成水泥的，30毫米见方，且里面没有钢筋，火车一压就碎。

金敬迈不可能重复塑造两个同样为抢救列车牺牲的英雄，更不可能编造"走资派"指使阶级敌人搞破坏、战士救红卫兵的虚构故事。金敬迈只得向总政治部主任肖华汇报："我写不出两个都牺牲在火车轮下的不同的故事来呀！"

黑《修养》在窗台上被风刮到垃圾箱里

1967年4月初，金敬迈接到总政通知，要他立即赶到北京。火车太拥挤，部队派了7个战士把他送上火车软卧车厢。金敬迈进京了，住在广安门招待所。

4月11日，金敬迈被召进了北京京西宾馆。据金敬迈回忆："屋里坐满了人，有周恩来、陈伯达、康生、江青、张春桥、王力、关锋、戚本禹、姚文元，还有谢富治、叶群等人。没等我坐下，江青说话了：'金敬迈，我提的那几条意见，你不改。你真是个大作家呀！你好大的架子？'这劈头几句，真把我吓傻了。江青接着说，'你那最后4秒钟呀，就是苏修《雁南飞》在中国的翻版，你知道吗？我看你还是个解放军，想保一保你，才没有对红卫兵小将讲。只要我说一声，他们早就来揪你的

1967年，毛主席接见金敬迈

人，烧你的书了。'"

苏联描写卫国战争的电影《雁南飞》，金敬迈看过。剧中主人公临牺牲前，导演拍了很多空镜头，天在转，树也在转，主人公望着旋转的天空、旋转的树，慢慢地倒了下去。原来，江青非要删掉"最后4秒钟"，是因为英雄欧阳海怎么可以和苏修大毒草中"对死的恐惧"、"对生命的留恋"一样呢？

江青一口气训了40分钟，金敬迈毕恭毕敬地站着接受教训，一再轻声说："我有错，我有错。"在场的其他领导没有一个说话。江青觉得出过气了，脸色一变，和蔼了。她拉着金敬迈去吃饭。一边是周总理，一边是江青，金敬迈夹在中间，诚惶诚恐，紧张得不敢夹菜吃饭。江青又说："黑《修养》是不是陶铸要求加的。""不是。""光删掉不行，还要消毒。"

过后，金敬迈把"最后4秒钟"删掉。原书中写道："欧阳海受到委屈时，晚上躲在被窝里读刘少奇《论共产党员的修养》，汲取精神营养。"金敬迈又把读《修养》这段删了。删了就缺两页，金敬迈按照相同字数，补写了两页情节，改成："黑《修养》在窗台上被风刮到垃圾箱里。"

出版社请了200多个女工，把原来印好的65万册书剪下两页，重新粘上新加印的两页，粘了几个月才把这些书粘好。修改版《欧阳海之歌》又发到书店上架了。

没当过班长却成为解放军负责人

1967年5月1日，毛泽东、林彪在天安门城楼接见了金敬迈。毛主席说："金敬迈，你是我们的大作家。"报纸上刊登名单，给他的头衔是"中国人民解放军负责人"。金敬迈回到驻地，看到一幅大标语："热烈欢呼伟大领袖毛主席和亲密战友林副统帅接见我们的亲密战友金敬迈。"写标语的人正是当红作家、《艳阳天》的作者浩然。

金敬迈说："一切都像演戏一样。我成为庆祝五一文化活动的负责人；不久，我又兼任《在延安文艺座谈会上的讲话》发表25周年纪念文章的定稿人；又不久，我以解放军负责人的身份上了天安门；再不久，我成了中央文革文艺组的实际负责人。"

1967年5月23日，宣布全国文艺口由金敬迈负责，原来的文化部归他管，并要金敬迈讲话。金敬迈想，我连小班长都没有当过，怎么作领导讲话呢？金敬迈只好念了几段《毛主席语录》："我们应当相信群众，我们应当相信党，这是两条根本的原理。"

文艺口要点名批判修正主义黑线人物，点了十几个老干部的名字，要负责人金敬迈圈定。金敬迈凭着朴素的军人感情，划掉了肖望东、刘白羽等军人出身的老领导的名字。文化部有四个造反派争相要金敬迈支持他们。金敬迈说："你们谁先做自我批评的，我就支持谁。"

天大的罪名莫须有

金敬迈当了 123 天京城大官，惊喜、惊恐、惊惶。到中央文革主管文艺口以后，他是夹着尾巴做人，见谁都先敬礼。凡是去见人，他总是隔着老远就下车，步行前往，决不屁股冒着烟去。可是，中央文革的钓鱼台是个险地。祸从天降，金敬迈怎么也没法躲。两项罪名很大，"收集中央领导同志黑材料"和"趁主席南巡时，阴谋进行绑架"。

先说第一项罪名"收集中央领导同志黑材料"的由来，1967 年 6 月，红卫兵要在电影资料馆里翻旧报纸、旧杂志，查找那些登过"悔过书"的叛徒。资料馆里一位同事很敏感，建议馆里把 20 世纪 30 年代有关蓝苹的电影资料收上来。结果金敬迈好心去请示戚本禹怎么办时，让江青撞了正着，她当即发了一通脾气："收什么，收什么？你们让它扩散嘛，扩散嘛！"

第二项罪名"策划绑架毛主席"更加悬乎。1967 年 8 月 11 日，代总参谋长杨成武的秘书说："空军有飞机试飞广州，你不是说要回去拿东西吗？可以和空军政委余立金联系。"于是，金敬迈就坐飞机去了佛山。离奇故事就编出来了，这一天，杨成武、余立金、傅崇碧派了一架专机送金敬迈去南方。同一天，毛泽东正好离开湖北到湖南，为什么没有继续南下呢？因为已发现了金敬迈的阴谋。金敬迈准备毛主席一到南方，就动用他的策应部队、秘密电台和敢死队，在那里负责绑架毛主席。

就这样，金敬迈被投入监狱。可是也怪，"犯人"总归要交代问题，每当金敬迈要交代收集黑材料情况，还没有说出人名，专案组就紧张地打住："不要说了，不要说了。"不让说出"女皇"的名字，这是天大的忌讳，谁听了，谁就是下一个扩散的"犯人"。

后来，"顶头上司"杨成武出来工作了，"政变之说"不攻而破。可是，金敬迈却还顶着莫须有的罪名在牢里被关了 2684 天。

荒唐的封面故事

人倒霉了，书也遭到猜疑。《欧阳海之歌》书名是郭沫若亲笔题写的。在"怀疑一切"的日子里，有传言，翻过封面背面看，郭沫若写的反过来的"海"字，竟然隐藏着"反毛泽东"的字样，一时闹得沸沸扬扬。红卫兵甚至寻到郭沫若后海住所，勒令他必须老实交待罪行。

郭沫若急于申辩，写了一首《水调歌头》："《欧阳海之歌》书名为余所书，以为寓有'反毛泽东'四字，真是异想天开。""海字生纠葛，穿凿费深心。堪笑白云苍狗，闹市中出虎，朱色看成蓝。革命热情也，我亦受之甘。"大文豪对牵强附会也惊慌失措。

关于这个封面，还有更荒唐的事呢。有人发现，汕头美术师唐大禧雕塑的欧阳海拦惊马塑像中有反动图案。有组织发了《告全国万分火急书》："请看具体内容：1. 整个图形是中国地图，但缺少台湾省；2. 马屁股和马身上是一个法西斯狗头；

金敬迈与《欧阳海之歌》

3. 欧阳海的头上有一把刺刀插向首都北京；4. 马的后面是一条毒蛇；5. 在皮带扣上有蒋介石；6. 有一个所谓的美女趴在欧阳海的身上。希望革命群众继续揭露其反动问题，并限新华书店在 48 小时内向买《欧阳海之歌》的群众发出通知，全部撕掉、销毁这张封面。限令出版社在 5 天内印发新的《欧阳海之歌》的封面，并发给买《欧阳海之歌》

的群众。"

不少人半信半疑，杯弓蛇影，对着光线，翻来覆去看《欧阳海之歌》的封面，希望还能发现一些荒诞离奇的东西。

看到邮票就知道老迈活着

广东云浮山温泉，云雾氤氲，老迈向我继续讲他的故事。他感冒了，要煮一碗酸辣面，多放一点辣椒和醋，说是能发汗和清醒。

1975 年 5 月 19 日，监狱里的人找金敬迈，说话从来没有这么和气过："经过毛主席、党中央批准，决定释放金敬迈，到农场劳动。根据劳动表现，分配适当工作。"金敬迈一再说："没听清楚。"那人耐心地说了多遍。

金敬迈走出监狱的时候，突然感到，外面是好大的月亮、好大的天。金敬迈到了河南许昌部队农场，同行的还有他在文艺口的副手、《野火春风斗古城》作者李英儒。他们一起去农场劳动改造。金敬迈想给多年来不知道他死活的家里报个信。他从《红旗》杂志里翻出夹着的一枚《毛泽东去安源》邮票，把信寄到了广州。

金敬迈的妻子一看到贴着《毛泽东去安源》邮票的信，马上惊喜万分，"老迈活着"。这张邮票正是她在金敬迈去北京的时候夹放进去的。

1976 年 10 月，金敬迈回到广州。江青和他"交换场地"，进了秦城监狱。可是金敬迈没有平反。有人推脱说，金敬迈反江青的时候，江青还没有成为"四人帮"。

邓小平在 1978 年发话了："像金敬迈那样受江青迫害的人还不平反，你们广州军区还要不要揭开盖子。"在广州军区司令部大礼堂，司令员许世友宣布给金敬迈彻底平反。金敬迈说："像我那样从秦城监狱里出来的，彻底平反，不带一点尾巴的人，恐怕是很少的。"

1979 年，中国广西边境，对越自卫反击战出征队伍中，有一个老兵金敬迈自告奋勇上前线，一直打到越南凉山。他要以行动证明自己是个不怕死的战士，关键时刻，脸不变色心不跳。战场归来之后，他写了一个剧本《铁甲 008》，描写英雄坦克兵冲锋陷阵，所向披靡，为大部队开路的故事，拍成了电影。

老迈戏言："我死去活来过，所以刀枪不入。"

"文革"后全国首篇报纸连载诞生记

——忆《浦江红侠传》写作前后

阿 章

飞鸟恋故枝，写作是最爱

33年前的秋末，从贺兰山缺乘上火车的我，经过"八千里路云和月"、整整4天3夜的颠簸，终于回到睽违已久的上海了。列车员手持喇叭筒高喊："前面就是终点站上海北站，请乘客们照顾好自己的行李，依次下车，不要拥挤。"归心似箭的乘客们都兴奋了，欢声笑语不断。我却心情复杂，身藏"父病危速归"的电报，既惦念老父的病情，恨不得肋生双翅，飞到老父病榻旁尽我孝心，又感到"近乡情更怯"，因为我已离开原来的工作单位《解放日报》21年了，21年来从未去原单位，只缘我有心结："无颜见江东父老。"

上世纪五十年代，我的短篇小说《寒夜的别离》，被文痞姚文元的《论修正主义文艺思潮》一文诬蔑为修正主义文艺作品的典型。当时，姚文痞是"反右英雄"，他批到谁，谁就名沦黑籍，我以戴罪之身被发往西北边疆，度过了被"禁笔"与小说写作隔绝的21年。如今，《解放日报》已为我平反改正，并将此决定和恢复党籍的通知寄到贺兰山下，我是否该去原单位看望阔别21年的老同事、老战友，并表示感谢之情呢？

回到上海，患气胸的老父经急救迅速好转，我松了一口气，便去《解放日报》看老同事、老同学、老上级了。走近汉口路274号那扇朴素的大门时，心里仍是忐忑，《解放日报》是否还把我看作"有改正之名无改正之实"的"右派"？

没想到《解放日报》的同志们热情接待我。还派了记者到我家采访并为我发了一条小消息，接着报社编辑部为我召开了落实政策会，总编辑王维同志亲自参加，为了给我以宽慰，他谈了"三反"运动时，他在安徽某报任总编时坚持原则全力保护一位廉洁的经理同志，他反而被诬为"大老虎"，下了大狱，险些被处决。我深知王老总的心意，不再对自己那些年的坎坷遭遇耿耿于怀了。他又嘱组织人事部门先为我办理借调手续，让我回到解放日报文艺部工作，并设法正式调我回来。

本来我在西北是一棵草，这时却变成了一个"宝"。当地单位不肯放我，当时即将召开全国第四次文代会，他们内定我为代表，寄来了代表证和有关文件，并通过有关同志口头转告，拟将我安排到宣传部负责文艺处工作。我哪是这块料？我一一谢绝他们的厚意，我想的是趁退休年龄到来之前，让我搞些创作，写点作品，以弥补已经损失的 21 年大好光阴。后来多亏陈沂同志做了工作，我才正式调回离别 20 多年的《解放日报》工作。

敏锐开先例　读者爱小兰

斯时，"四人帮"覆灭，党的十一届三中全会召开，重新出山的总编王维同志对党的十一届三中全会精神领会深刻，思想解放。他以敏锐的战略眼光、高瞻远瞩的胸襟，倡议《解放日报》刊登连载小说，为党报联系读者开辟一条新途径。要知道，当时的社会对于党报的认识止于严肃权威，而连载这样的栏目多少显得太过闲情逸致了，"文革"后的报坛尚无先例。王维同志的这一决定在那一个历史阶段确实需要"第一个吃螃蟹者"的勇气。

知人善任的他将这一任务就交给了我。我欣然接受，我想学习创作的机会降临了。我先后拜访老作家秦瘦鸥、沈寂、田遨等，向他们约稿。但远水解不了近渴，与文学创作绝缘廿一载的我，只得鼓起头勇气，试着重操旧业，心里却七上八下，不知道自己画的是虎还是猫，这碗饭还能不能吃下去？

终于拿起了那支沉甸甸的笔，写什么呢？当时，中共上海市委为在"文革"时期遭受"四人帮"诋毁、污蔑的地下党组织和惨遭迫害致死的地下党员平反，同为地下党员的我百感交集。我想，我也可以通过作品为地下党员"平反"——恢复他们的本来面目，刻画他们的真实形象！于是我采访了一批解放前打入日伪、蒋帮警察系统的

一、舞厅门口

一九三八年的上海，中国地界已全部被日军占领，剩下的租界已成畸形孤岛。

一个秋天的夜晚，在贵州路老闸巡捕房对面，新新公司底层的新新舞厅里，一阵阵"洋务鬼"吹奏的舞曲，时而如锣子狂呼，时而如醉如哀号，简直要锯断行人的神经。舞厅门上，彩色霓虹灯广告也随着时弄临的乐声，忽明忽暗，闪烁不定，仿佛在挤眉弄眼，招徕舞客。

这时，突然从舞厅门口发出一声女性凄绝的惨叫，立即出现了一个头戴礼帽、身穿长衫的大汉，他眼露凶光，卷起袖子，双手拉着一个舞女的头发，从舞厅里一直拖到贵州路上，嘴里骂着脏话；凶神恶煞般地吼道："你想逃出老子的手掌心？做你娘的清秋梦！老子今天好好教训教训你！"说着狠狠地把那舞女摔倒在马路上。顿时，舞厅门口的黄包车夫和行人们都围了上来看热闹。可是，没人做和说的清秋梦！老子今天好好教训教训你样的大汉，啥人敢惹？

这大汉摔掉脚，打那舞女就象打牲口，可怜那舞女被打得上胸来掩去，开始还能喊几声"救命"，到后来便渐渐没了声音。

这贵州路在南京东路的后面，本来就狭窄，涌来这么一大群人围观，却把那老闸巡捕房的后门堵住了。巡捕房的门卫发了脾气："早不打架，晚不打架，偏在老子值班时打架，居然上门来，这不是存心挑逗我吗？"便驱散了围观者，把那大汉和舞女带进巡捕房的审事间。

老闸巡捕房的审事间堪称殖民地的缩影。一名高鼻子绿眼睛的"洋大人"，高踞在写字台上，旁边坐着一名中国翻译，派进来的人犯由当门差的华捕审问，提出处理意见，由翻译转请"洋大人"裁定。值夜班的"洋大人"往往喝得醉醺醺，喜怒无常，洋口一开，便是法律，不是罚款，便是拘留，显示"洋大人"的威风。

这晚，在审事间值班的门差是一九二七年华捕梅宇宽，他是抗战以后新吸收入党的中共地下党员，年约二十三四岁，是巡捕房"读书会"的老积极分子，也是"爱国募捐"和"救亡运动"的热心人。他的中文和英文都学得不错，因为爱读书，知识丰富，同事们读书和讨论有疑难之处常请教他。加上他五官端正，气宇轩昂，十分英俊，又姓梅，大家便戏称他"梅博士"。

这位梅博士年纪不大，已在上海当了五、六年巡捕，对十里洋场、花花世界的坏事丑闻，可说是见得多听得多，社会经验相当丰富。他一眼就看出这个手持礼帽、身穿长衫的家伙是假装斯文的"白相人"，长得又高又壮，一脸横肉，年约四十多岁。此刻，这"白相人"的醉子就象安装了弹簧，不停地向"洋大人"、翻译和梅宇宽点头谄笑。梅

宇宽再看那舞女才十八、九岁，身材苗条，眉清目秀，穿件紫红丝绒旗袍，挂着银宝石的镶金项链，却穿长统丝袜高跟皮鞋。旗袍上尽是在地上打滚时沾上的污泥，一头烫过的长发，乱得不成样子，脸上留着泪痕，佳生生垂着头，楚楚可怜。

正义感强烈的梅宇宽十分情弱者，他不动声色，按照巡捕房审事间的规矩办事：打开一本又厚又大的记事本，边问边记，才知道那男的名叫杨大子子，四十二岁，无职业。那女的名叫张小兰，十九岁，新新舞厅的伴舞女郎。

梅宇宽问："你们为啥打架？"

杨大子子抢上前答道："我们是夫妻吵架。家务事，不必惊动捕房，带到这儿来完全是误会。巡捕先生，让我们夫妻回家解决吧。"说着推推张小兰道："快说声谢谢，还不回家去！"

张小兰站着不动，用哀怨的眼睛望望梅宇宽。

梅宇宽便向张小兰："你们究竟是什么关系？"

张小兰只是呜呜哭泣，似乎想说但又不敢说。

梅宇宽情知有异，便让杨大子子到外面去等候，回头再问张小兰，她才一字一泪吐露真情。

编者按

本报《朝花》副刊，从即日起连载《浦江红侠传》。它从一个侧面，反映了我们老一辈的共产党员在中共上海地下组织领导下，出生入死，英勇机智与敌人进行的惊心动魄的斗争。故事情节较为曲折生动。欢迎读者阅后提出宝贵意见。

文学艺术部

《浦江红侠传》连载

我党地下特别支部的老共产党员刘峰、刘友谅等同志，构思一部"在行动中刻画人物"的小说，取名《浦江红侠传》。这部小说的题目是萧丁同志和我商量拟定的，题书也是萧丁的墨宝。

那天，在三楼总编王维同志的办公室，我向领导汇报小说的主题思想和故事梗概。听取汇报的有总编王维，副总编栾保俊和分管文艺部的副总编储大泓。他们一致肯定我的构思，希望在这年的春节前后开始刊登这部连载。在领导的支持鼓舞下，拙作便于1980年2月17日起在《解放日报》上连载。于是便有了粉碎"四人帮"后，全国报纸中发表连载小说的首例。这第一篇连载，因时间匆忙，也是出于报社领导对我的信任，他们允许我边写边登，通常是写好5至7天的稿子备用，这也为后来对故事情节做调整留下了余地。

由于上海的党报刊登连载，连载又是上海读者久违的栏目，加之所写的是抗日战争时期我上海地下党员与日寇斗智斗勇的故事，很受广大上海读者的喜爱。据发行部门反映，刊登此连载后，《解放日报》发行骤增数万份；热心的读者一早就站在门口等待送报员，一打开《解放日报》，便迫不及待地先看"张小兰"（读者关心小说中女

主人公张小兰的命运，将此连载简称为"张小兰"）。不断有读者来电、来信，或询问张小兰的命运、下落，或打听是否确有其人其事，渴望了解明天登些什么？等等。

广大读者对小说中女主角的关心出乎我的意料，这部小说的题目是《浦江红侠传》，顾名思义，应以"红侠"——小说中的主角梅宇宽为主，我也是着力描写这位战斗在日寇心脏里的抗日英雄对祖国对人民的热爱和她的机智勇敢、临危不惧、化险为夷，等等。

而文中的女主角张小兰仅仅是梅宇宽从事地下工作的助手。如果说，我是从刘峰等地下特别支部的党员，特别是从刘友谅同志的斗争事迹中，取得了大量创作素材，较为顺利地树立梅宇宽这一英雄形象的话，那么对张小兰这一女主角，我并未采访到该支部的女党员。仅仅是写了生活中一桩事实：刘友谅曾经救过一名跳黄浦江的舞女。我把这一救人场面写在小说的开头，这是生活中的真实。刘友谅告诉我可惜这位获救的舞女意志薄弱，并未自求解放，而是沉沦了，后来沦为汉奸的外室，不能自拔。

小说是允许创作想象和虚构的，我把这名获救的舞女称之为张小兰，进而发挥想象力，写她的进步，写她协助梅宇宽做地下工作，最后她提高了觉悟，参加了我党领导的浦东游击队。应该说，在当时沦为"孤岛"的上海，抗日爱国的、有觉悟的妇女有不少是走上这条道路，参加了新四军的。与梅宇宽相比，我的笔下对张小兰着墨较少，但广大读者却分外关心张小兰的命运，也许从写她跳黄浦江开始，读者就"哀其不幸"，深深同情作为弱者的她的不幸遭遇，并自然而然地希望她进步，但愿她在共产党员梅宇宽的影响下改变自己的命运。小说中的她终于成为新四军的一员，这也正是符合广大读者愿望的。作者笔下的张小兰，也许正应验了"无心插柳柳成阴"这句谚语了吧。

原型刘友谅，智慧又忠诚

刘友谅同志是拙作《浦江红侠传》中人物原型之一，这部小说中有不少故事情节取材于他的战斗经历。他是解放前我地下党上海伪警察局特别支部的成员，抗日战争时加入中国共产党，长期从事地下工作。珍珠港事件后，日军占领上海孤岛，为镇压上海抗日爱国人士，日寇霸占了威海路某中学校舍，组成以日本宪兵特务为骨干、并吸收部分中国警察为辅助力量的日本宪兵队"特高课"。热爱祖国、献身革命的刘友谅同志奉组织之命，打进了这一虎穴狼窝，为我党和人民工作，千方百计取得情报并尽可能援救抗日志士。

《浦江红侠传》的全部素材，取自上海伪警察局地下党特别支部诸同志。创作之前，我曾访问了该支部的五六位老同志，其中就有刘友谅同志。我把他们的英雄事迹和革命精神捏在一起，加以想象、发挥、塑造了一位抗日英雄、小说中的主角梅宇宽。

记得这部小说构思成熟以后，我曾把小说的故事梗概、正反面人物的矛盾冲突、曲折斗争等向他汇报，征求他的意见，并告诉他这是一部小说，主要人物必须典型化，故事必须完整，必须反映出时代特征，因而不能局限于某一人的自传，势必突破个人自传的局限。具有高度党悟和坚强党性的刘友谅同志不计较个人得失，听了我的汇报后表示充分理解，他说他自己也是文学、戏剧的爱好者，读过不少文学著作，他鼓励我摆脱真人真事的束缚，展开想象的翅膀，努力刻画地下斗争的抗日英雄形象；他保证全力支持我写好这部小说，为地下党员恢复名誉，恢复被"四人帮"丑化、否定的地下党员的英雄形象。同样，特别支部负责人刘峰同志等不仅与我细谈当年在伪警察局斗争的事迹，更鼓励我写好这部小说，希望作品能早日在党报——《解放日报》上连载。

于是，我大胆放手地投入创作。每写好一部分就将校样送请刘友谅同志过目，听取他的意见、建议；有时我派人将校样送给他，他看后立即送还，校样上留下了他认真推敲后的墨迹，令人感动！

刘友谅同志对党的忠诚，对抗日战士的爱护是极其感人的。例如，他曾告诉我，有一次，他在办公室里听到一名中国通的日本特务在接电话，对方告诉这特务，有一名抗日分子从苏北来沪，在某时到某码头，与同党接头，云云。这名日本特务立即电话布置76号汪伪特务去逮捕接头人。刘友谅听后，焦急万分，当时他通知组织上转告已来不及，而且也不知这位从苏北来的同志是哪一系统的，一时无法联系。他冷静分析后，估计76号汪伪特务执行日本特务的命令不会那么敬业，这伙吃喝嫖赌的汉奸败类，松松垮垮，多少会拖延一些时间。于是，他借口出外办事，果断地跑到某码头。果然汪伪 76 号特务尚未赶到，他身穿伪警制服，在码头上大摇大摆走来走去，注视着可能是在此接头的苏北来人。他说，我这么装腔作势，估计苏北的同志会提高警惕，赶紧撤退的。后来，事实证明，晚到一步的 76 号特务扑了个空，挨了鬼子一顿臭骂。

记得他还告诉我，他身在虎狼窝中，由于工作需要，练就了独特的记忆力与识别力。例如，重要的电话号码，他只消听一遍就牢牢记住。与他同一办公室的日本特务背对着他打电话时，他听着拨电话盘的声音长短，就知道电话号码数字，立即知道这电话打到何处，并从日本特务的电话交谈中获得重要情报，晚上他便悄悄找上级领导转告这一天得到的情报。

刘友谅同志工作极其重要，必须严格保守秘密，即使对自己的妻子也不能透露半点。而他因工作需要，经常晚上要出去送情报，又不能告诉妻子去哪里，不免引起妻子的误会和怀疑。因此，妻子有时悄悄跟踪，有时与他哭闹，他严守党的机密，又不便解释，使他很苦恼。后来上级领导以朋友、同事的身份，一再去他家，做他妻子的工作，情况渐渐有所改善。

艺术遭误解，"枪毙张小兰"

1980 年的那个春天，《浦江红侠传》红遍上海滩，《解放日报》在报刊零售点非常抢手，一报难求。正当事事顺遂时，却不料发生了一个并不愉快的插曲，因此也多少改变了我笔下男女主人公的命运。

本来，我要把刘友谅同志提供的很多机智勇敢的事迹写入小说，让主人公梅宇宽的英雄形象更加感人。但后来情况发生了变化，刘的妻子到报社找我"问罪"，她主动"对号入座"。她认为小说《浦江红侠传》中的梅宇宽

《浦江红侠传》连环画插图——梅宇宽奉命在租界马路上"抄靶子"

《浦江红侠传》连环画插图——杨宇宽向刚参加地下工作的张小兰布置任务

就是刘友谅，刘友谅的对象是她而不是张小兰。她要求我在小说中"枪毙张小兰"，由她取代张小兰，否则就不许刊登。她坚持要"腰斩"这部连载小说。这令我哭笑不得。张小兰是作者创作的人物，她是这部小说中的女主角，是正面形象，岂能"枪毙"？作者如此敌我不分，广大读者能接受吗？我们反复、耐心、细致地做她的思想工作，但难以奏效。由于她多次来报社找我，我无法安心继续创作，只得"大笔一挥"让张小兰早日去浦东参加游击队，草草结束了这部小说。记得当时这位老太连续几天守在报社大门口，要报社领导"枪毙"张小兰。那些天，我们都只能从报社食堂的那扇小门悄悄进出。好在报社领导坚持原则，当然不会迁就她，但她毕竟是有功之臣的妻子，总得设法解决。

于是由我写一份报告，详细介绍自己的创作过程，呈送上海市委主管宣传、文艺的市委副书记兼宣传部长陈沂同志。陈沂同志创作经验丰富，对作家创作的甘苦很理解，他认真作了调查研究，倾听了各方面的意见后作了批示，肯定《浦江红侠传》是创作，是小说传奇，而非真人真事的人物传记，并嘱有关方面做好思想工作，终于将此事平息下来。当时，我既要应付那位老太，又要赶写连载，还要给市委打报告，一时顾此失彼，恨不得有三头六臂，也真正体会到"寝不安席，食不甘味"的感觉了。

改编为电影，沪剧连袂上

后来，上影厂将这部小说改编拍摄为电影。上影厂根据小说最后一个情节，取了一个精彩的片名《开枪，为他送行》，人物和故事均忠实于原著且更完美。此片当时在全国发行数百个拷贝，曾列入爱国主义教育片，在电视台一再放映。

将拙作改编为电影剧本的是著名电影编剧沈寂，编辑是五十年代劳动报的老记者、我的文友徐世华。老沈是柯灵的高足，"孤岛"时期因参加爱国进步活动令日伪忌恨。孤岛沦陷后，日寇曾逮捕老沈，严刑拷打，老沈坚贞不屈。因此老沈对这段生活是熟悉的，编来得心应手。经过他的再创作，剧本得以顺利通过，演员选定了，摄制组也成立了，一切似乎都很顺利，但风云突变，该厂有人认为，当时《游击队之歌》唱道"没有枪，没有炮，敌人给我们造"，八路军、新四军的一切武器、子弹均应夺自敌人手中。剧本中怎么可以出现向敌方买子弹的情节？岂非长了敌人的志气，灭了我军的威风？于是剧本搁浅，摄制组解散。我们人微言轻，怎么解释也无济于事，诚可谓"尽信书，不如无书"。我们只得去苏州，访问苏州市前市长、新四军浙东纵队浦东支队支队长朱亚民，争取他的支持。他说，他早就看过《解放日报》上连载的《浦江红侠传》，表示满意，但认为写得不够，还有很多动人的事迹应该写进去。我们问他，是否有向敌伪购

《浦江红侠传》连环画，印数高达 200 余万册

买子弹之事？他说，打起仗来，子弹消耗是大量的，在战场上缴获的只是一部分，大多是我们自己制造、翻造，还有就是向敌伪购买。他还谈起人民如何冒生命危险，把购得的子弹送到我军手中的感人故事。抗日老英雄朱亚民同志的谈话具有权威性，迷雾一扫而空，此电影终于得以开拍。

在此之前，上海沪剧团和长宁沪剧团先后将《浦江红侠传》改编为同名沪剧，分别由马莉莉、陈甦萍担任女主角，连演不衰。上海、南京有关出版社还根据拙作分别改编、出版了三种不同版本的连环画，印数高达 200 余万册。

以先睹为快，为连载"腾地"

当时的《解放日报·朝花》副刊一周只有三四个版面，连载的《浦江红侠传》附属于《朝花》，断断续续，并非逐日刊登，对此读者来电来信反映强烈，要求每天都能看到连载。本市机械制造工艺研究所的吴士海读者当年来信说：我们这里不少青年找报纸看《浦江红侠传》，关心张小兰和梅宇宽同志在地下党组织领导下如何工作。他们都在担心着！远在北方天津的读者李淑云也来信说：《浦江红侠传》隔两三天才登一段，真叫人着急。希望贵报给它腾出"空地"，免得读者看了这段忘了那段。至于补购刊有《浦江红侠传》的报纸，并将刊有这一连载的报纸剪下装订成册更成为当时读者的乐事。根据广大读者的要求，当时的《解放日报》立即改进工作，给连载以

独立版面，每天连载不断，这一传统保持至今。

　　尽管《解放日报》连载《浦江红侠传》，距今已三分之一世纪了。但人们似乎并没有忘记它，前些日子，北京某影视公司派专人来沪找我，洽谈这部小说的版权，他们拟将它改编为电视连续剧。接着上海人民美术出版社再版了当年根据这部小说改编、绘制的连环画，并赠与我样书，印刷装订颇为精美。

　　被迫搁笔21年的我，通过写作《浦江红侠传》又恢复了创作的活力，继续为《解放日报》和《大江南北》月刊写了几部连载小说，聊以弥补这21年荒废的创作光阴。

向前，向前，向前

——郑律成与丁雪松的红色恋曲

冯乔　冯远

一个是才华横溢的音乐家，一个是美丽漂亮的女生队长，他们的爱情之花在延河边绽放。郑律成和丁雪松，他们在黄土地上生下了一个可爱的女儿。为了给女儿补充营养，丁雪松卖掉了郑律成千里迢迢背进延安的小提琴，换了奶羊，给女儿起名"小提"。战争中，他百炼成钢，成为《中国人民解放军军歌》的创作者，丁雪松出任了新中国首位女大使。他们的爱情令后人称颂且称羡。

丁雪松与郑律成

去罗马，还是去延安？

1933 年，19 岁的郑律成和三哥一起在朝鲜木浦港乘船，绕道日本长崎，向当时远东最繁华的城市上海进发。

郑律成 1914 年出生在朝鲜南部光州一个贫寒的家庭，当时的朝鲜已经沦为日本的殖民地。1910 年 8 月 22 日，日本伊藤博文政府通过战争和武力威胁，迫使朝鲜政府签订《日韩合并条约》。

郑律成听长辈讲，日本人进入了村子，看到朝鲜族男子都梳发髻，日本人就拿军刀一捅，蔑视地说："这是什么东西？"长辈非常生气，回到家以后，拿镰刀就把发髻给割下来了，扔到地上，端来酒，浇在发髻上，烧掉。然后坐在地上嚎啕大哭："这是什么世道，连父母给我的那个发髻，也让人家随便来侮辱。"

1919 年，光州爆发了反对日本殖民统治的"三一运动"。郑律成的父老乡亲民族思想非常强烈，坚决不低头，不做亡国奴。由于当地形势险恶，朝鲜许多爱国志士纷纷到中国来寻求支持，进行反日和抗日活动。金九先生在上海建立了大韩民国临时政府。郑律成的大哥、二哥也都到中国，参加了北伐战争，还加入中国共产党。在父辈兄长的影响下，郑律成坐船到了上海后，投奔到南京的朝鲜军政干部学校，学习军事政治。

郑律成从小喜欢音乐，朝鲜革命团体送他到上海去学习音乐。酷爱音乐的郑律成，把自己原来的名字，郑富恩，改为郑律成，以取旋律与成功的意思。

那时，日本加紧了侵略步伐，侵占了中国东北，威胁着华北。中国人兴起了轰轰烈烈的救亡运动。在上海，郑律成有机会接触左翼作家和进步人士。上海妇女救国会杜君慧经常给他讲起中国共产党和红军长征的事情。

当时，郑律成面前有两条路可以走，一条路去意大利深造，成为歌唱家；另外一条路，中国有个延安，也非常需要优秀的青年。

郑律成在上海学习声乐，俄籍老师科里诺娃欣赏他的勤奋。为了更好地发声，郑律成把腹肌练得有模有样的，唱歌的声音就非常有底气。科里诺娃对郑律成说："你有发展前途，你可以成为东方的卡洛索！如果你愿意的话，我就推荐你去意大利深造。"

1937 年"七七事变"后，郑律成经过考虑，决定去延安，放弃去意大利。著名爱国人士李公朴先生拿出大洋给他当盘缠。郑律成背了一把曼陀铃和一把小提琴，带了本《世界名曲集》，就出发了。

啊延安，成了他的名字

1937 年 10 月，郑律成经过艰难跋涉，到达了令人向往的延安。他先在陕北公学学习，后又进入鲁迅艺术学院。他体型瘦削，腰杆笔挺，眉宇间显得英俊而刚强，善于指挥数千人的大合唱，也能在联欢会上一个人引吭高歌。

宝塔山满天霞光，景色很美，郑律成站在山坡上，触景生情，酝酿着一首歌颂延安的歌。郑律成要求女诗人莫耶给他写首歌词《延安颂》。

"夕阳辉耀着山头的塔影，月色映照着河边的流萤，春风吹遍了坦平的原野，群山结成了坚固的围屏。哦！延安，你这庄严雄伟的古城，到处传遍了抗战的歌声。哦！延安，你这庄严雄伟的古城，热血在你胸中奔腾……"

由莫耶作词，郑律成作曲的《延安颂》，成了革命圣地流传最广的颂歌，吸引了更多的人向往延安。歌曲从延安传到各个解放区，又从国统区传到海外。当时在海外募集资金的时候，一个是唱《义勇军进行曲》，一个是唱《延安颂》。

延安是非常开放的，有很多朝鲜义勇军勇士，还有越南、美国、西班牙的国际主义战士。大家为了一个抗战的目标，不分国籍，不分贫富，天南海北走到一起来。马海德等一些外国友人很难发准"郑律成"3个字的汉语音，看到郑律成，就叫他："啊延安！啊延安！"

特务能写出那么好的歌来

丁雪松1918年出生于嘉陵江畔的重庆木洞镇。她从小听惯了川江号子，敢于逆水行舟。1938年，丁雪松进入延安时，是抗大女生队队长，清晨出操，她在延河边喊口令；文娱活动，当然由她组织。这个眉眼儿秀气，腰扎皮带、短发拂耳的女子，自然引起了郑律成的注意。

延安是一个歌咏城，开会前也唱，吃饭前也唱，走路也唱。郑律成在抗大政治部宣传科任音乐指导，只要到连队，肯定是他教歌，或者指挥唱歌。丁雪松小时候在福音堂里学过一些教会歌曲，她是女中音，在女生队里经常唱歌。郑律成去女生队教歌，一来二去，就认识了丁雪松。

一天，丁雪松回到自己的窑洞，眼睛忽然一亮，惊讶地看到全屋收拾一新，窗台上放着一瓶盛开的马兰花。丁雪松回忆说："有一天回到窑洞以后，我觉得有点奇怪，桌子上放了一束鲜花，桌子收拾得干干净净、整

郑律成在延安

整齐齐。又过了好几天，又发现桌子上有两本书，一本是《安娜·卡列琳娜》，一本是《茶花女》。上面写了一个条子，送给小鬼女军官。"

一个是才华横溢的音乐家，一个是美丽漂亮的女生队长，他俩相爱了。

1939年元旦，丁雪松画了一张明信片，回赠给郑律成，上面画了一棵雪松和一个拉琴的战士，巧妙地表达自己的爱情。

但是，延安却搞起了整风甄别运动，对国统区来的人严格审查，防止特务渗透。郑律成在政治上受到了怀疑。不过因为郑律成写了《延安颂》等有影响的歌曲，所以保留了他的党籍，但必须将他在上海、南京的那段历史交代清楚。偏巧郑律成就是说不清楚自己的经历。

一个月夜，两个最要好的同学把丁雪松约出来谈话，要她慎重对待。组织上的一个领导就跟丁雪松谈话了："你看看，郑律成是外国人，又是从国统区来的，历史不清楚。你要是去跟他好，耽误你的前途吧。"

丁雪松陷入了前所未有的疑惑中，如果说他是特务，特务能写出那么好的歌来？

那么好的歌指的是《八路军大合唱》。诗人公木回忆郑律成的创作过程："没有钢琴，连手风琴也没有，只是摇头晃脑地哼着，打着手势，有时还绕着屋当中摆的一张白木茬桌子踏步转悠……"有人看到，郑律成高兴了，就再敲盆敲碗，拍着腿，激动又投入。

《八路军大合唱》中有《骑兵歌》《炮兵歌》等8首歌，唱得最响亮的就是《八路军进行曲》。一开始进来就是"我们的队伍向太阳"，结果觉得这么进来好像劲儿不够，再琢磨琢磨，郑律成就加了"向前！向前！向前！"，就有了排山倒海的气势。

八路军政治部主任肖向荣，把郑律成跟公木一起叫去。奖励就是一顿红烧肉，然后敬了3杯酒，说这个作品写得很成功，希望他们继续写出新的作品。《八路军进行曲》越唱越嘹亮，而对郑律成的审查却神秘兮兮还没有结束，丁雪松经受着很大的压力。

小提琴换奶羊

八路军炮团团长武亭，正巧来延安开会。武亭也是朝鲜人，他是参加中国工农红军长征的朝鲜人中唯一活着走到延安的人，资历很老。丁雪松遇到了武亭，讲起苦闷的情况。

武亭说："我很了解郑律成，我认识他的大哥和二哥。郑律成没有问题，他的家是革命的家庭。我可以证明。"

丁雪松连忙向组织部长陈云请示："郑律成家庭历史没有问题，武亭证明了。"

陈云说："这个事，是你们自己的事情，组织上不干预，你们自己来决定。"

郑律成与丁雪松成婚那天，周扬主持婚礼，宾客挤满了窑洞，红红火火地热闹了半宿。郑律成是个好猎手，打了两只黄羊招待大伙，一只黄羊，拿去跟老乡换黏米、红枣，做枣糕。另一只就拿来烤羊肉串，给当年参加过婚礼的人留下很深的印象。有道是好事多磨，有情人终成眷属。

不久，郑律成化装成农民去了太行山，朝鲜义勇军要到太行山开办朝鲜革命军政干部学校，在敌后根据地开展工作。

丁雪松调到陕甘宁边区工作，给边区政府副主席李鼎铭当秘书。开明人士李鼎铭先生提出了"精兵简政"。毛泽东在《为人民服务》文章中高度赞扬："你说的办法对人民有好处，我们就照你的办。"

1943年4月，丁雪松摔了一跤，早产了，女婴不足月就生出来。延安条件很艰苦，丁雪松也没奶水，女婴饿得嗷嗷哭。郑律成去延安的时候，带着一把小提琴。实

郑律成、丁雪松和女儿郑小提合影

在没别的办法，丁雪松只好把这把小提琴拿到市场上卖了，卖了跟老乡换了一只奶羊。那羊有小羊羔，牵了回来不愿意让人家挤奶，就跑出栅栏，漫山遍野地跑，丁雪松没办法就满山地追，好不容易挤完奶后再兑上水，去喂女儿。

那把琴是郑律成心爱的东西，千里迢迢从朝鲜带来的。为了纪念那把小提琴，女儿就叫小提。

丁雪松给李鼎铭先生当秘书，正逢土改，经常出去。丁雪松没有带孩子的经验，女儿不足月就生下来，加上吃得差劲，老生病，百日咳和痢疾，经常又吐又拉。因为不好养，丁雪松想把女儿送出去，都找好人家了。

这时，郑律成从太行山回来了。他带回来了一点盘尼西林抗生素，给高烧不断的女儿打退烧针。小提才被留下来了。

向中国东北和朝鲜挺进

1945 年 8 月 15 日，中国各地欢呼抗战取得胜利。

朱德总司令颁布 6 号命令，朝鲜义勇军"随同八路军及原东北军各部向东北进兵，消灭敌伪，并组织在东北之朝鲜人民，以便达成解放朝鲜之任务"。延安八路军总部按照朱德总司令颁布的命令精神，朝鲜革命军政学校当即宣告停办，全体人员均按义勇队编制准备进军东北。

郑律成虽然非常高兴，但他也担心，不知道丁雪松能不能跟他一起去朝鲜。丁雪松非常单纯："我当然去啊！你当时为了你的国家，为了抗日，背井离乡到中国来。现在你祖国解放了，我当然要跟你去。"丁雪松毫不犹豫地跟着郑律成出征东北，带着女儿小提一起走。

临行前，陕甘宁边区政府秘书长谢觉哉特地为丁雪松写了一首诗，《送丁雪松同志出征》。诗中写道："十万横磨入海东，征驹远道女儿雄。三韩待辟新天地，应识当年虬髯公。"

当时，行军路上有向东北挺进的 10 万大军，2 万干部，唱着《八路军进行曲》，克服艰难险阻，奋勇前进。朝鲜义勇军的三四百人，也由武亭带队奔赴朝鲜。

在抢占东北的战场上，竟然出现对垒冲杀的共产党部队和国民党部队，同唱一首

《八路军进行曲》的奇怪情景。"向前，向前，向前。"一些国民党部队觉得这歌有气势，也把它当作自己部队的军歌。只是把"毛泽东的旗帜高高飘扬"改为"民主自由的旗帜高高飘扬"。

原来，这首《八路军进行曲》先前在国统区的刊物上发表过。而且，当时的八路军，还是国民革命军名下的第八路军。不管哪个军队，都欣赏它的那种气势，双方军队都在向前，需要鼓舞士气。国民党部队到了东北战场那儿一听："啊，怎么东北民主联军也在唱向前！向前！向前！"

《八路军进行曲》，后来正式成为《中国人民解放军军歌》。

金日成送的降落伞做了布拉吉

1945年抗战胜利后，郑律成一家随朝鲜义勇军从延安出发，长途跋涉，渡过鸭绿江，到达朝鲜。郑律成开始在黄海道当宣传部长，后来就调到平壤，当朝鲜人民军俱乐部部长。他开始筹建朝鲜人民军协奏团，从挑选歌唱和舞蹈演员、乐队指挥，到团的组织领导、创作乐曲，花了不少心血。《朝鲜人民军进行曲》就是他在那个时期谱写的。

1946年秋，奉朝鲜劳动党中央调令，丁雪松到平壤任朝鲜劳动党中央侨务委员会秘书长。她受朝鲜劳动党和中共东北局的双重领导。

由于丁雪松受朝鲜派遣去中国东北要求粮食支援的任务完成得好，金日成首相表扬丁雪松工作出色，特地向她赠送了礼物：一顶缴获的降落伞。丁雪松把降落伞白色丝绸裁开，给郑律成做了一件衬衫，自己和女儿各做了一身白色连衣裙。

1949年初，丁雪松调到中国东北行政委员会驻平壤商业代表团任代表，党的关系也由朝鲜劳动党转回中国共产党。郑律成明显因此受到影响，他被调离人民军，军转民，安排到朝鲜国立音乐大学当作曲部部长。

超越国界的音乐之声

在平壤的郑律成与丁雪松，为人民解放军取得的胜利，为新中国的诞生而欢欣鼓舞。同时，丁雪松在朝鲜筹建了新华社平壤分社，并任社长。但同时他们又遇到了国籍问题。

中朝两国正式建交，按照两国的约定，郑律成和丁雪松必须面临国籍的抉择，两个人都为各自的政府工作，就不方便了。夫妻之中，必须有一人加入另一方的国籍。有几种选择，其一就是丁雪松把中国籍转成朝鲜籍；其二，就是两个人分开，各回各的国家；其三，就是郑律成到中国来。

1950年6月25日，朝鲜战争突然爆发。考虑到朝鲜半岛的紧张局势，中国决定立即在平壤筹建大使馆。丁雪松如留任使馆官员或新华社平壤分社社长，郑律成的处境将更加困难；或者从此分离，各自东西，可是两人感情非常深厚，不能割舍。

丁雪松通过使馆给周恩来总理写信，希望她能和郑律成一起回中国。周总理百忙中很快批复，并亲笔致函征得了金日成首相的同意。

金日成首相十分大度："调郑律成回国？可以嘛，中国共产党给我们培养了那么多干部，现在你们要一个郑律成，不成问题。"

1950年10月10日，中国大使馆根据朝鲜外务省的通知，做紧急撤退。中国大使馆的政务参赞柴成文，特地派一辆吉普车接郑律成和他近八旬的母亲撤离平壤，回到中国。郑律成说："我是国际主义者，我在哪儿都是干革命，都是共产主义的！"

1950年12月，回中国不久的郑律成，作为中国人民志愿军创作组成员又去了朝鲜。在战火纷飞的前线，冒着风雪交加的严寒，郑律成和他的战友们露宿在岩石边，或在防空洞里，与欧阳山尊合作写了《中国人民志愿军进行曲》《十赞志愿军》，与刘白羽合作写了《歌唱白云山》、与凌子风合作写了《汉江小唱》、与魏巍合作谱写了《亲爱的军队亲爱的人》等作品。他在一张战场照片的后面题字："听着响得很近的机枪声，把写好的曲子自己哼一遍。"

1951年，志愿军发起第三次战役，郑律成冒着枪林弹雨，随志愿军一直打到汉城，在一片瓦砾堆里，他

郑律成和丁雪松在天安门

捡回一堆李氏王朝宫廷音乐的乐谱，一共有两大部共十八套古典乐曲。他一直保护着这些文化至宝。

1976年12月5日，喜欢撒渔网、写过《川江号子》的郑律成晕倒在京郊运河边上，没有醒来。

1996年，出任过中国驻荷兰、丹麦大使的丁雪松，把郑律成从战火中抢救出来的李氏王朝古典宫廷乐谱，捐给了韩国博物馆。

郑律成出生地现属韩国全罗南道的光州，他的家族和个人在反抗日本侵略者斗争中所做出的贡献，得到韩国人民的尊重。韩国光州命名了一条郑律成大街，保存着郑律成故居，陈列着《延安颂》等不朽歌谱。

万泉河水清又清

——《红色娘子军》的幕后故事

冯乔　冯远

2012 年 11 月，由现任团长、第三代琼花扮演者冯英带队，中央芭蕾舞团在上海国际艺术节上，隆重献演了芭蕾舞剧《红色娘子军》。上海文化广场再次响起了"万泉河水清又清"的优美旋律，上海观众也又一次被美丽的海南风光、精湛的舞蹈编排深深打动。而这样一部经久不衰的红色经典又是如何诞生的呢？又经历过怎样的风风雨雨呢？

最初选材"巴黎公社"

1958 年起，在苏联专家的指导下，《天鹅湖》等一批欧洲的古典芭蕾舞剧，相继由新中国的芭蕾舞演员搬上了舞台。

1963 年底，北京舞蹈学校在天桥剧场首演芭蕾舞剧《巴黎圣母院》，周恩来总理观看了演出。他看了以后很高兴，但在接见演员时又提出新的要求："从 1954 年北京舞蹈学校建校开始，你们搞芭蕾差不多 10 年时间了吧，已经演了好多欧洲的古典剧目，都是排别人的节目。你们能不能自己搞些创作呢？"

周总理提出一个新的课题：芭蕾自主创新。但考虑到芭蕾这种形式毕竟属于西方文化，一下子表现中国人的题材可能有些困难。周总理设想应该有一个过渡，创作革命题材的芭蕾是否可以先搞外国的，比如"十月革命"，或者"巴黎公社"这样的题材。

于是，文化部副部长林默涵召集舞蹈学校、舞蹈家协会、中央音乐学院的专家开会，讨论到底搞什么题材？

大家只看过故事片《列宁在十月》《列宁在1918》，觉得芭蕾搞"十月革命"题材很难。"巴黎公社"的形象资料也很少。大家讨论以后，觉得外国革命题材要搞成一个完整的芭蕾舞剧太难了。有的创作人员提出："要不，还是搞一个中国的吧。"

之前几年，北京舞蹈学校在苏联专家的指导下，曾经排练过中国题材的民族舞剧《鱼美人》。虽然是民族舞演员来演的，但里面也吸收了很多的西洋芭蕾舞剧的创作方法。

也有人提出是不是搞《王贵与李香香》，故事很简单，有特点，而且里边有爱情。但是大家认真考虑后又觉得只是两个农村男女青年感情往来，场面做不大。

林默涵提出来一个想法，把电影《达吉和她的父亲》改成芭蕾舞剧。因为那个戏人情味比较浓。一个彝族女儿有了两个父亲，一个彝族的父亲，一个汉族的父亲，有

电影版《红色娘子军》第六场清华活捉南霸天（薛菁华、李承祥扮演）

感情纠结，有在不同时代父女经历分离隔阂又相聚在一起的曲折情节。

有人提出更革命的，比如说《红岩》，塑造江姐、许云峰的英雄形象。但也有人持不同意见："你不能老在白公馆渣滓洞里跳芭蕾舞啊！艺术效果可能不太好。往往在监狱那个地方，人都受过重刑的，他跳不起来的。芭蕾舞也不能太脱离生活。"

当时，电影《红色娘子军》刚刚在国际上得奖。"向前进，向前进，战士责任重，妇女怨仇深。古有花木兰，替父去从军，今有娘子军，扛枪为人民。"娘子军连歌响彻云天，家喻户晓。

北京舞蹈学校编剧李承祥提出改编这部电影，他认为：首先，这个故事很感人，正面人物非常鲜明，琼花、洪常青啊；反面人物就是南霸天、老四，这几个人物写得非常好。与过去红军时代、抗日战争时代的军队题材不一样，这个娘子军以女性为主角，很适合芭蕾舞，因为芭蕾舞以女性舞蹈为主。第二、如果改编电影《达吉和她的父亲》，两个父亲一个女儿的三人组合，芭蕾舞表现就很困难。简单说，两老头跳芭蕾舞，就没有太大的余地。第三，《红色娘子军》地域特色特别好，海南岛热带风光好，红棉树、五指山、万泉河，舞台上的背景都特别漂亮。

这个提议，得到了与会代表的一致赞成。

海南岛——娘子军的诞生地

1964 年 2 月，舞剧创作组一行，从北京到海南岛体验生活，了解红色娘子军的生成和战斗的环境。

舞剧创作组由李承祥、蒋祖慧、王希贤担任编导。中央音乐学院有吴祖强等 5 个人负责作曲。从苏联留学回来的舞台美术家马运洪，参加舞台美术设计。扮演琼花的女演员选了白淑湘和钟润良。扮演洪常青的男演员，准备了刘庆棠和王国华。跟着洪常青的通讯员小庞，选了海南岛人李新盈。他个子比较矮，人称"小海南"。他懂海南岛的话，有时候也可以让他当方言翻译。

海南军分区特别支持舞剧创作组，给他们派了一个带篷的卡车。舞剧创作组到了娘子军诞生地琼海，见到了不少娘子军的老战士。这些老太太还穿着当年红军衣服，戴着红军帽。解放前的海南岛相当封建，几乎还是半奴隶制的社会。地主富裕不富裕，钱到底有多少，就看你养多少丫头女奴。家里丫头分通房丫头，就是伺候老爷的；还有粗使丫头，就得干最粗最累的活。丫头在地主家里，早晚就要死去的，不是累死就是被迫害死的，所以她们只要有可能就跑。当年"娘子军"招女兵出布告，当天就有 400 多名女孩儿报名，连队指导员也是女的。后来因为电影故事片的情节需要，编了一个男的指导员洪常青。

《红色娘子军》下部队体验生活

论芭蕾技术，白淑湘是当时最拔尖的演员之一。她第一个被挑选演芭蕾舞剧《红色娘子军》主角琼花。琼花的形象是，从女奴到战士。白淑湘清晰记得："我们去海南岛，到椰林寨，到娘子军连那个地方。在部队体验生活，跟战士们早上吃饭，学站岗、打枪，分站姿、卧姿、跪姿射击。"

在海南文昌椰海公社，舞剧创作组看到许多歪过来又往上长的椰树。编导蒋祖慧编舞时，把琼花逃跑这一场，设计在了椰林里，那椰子树就是歪的。这正是他们体验生活时受到的启发，感觉斜长的椰子树特别有野性，符合琼花那种倔强的性格。

像娘子但不像军

编导李承祥和同事们开始排练革命现代舞剧《红色娘子军》，排出了完整的一台戏，先让领导初审。因为搞的是军队题材，就请了北京军区首长来观看。

北京军区首长看了后，不客气地说："她们有点儿像娘子，不太像军人。"

《红色娘子军》剧组被浇了一罐子冷水。其实可以想象，这些演员都是《天鹅湖》里的"天鹅"出身，演惯了仙女，举手抬足，轻柔温和。让她们一下子在台上拿起枪，气质上与女战士差异实在太大。

1964—1965 年间,《红色娘子军》排练现场,编导李承祥、王希贤,演员白淑湘、赵汝蘅

这时,文化部和舞蹈学校领导就说:"首长啊,你给想想办法吧! 让她们下连当兵。"

军区首长说:"那好,山西大同有部队,北京军区的管辖地,你们到那儿去深入生活吧。"

舞剧《红色娘子军》团队就都停止了排练,全体演员还加一部分乐队,就到山西大同去学军。这队伍浩浩荡荡的,130多人,对部队而言也是挺麻烦的,找新军装,然后发枪。女演员不能跟他们男战士一个营房,还要单独辟出营房让女同志住。

娇贵的"天鹅"变成了女战士,芭蕾舞演员编进了连队,和战士们一起进行军事训练。在舞剧《红色娘子军》里演过连长的赵汝蘅回忆说:"紧急集合的时候,背包马上要打好,急行军。那些女演员手忙脚乱的,根本就来不及,把那些被子卷一卷,就扛出来了。大伙儿一看这狼狈相,笑得不行。指导员就会吼我们,不准笑。然后训话,第一排蹲下。一般女孩蹲下不难,我们练芭蕾的能踮起脚尖,但膝盖特别蹲不下来,就恨不得趴在地上。"

舞蹈演员和乐队演奏员,都成了班排连的战士,在练兵场上刻苦训练,在打靶场上瞄准射击。战士们一对一地负责教这些女演员射击训练。有的女孩儿射击打到了10环,战士马上叫人过来拍照,因为他觉得特别光荣:"这是我教出来的。"比自己打10环还要高兴。

演员们当了一回兵,收获果然不小。回程一到北京火车站,他们马上就集合排队,向右看齐,非常整齐,那气质跟之前完全不一样了。编导李承祥回来后特地编了第二场"练兵舞","练兵舞"一开始,向右看齐,"嚓"的一下子都立起脚尖来,"哒哒哒哒",整齐划一,非常好看。

后来战士们一看舞剧,非常惊讶:"你们这个向右看齐,比我们做得好看。"

终于可以请周总理来看舞剧《红色娘子军》了,台下坐的都是领导,剧组当然非常紧张了：这戏行不行啊？要是还说，像娘子不像军人，那就甭演啊？

　　周总理看完戏一上台，第一句话就说："啊呀，我保守了。当时就怕我们芭蕾舞一开始搞中国题材搞不好，所以我就想让你们先搞一个外国革命题材，要不就巴黎公社，或者十月革命。没想到你们一下子就搞中国题材，我觉得搞得太好了！"

　　几天后，西哈努克亲王访问中国，周总理就在人民大会堂小礼堂用舞剧《红色娘子军》招待外国贵宾。

毛主席来看《红色娘子军》了

　　这是中央芭蕾舞团最激动的时刻了，毛主席要来看革命现代舞剧《红色娘子军》。演出一天前，团领导告诉演员："你们不许向前拥，毛主席上来，谁也不许拥。"

毛主席接见《红色娘子军》剧组

1964 年 10 月 8 日，毛主席和中央领导人饶有兴趣地观看了革命现代舞剧《红色娘子军》。

舞剧《红色娘子军》里边有一个最为经典的动作，让台下的中央领导们印象特别深刻，那就是"倒踢紫金冠"。按说"倒踢紫金冠"，从名字到动作都是我国民族舞里边的。而民族舞中的这一动作又是来自京剧的。这部舞剧中恰到好处地运用了"倒踢紫金冠"，特别能表现琼花的反抗。

《红色娘子军》的编排上不止一处是芭蕾与民族舞蹈的漂亮结合，最典型的还有第一场琼花跟老四的双人舞。琼花倒地劈叉的动作，也是出自京剧里的"乌龙搅珠"。

演出结束时演员谢幕，幕一拉开，白淑湘一看，前面坐的全是战士。毛主席走上台来，大家轰地就往前冲。女主角白淑湘想起了领导先前的关照，特别听话，就不敢向前拥。

过后，领导传达说，毛主席对革命现代舞剧《红色娘子军》讲了三句话："第一，方向是对的；第二，革命是成功的；第三，艺术上也是好的。"

第二天，全国报纸一发消息，舞剧《红色娘子军》就红了。

江青染指《红色娘子军》

深受全国观众喜爱的舞剧《红色娘子军》应邀到广州秋交会和深圳演出归来，本来一直赞扬这部戏的江青，突然脸就变了，第一句话就说："你们别被胜利冲昏头脑。"

江青开始挑毛病了："这舞剧的琼花音乐主题不行，要重写。"原来作曲的 5 个人，像吴祖强等作曲家就被打到黑帮队里去了。剧团请中央乐团指挥李德伦来作曲。后来，江青又不相信专业作曲了，要发动群众，让合唱队队员都来写琼花音乐。

京剧《夜深沉》的调，挺好听的，江青说："可以按这个调来改。"江青还推荐了西班牙故事片《红袖倾城》里的钢琴曲、歌剧美声唱法《重归索莲托》。"你们也可以根据这个改一改。"

果然，不是专业作曲的群众热情挺高，希望能写出一个领导满意的主题曲。有人按照首长的指示，搬出了《夜深沉》的京剧调，也有人写出了西班牙味儿的钢琴曲。

到中央乐团排练厅去试奏，曲子弄得人们头昏脑涨，或是昏昏欲睡。

后来，琼花主题音乐，改来改去，还是改回到了原来的音乐。

本来，洪常青和琼花应该有点感情戏，但有人转达首长的指示，江青不愿意看到黏黏糊糊。只能删了。

1965 年，又因卸妆问题，白淑湘得罪了江青。《红色娘子军》中的女主角就换人了。

剧中的琼花，江青让改名成了吴清华，这么一折腾，《红色娘子军》就成了江青呕心沥血搞成的样板戏。

红色经典浴火重生

革命现代舞剧《红色娘子军》红起来了，可是给剧组的演员却带来了不同的命运。

1966 年，文化大革命一开始，烈火也烧到了芭蕾舞团。红卫兵贴出大字报，批判封资修，取消芭蕾舞。可是不久，上面一说《红色娘子军》是样板戏，谁也不敢再喊取消芭蕾舞《红色娘子军》了。

那时，江青就怕这个所谓的样板团不听她的，要清理阶级队伍。江青接见芭蕾舞团的人时说："芭蕾舞团是属于捂着的，要大乱，要大乱。"结果芭蕾舞团有 15% 的人都被打成反革命，45% 的人受到了冲击。

白淑湘也被打成反革命，发配到北京小汤山劳动改造。

舞剧《红色娘子军》中演南霸天的李承祥，被以"走资派"名义关进了牛棚。给他的罪名就是忠实地执行反革命修正主义文艺黑线，顶头上司就是林默涵，《红色娘子军》就是在林默涵领导下搞出来的。

李承祥被关在牛棚一个多月，放了出来。原因也很简单，第一，还需要他演那个南霸天；第二，他还要负责排练《红色娘子军》。有人落难，也有人高升。当时社会上就流传这句话："红军长征二万五，不如跳个芭蕾舞。"

1972 年，中国的外交关系出现转机。周总理请来访的外国首脑观看舞剧《红色娘子军》。芭蕾舞团里的主要演员，周总理都熟悉，怎么不见新中国芭蕾舞台上的第一只白天鹅、椰树林里的琼花。周总理问起："白淑湘哪儿去了？"

1974 年，芭蕾舞团通知在牛棚里的白淑湘，"你可以回来练功了。"

将近 10 年不准练功的白淑湘，已经发胖了。她回到练功房，把自己关在楼上旮旯儿的一间屋里，一个劲地练功，减肥。两个月后，她在民族宫恢复了《红色娘子军》演出。

那年还编排了芭蕾舞《沂蒙颂》的编剧李承祥，以为自己平安无事了。可他却遇到了一劫。整党时，创作组党支部找李承祥谈话，劝他退党。

李承祥找管事的军代表，问怎么回事儿。军代表说："我告诉你吧，让你退党，是首长的意见。"据江青说："李承祥跟我们不是一条心。"李承祥还是逃不出磨难。

"四人帮"被粉碎后，李承祥劫后重生，党籍也恢复了。他继续向前进，担任了中央芭蕾舞团团长，重排了红色经典芭蕾舞剧《红色娘子军》，还其历史本来的真实面貌。

"万泉河水清又清，我编斗笠送红军。军爱民来民拥军，军民团结一家亲。"这婉转的旋律伴随着优美的舞姿，令几代观众久看不厌。所谓经典，就是任由时间流逝而仍能保持其魅力的作品。芭蕾舞剧《红色娘子军》作为红色经典当之无愧。

从《天鹅湖》到《红色娘子军》，第一组的舞蹈主要演员白淑湘和刘庆棠，曾经的舞伴早已分道扬镳了。舞剧中出演男一号洪常青的刘庆棠刑满释放后，在北京西山办了一所舞蹈学校，现已因病去世。

舞剧中第一个出演琼花的白淑湘，现在是中国舞蹈家协会的名誉主席，继续为舞蹈事业作着贡献。

寻找当年捐赠望远镜的小姐妹

刘　翔

在北京的中国革命历史博物馆的展厅内，存放着两副德国造的蔡斯军用望远镜。人们只知道它们是由当年的八路军正、副司令员朱德、彭德怀在抗战时期使用过的。但对于它们的来历却一直不是很清楚。在纪念"8.13"淞沪抗战65周年的前夕，一个偶然的机会，上海警方克服了种种困难，终于找到了当年用平时省下的糖果钱，买了两副望远镜捐给时任八路军正、副司令员的朱德、彭德怀的一对小姐妹。这一次不同寻常的发现，在上海滩上引出了一段感人的历史佳话……

彭德怀在抗战前线使用望远镜

求助函，揭开历史的尘埃

事情还得从2002年6月下旬的一天说起，这天，坐落在福州路上的上海市公安局治安总队的领导接到了河北电视台精品创作室大型历史文献纪录片《八路军》摄制组的一封紧急求助公函，说是经国家广电总局批准，该创作室正在拍摄12集历史文献片《八路军》。他们在搜集有关历史档案时，从当年上海的一份《大公报》上了解到：1937年9月，八路军英勇抗战，取得了平型关大捷后，全国人民群情振奋，支持八路军抗战的热情日益高涨，纷纷捐钱捐物给前线将士。当时有一个叫蒲缉庭的上海市民家中有两个5岁和7岁的女儿，一个叫爱英，一个叫爱美，用平时节省下来的父亲给她们买糖果的400元零用钱（当时能买400担大米），买了两副德国造的蔡斯军用望远镜，捐送给了八路军正、副司令员朱德、彭德怀。

现在摄制组急需找到这一对为国家分忧解难、支持共产党抗战的可爱小姐妹，但历史过去了65年，当年的两位小姐妹如果健在的话，也该是七八十岁的老人了。如今不知两位老人是否还健在？如果健在的话又居住在何处？他们恳切希望上海警方能帮助查找一下。与此同时，摄制组还特意附上了一张刊登在当年《大公报》上的蒲缉庭和其两个手捧望远镜的女儿的合影照片。

上海市公安局治安总队领导接到这一求助函后，十分重视，立即要求总队治安信息管理处必须尽最大努力协助查找。6月27日，由副处长杨海音领衔成立了专门的查找小组。接到任务的杨海音副处长和民警王凤、詹肖军、汪波等望着老照片上依偎在父亲蒲缉庭身边的那两个稚气未脱的小姐妹，每个人都被她们在国难当头时显示的爱国热情和举动所感动，决心在最短的时间内找到这对当年的小姐妹，这不仅能使大型历史文献纪录片《八路军》能够顺利摄制，同时，也是一次对现在孩子生动的爱国主义教育。

然而，查找工作的难度是显而易见的。摆在查找小组面前的唯一线索，就是这对一个叫爱英、一个叫爱美的小姐妹及她们的父亲蒲缉庭的姓名。于是，查找小组在计算机里启动由高科技支撑的上海市常住人口查询系统，民警首先在"蒲"姓氏中进行搜索，没有发现叫蒲缉庭的姓名的人。那会不会是姓"浦"呢？民警灵机一动，然后迅速地又在"浦"姓氏中查找，可是还是没有发现叫"浦缉庭"的人。

同时，计算机又十分精确地告诉查找小组，没有符合查找条件的叫爱英、爱美的小姐妹。就这样，查找小组连续工作了3天，结果是毫无所得，查找工作顿时陷入了僵局。

旧档案，历经艰难找线索

在治安总队领导的指导下，查找小组经过仔细分析后，迅速调整了查找思路。他们考虑到由于年代久远，这对小姐妹的父亲蒲缉庭很可能已经去世，这样在现在的上海市常住人口查询系统里是反映不出来的。看来只能从国民党时期遗留的户籍资料中去寻找，在那里或许能寻到有价值的线索。

但困难却是接踵而至，因为，这些国民党时期遗留的户籍资料已于上世纪九十年代后期移交给了上海市档案馆保管，如需查询，需由人工在浩繁纷杂的户籍卡片中一页页翻查，但他们决心迎着困难而上。在高度的责任心的驱使下，民警王凤、汪波立即与市档案馆取得联系，将查找的原因告诉了他们后，同样得到了市档案馆的大力支持。然后民警顶着高温，风尘仆仆地赶到坐落在上海远郊的佘山，那里有个存放国民党时期遗留户籍资料的档案馆仓库。她俩不顾库房里浑浊的空气和闷热的环境，凭着女性特有的细心在堆积如山的户籍档案资料里不停地查找着。

根据以往的查找经验，民警采用了先同时查找"蒲缉庭"和"浦缉庭"的家庭住址，然后再查其后人的办法。7月8日，一个名叫"浦缉庭"的名字终于跳了出来，民警们的心中不由一喜。国民党政府户籍资料上记载其解放前曾住在上海市的黄陂北路 25 弄 2 号，供职于旧上海的滋康钱庄，但有关其家庭成员的记载资料却一无所有。这对于查找爱英、爱美小姐妹仍然起不到一丝作用，更何况"蒲缉庭"与"浦缉庭"是否为同一人还吃不准哩。好不容易寻到的一点线索又断了。

但是，民警们并没有沮丧，想到《八路军》摄制组的殷切期待，想到如果能让当年的那一对可爱小姐妹早日"浮出水面"，那对生活在新中国的青少年来说是多么好的爱国主义教育。同时，也无疑是为中国现代革命史揭开了一段历史谜底。

查找小组经过一番商量后认为，对已经查找到的浦缉庭其人不能轻易放弃，不妨先把"蒲缉庭"与"浦缉庭"视作为同一人，然后，根据资料上记载的浦缉庭解放前曾住在上海市的黄陂北路 25 弄 2 号的这一线索，再到黄陂北路 25 弄 2 号所在的黄浦公安分局人民广场警署保存的解放后的户籍资料去找找看，或许能在那里扩大和查找到新的线索。

说干就干。当天下午，民警王凤、詹肖军就抱着一丝希望火速赶到了人民广场警署，会同户籍民警在堆积如山的老户口簿册中查找"浦缉庭"这个名字。"啊，找到了！找到了！"功夫不负有心人。经过几个小时的连续查找，王凤终于在库房的一个角落里找寻到了浦缉庭的老户口簿册。她欣喜地翻开蒙着尘埃的老户口簿册，只见上面记载着浦缉庭此人已于上世纪六十年代去世，他确曾在黄陂北路居住过。他也确有两个女儿。但户口簿册上记载的其两个女儿的名字分别为浦美英、浦佩英，并不是她们急于查找的叫爱英、爱美的小姐妹。还让民警焦虑的是他们一家人也早已搬离了黄陂北路 25 弄 2 号，根本没办法找到她们当面核对。

"蒲缉庭"与"浦缉庭"是否为同一人？浦美英、浦佩英究竟是不是当年捐赠给八路军正、副司令员朱德、彭德怀军用望远镜的那两位小姐妹？她们现在是否还健在？如果健在又居住在什么地方？

一个又一个问号在查找小组民警的脑海里盘旋。面对种种困难，他们毫不气馁。他们猜测，会不会当年报道此事的《大公报》记者把"蒲缉庭"与"浦缉庭"和他的两个女儿的名字搞错了？但猜测终究是猜测，一切结果只能让事实证据来说话。眼下的当务之急是必须尽快查找到浦美英、浦佩英这两位老人的下落，和她们当面核对当年的历史事实。

当年两位小姑娘浦美英（右）和浦佩英（左）手捧望远镜和爸爸浦缉庭一起合影留念照

经过民警千辛万苦的寻找，终于找到了这两位当年捐赠军用望远镜的姐姐浦美英（左）妹妹浦佩英（中）

于是，在上级领导的支持下，查找小组和上海市电信部门取得联系，在电信部门帮助下，查找小组得到了浦美英、浦佩英她俩的家中电话。他们无不盼望着自己的猜测是正确的，盼望着奇迹真的能够出现。

7 月 9 日，当民警王凤拨打起浦佩英家的电话时，心情的激动是显然的，通过前一个阶段的艰辛查找，其结果的成败全在于这一举了，甚至当清脆的电话铃声响起的一刹那，她拎电话听筒的手都有些颤抖了："喂，你好，请问你是浦佩英吗？"

"是的，我叫浦佩英。"当电话那端清晰地传来肯定的答复时，王凤抑制住激动的心情，尽量用沉稳的口吻和对方一一核对有关情况。当听到浦佩英说道："对，我父亲叫'浦缉庭'，不是'蒲缉庭'，大概是姓搞错了。是的，我就是 65 年前那个捐赠给八路军军用望远镜的叫'爱英'的 5 岁小姐妹，参加工作后改名叫'佩英';当年与我一起捐赠的还有我8岁的姐姐,她叫'美英',不是'爱美'……"

奇迹果然出现了。这么多天以来查找小组的艰辛工作终于没有白费。一时间,王凤紧握着电话听筒,激动得半晌没说出话来。至此,抗战时捐给八路军正、副司令员朱德、彭德怀军用望远镜的一对小姐妹终于找到了。纪录片《八路军》终于找到了他们想寻找的故事的主人公。

姐妹俩,笑谈往事忆父亲

在纪念"8.13"淞沪抗战65周年的前夕,治安总队查找小组的民警特意登门拜访了现在居住在徐汇区衡山路的浦氏姐妹。如今她们都退休在家,安享着幸福的晚年。当年那两个稚气未脱的小姐妹,如今都已是七旬老奶奶了。岁月的沧桑在两位老

民警王凤、汪波和妹妹夫妇一起查看当年的历史照片

人的脸上留下了历史的印痕。但她们身体不错，看上去十分健康。

回顾往事，姐妹俩记忆犹新。当端详着已泛黄的当年刊登在《大公报》上的父亲和她们姐妹俩合影的照片时，仍显得十分激动。虽因时间流逝，照片已有些模糊，但悬挂在姐妹俩脖子上的军用望远镜，仍依稀可辨。说到父亲浦缉庭对她们的教育，姐妹俩无不为之动容。浦佩英深情地回忆道："我父亲是个极富有爱国正义感和同情心的人。当年他供职于上海的一家私人钱庄，收入不是很高，还要养活全家人。但却十分乐于在社会上做善事，经常接济一些贫困人家。当时我记得，著名的抗日将领谢晋元率八百壮士在苏州河畔的四行仓库浴血奋战、英勇抵抗日军，壮烈牺牲后，谢将军的夫人十分悲痛，曾穿着黑布旗袍和黑布鞋，多次到我们家来，父亲每次都会在经济上资助她一些，尽一切可能对他们家人的生活进行照顾，这在我幼小的心灵上留下了深刻的印象。"

这时，姐姐浦美英说道："在我们姐妹俩分别只有 8 岁、5 岁的那年，父亲将我们姐妹俩平时积攒下的糖果钱，买了两副德国造的蔡斯军用望远镜，以我们的名义，捐赠给八路军正、副司令员朱德、彭德怀，以表明我们全家支持抗日的决心。同时，父亲想通过此举，教育我们要热爱祖国，要做一个正直的中国人。永远不能忘记国耻。因为，就在我们向八路军捐赠望远镜的前几天，上海发生了淞沪会战。父亲所在钱庄被日本鬼子的炸弹炸毁，无数的老百姓被炸死。他自己也是从死人堆里爬出来的。每当想起这些事，我们姐妹俩就为自己当时能把最好的望远镜捐赠给八路军而自豪！为有这样的父亲而骄傲！"

姐妹俩还告诉民警，当年为了捐赠望远镜给八路军一事，日本人还想抓她们的父亲。因为，当她们姐妹俩捐赠八路军望远镜和父亲的照片一起在报纸上刊登后，引起了日本鬼子的极大震惊和恐慌。于是，日本鬼子赶紧下令特务机关派人调查父亲的情况并予以逮捕。因父亲在南京路上的王开照相馆拍过一张生活照，照相馆曾把它摆放在橱窗里展示。特务的嗅觉很灵敏，他们根据报纸上的照片，寻到了王开照相馆，询问父亲的有关情况和下落。但是，照相馆的职工以顾客没有留地址为由，把他们打发走了。后来这位职工碰到父亲，当即把特务来调查的事告诉了他，并叫他赶紧逃出去避避风头。从此，为避人耳目，父亲就戴起了墨镜，以躲避特务的追捕。在朋友的帮助下，他是好几次虎口脱险。

1951年因钱庄老板逃往台湾，浦缉庭失业了。从此，一家人的生活全靠儿女们外出打工为生。1966年2月，浦缉庭因病去世。在以后的几十年里，浦氏姐妹像许多普通老百姓一样，结婚生子，养家糊口。浦美英育有一子二女，1981年从街道集体企业退休；浦佩英育有三子一女，1984年从卢湾区淮海中路幼儿园退休。如今，姐妹俩正与家人一起，享受天伦之乐。

　　当浦氏姐妹俩的子女从民警处得知他们的母亲幼年时的这个故事后，个个脸上流露出惊奇的神色："哦！想不到，想不到，我们的妈妈竟然还有这么一段光荣故事。"浦氏姐妹俩的子女们凝望着自己的母亲手捧望远镜的历史照片说，在纪念"8.13"淞沪会战65周年前夕，听母亲说起那一段往事，真是一次难得的爱国主义教育。原来他们的母亲从来就没有向他们说起过65年前这些发生在自己身上的往事。因为，浦氏姐妹俩一直觉得自己就是很普通的老百姓，做的事也很平凡。如果不是这次《八路军》摄制组通过上海市公安局的民警找到她们，这段往事也许就永远地尘封在了她们的心灵深处。

　　现今，这两副军用望远镜，存放在中国历史博物馆的展厅内，它向人们诉说着那一段中国人民不屈不挠、英勇抗日的历史。而在申城纪念"8.13"淞沪会战65周年的日子里，这对小姐妹抗战时用积攒下来的零用钱买来军用望远镜捐给八路军正、副司令员朱德、彭德怀的感人故事，已经成为了一段不朽的历史佳话。

温情定格

『二万户』的温暖记忆

上海三条街的辉煌往事

消失了的『情人墙』

上海工人文化宫的美好回忆

文化广场的那些年与那些事

一张护照敲开国门——1977年邓小平亲自批示一张私人护照始末

"二万户"的温暖记忆

张姚俊

1953 年，在沪西、沪东和沪南的工厂区附近，一批工人住宅拔地而起，共计 2000 个单元，每单元可住 10 户。这二万套住房使近 10 万工人的居住困难得以解决。从此，上海人的字典里多了一个新的语词：二万户。这个曾经令无数上海产业工人为之欢欣鼓舞的名词，不仅开启了申城工人新村建设的新时代，更是演绎了两三代上海人的居住生态。

今天，"二万户"已逐渐远离上海人的生活。但与"二万户"有关的那段往事却化作城市记忆的一部分，令每一个亲历者难以忘怀，也让后来者为之感慨。

一切为了工人阶级

低矮的茅草屋，缺乏干净的饮用水，工人聚居区的生活条件异常艰苦

1952 年 8 月 15 日晚，入夜后的申城依旧暑气逼人。市区的许多弄堂里，随处可见手摇蒲扇、谈着"山海经"的市民在"乘风凉"。随着夜色渐浓，许多人收起竹椅板凳，回家睡觉去了。然而，沪西某处的工人聚居区里，新华橡胶厂的女工顾巧娣却仍与丈夫坐在屋外。劳作了一天的他们并非是在享受夏夜的浪漫时光，更无心欣赏孟秋的月色，而是在苦苦盼着自家屋子里能凉快

些，再凉快些。那是一间朝北的用木板搭成的棚屋，由于白天的烈日将屋内晒得如蒸笼一般，在里面待上片刻，便会汗流浃背。小夫妻俩就只得等到夜幕降临，利用自然风让室内温度降低后，再进屋休息。整个夏季，除了阴天下雨，他们每晚如此。

望着眼前破旧的棚屋，再想想结婚后的遭遇，顾巧娣的心中五味杂陈。她的婚房原本是一间狭小的茅屋。虽说简陋，毕竟还是属于自己的一片小天地。谁料临解放的时候，一场大火却将她的小屋付之一炬。慌乱之下，夫妇二人一时找不到栖身之处，竟在马路边露宿了3夜。那间冬不能避寒、夏不能遮阳的棚屋还是后来借钱租来的。

顾巧娣的处境只是建国初期上海工人居住状况的一个缩影。这个旧上海遗留下来的城市居所问题使得无数个顾巧娣们生活在水深火热之中。只要站在工人聚居区的制高点上，放眼望去，尽是连片的棚户与草房，这就是俗称的"棚户区"。那是一个无水无电、道路泥泞、秽气熏天、终日与附近工厂的烟尘和机器噪音为伴的世界。就算能幸运住进厂里提供的宿舍，也多是拥挤不堪。报章上曾有记载，一幢2楼3底的房屋内，竟住了500多女工。每张床铺分成上中下3层，每个铺位上要挤2个人。

然而，顾巧娣或许并不知道，就在8月15日那天晚上，沪西曹杨新村旁的一处工地上却是一派灯火通明、人头攒动的热闹景象。是夜，市人民政府、华东军政委员会建筑工业部和市总工会正在那里隆重举行二万户工人住宅建筑工程开工庆祝大会。全市各大企业职工代表、工商界人士、各人民团体代表等5000余人汇聚于此，副市长方毅等市领导也莅临会场。按理说，开工庆典不过是一种象征性的仪式，但对于上海60余万产业工人而言，这场看似寻常的开工庆典却是有着里程碑般的意义，因为困扰他们许久的住房难题终于迎来了化解的曙光。

尽管建国之初，百废待举，财政拮据，但尽一切可能改善人民生活、尤其是广大工人的生活成为摆在市政府面前的一桩大事。1951年4月，在市第二届第二次各界人民代表会议上，陈毅市长的讲话掷地有声，他要求市政建设应"为生产服务，为劳动人民服务，并且首先为工人阶级服务"。会后，市有关方面即着手选择在中山北路以北、曹杨路以西建造成片的工人住宅区。翌年5月，可容纳1002户居民的48幢砖木结构两层楼房全部落成。因地处曹杨路附近，定名曹杨新村。很快，杨富珍、裔式娟、陆阿狗等一批劳模在锣鼓喧天的欢庆声中搬进了上海第一个工人新村。这或许就是建国后上海福利分房的肇始。

曹杨新村建成后参观的人络绎不绝

参观曹杨新村的工人代表们在欢快的交谈

"一石激起千层浪"，这件事立刻在沪上引发巨大反响。曹杨新村成了那时上海最令人羡慕的地方。顾巧娣和厂里的姐妹们也都期盼着在那里能有自己的一席之地。

顾巧娣的梦想并不是天方夜谭。时任副市长的潘汉年在出席曹杨新村落成的庆祝会上就明确表示："曹杨新村工人住宅的建造，只是兴建工人住宅的一个开端，政府将继续在沪东、沪西、南市等地建造更多的工房。"1952 年 4 月，经中央批准，一项更大规模的住宅建设计划被提上市政府的议事日程。根据华东军政委员会的指示，上海成立了市工人住宅建筑委员会，由华东军政委员会副主席曾山任主任委员，副市长方毅、市总工会主席刘长胜为副主任委员。单从领导的配备上就不难看出，上海是下了很大决心来解决工人居住问题。该委员会设立后的首要任务就是规划建设二万户工人住宅。

俗话说，"万事开头难"，"二万户"的选址与房型设计着实令人费尽心思。就拿选择住宅基地来说，既要照顾工人每天上下班的便利，又要与工厂区间隔适当距离。经过多次实地勘察，最终敲定了位于市区边缘、与工业区保持一定距离，且交通较为便利的 9 处基地。它们即是日后的曹杨二至六村、甘泉一至三村、天山一村、日晖一村、长白一、二村、鞍山一、二村、控江一、二村和凤城一村等。至于房型，市工人住宅建筑委员会则在充分尊重民意的基础上，着手进行设计。委员会先是组织工人代表参观刚建成的曹杨新村，征求他们对新建住宅的意见；然后从华东建筑设计公司设计的十几种图样中选定一种，在曹杨新村基地先期建筑一幢样板房，再度邀请工人代表现场观摩，听取他们的建议。因而，"二万户"的诞生凝聚了工人的集体智慧。

二万户住宅工程的规模究竟有多大？当年除了市里的高层领导和少数工程规划设计人员外，估计很少有人说得清楚。从下面这组数据中，我们可略知一二。"二万户"的占地面积达 4000 余亩，几乎与那时的黄浦、老闸两区面积相当，可容纳近 10 万居民。住宅区铺筑的道路总长约 145 公里，差不多等于上海到无锡的直线距离。工程所需的 50 多万吨建材不仅取自华东各地，还远赴中南地区采购。如此浩大的工程，在上海历史上称之为"前无古人"毫不为过。

新房次第起　工人笑开颜

1953 年 5 月底，眼瞧着盛夏即将来临，小棚屋里的"闷热生活"又将周而复始，顾巧娣不禁眉头紧锁。一日，正在车间忙碌的她被喊到了厂部办公室。一路上，小顾忐忑不安，左思右想，觉得自己没做错啥事。等进了办公室，听了领导的三言两语之后，她"腾"地一下从座椅上站了起来，还一个劲问道："真的吗？这是真的吗？"原来，厂里马上要分配一间住房给她，而且新房子就在曹杨新村里。突然之间喜从天降，顾巧娣真有点猝不及防。她没想到自己多年的奢望瞬间就变成了现实。

与曹杨新村首批建成的房屋主要分给劳模等先进人物有所不同，此后，"二万户"的分配对象偏向于居住条件极差的工人家庭。幸运的顾巧娣夫妇与其他30多户就此成为曹杨新村二万户住宅的第一批居民，南洋兄弟烟厂芊叶车间工人何立元也是其中的一员。他的居住状况与顾巧娣相比，有过之而无不及。由于家境贫寒，他家5口人四处漂泊，住过臭水沟旁的茅草屋，也在化粪池上搭起的棚屋里安过家。当得知即将彻底告别这种寄人篱下的生活时，何立元激动不已，翘首企盼着早日乔迁新居。

而这时的"二万户"建筑工地上则是一幅热火朝天的场面，1.3万余名建设者为了尽早实现上海广大工人"居者有其屋"的愿望，正挥汗如雨、夜以继日地工作着。在这些建设者当中还出现了人民子弟兵的身影。1952年9月，中国人民解放军建筑五师、六师2万多官兵集体转业后，在上海集结，归属华东军政委员会建筑工业部指挥。因而，筑造"二万户"成为这批解放军指战员在地方建设中打的"第一仗"。几乎就是在顾巧娣闻得喜讯的时候，成排的"二万户"已从昔日的遍地野草、水洼的荒地上崛起。

1953年7月1日，适逢中国共产党建党32周年纪念日，而这一天对顾巧娣来说也是终身难忘的日子。是日，曹杨新村如同过年般热闹，处处可见彩旗飘扬，此起彼伏的锣鼓声回响在新村的每个角落，悬空的横幅提醒着人们，"二万户"的时代已经开启。在工友们的簇拥下，顾巧娣夫妇带着简单的家伙用具，搬入了还散发着淡淡木料清香的"二万户"里。

顾巧娣的新家是在曹杨五村148号2楼。进门后，她赶紧放下东西，将这座新宅上上下下、里里外外看了个仔细。这种住宅是二层立帖式砖木结构建筑，前部为二层，后部是一层披屋，前后平齐的房屋式样既节约土地，又节省材料。房间虽然不大，建筑面积大概在27平方米左右，但地上铺的是木地板，与白墙相衬，简约实用。她也注意到楼下住家是水泥地坪。推窗朝外望去，每排房屋的栋距有10米，房前屋后是一片片绿油油的草坪。隔壁家的几个孩子一见到这绒毯般的绿草地，立即欢喜得扑了过去，在草坪上打起滚来。再环顾左右，顾巧娣发现"二万户"是成排连片的，真有点一眼望不到头的感觉。她粗略数了一下，一个门牌号内，楼上楼下各有5户人家，以1到10室来作区分。尽管厨房、厕所和洗衣槽都集中在底楼，是5户合用的，可顾巧娣并不介意。有了新房就不用再受寒暑之苦，这才是最关键的。再者，厕所里装的是蹲坑，还省却了倒马桶的烦恼。她还听说，这合用的建议是工人代表在参观曹杨一村（即曹杨新村最初建成的那1002套住房）时提出的。他们认为多户合用既可以节省建筑费用，也符合工人集体生活的习惯。

更让小顾欣喜的是，"二万户"的生活配套设施相当完备。9个住宅基地都配建了中小学、菜场、文化宫等公共设施。每个住宅基地内，每五六千户就划分成一个"村"，"村"里设有卫生所、托儿所、合作社、银行办事处、邮亭等。足不出村，就可以满足基本的生活需求。

其实，曹杨新村的"二万户"只占1953年全市竣工总量的约五分之一。真正的"大户"是在杨浦。长白、控江、凤城和鞍山新村总共一万套的数量，占了二万户住宅的"半壁江山"。高有富是大杨浦的一名普通纺织技术工人。刚解放时，一家人住在河间路的"滚地龙"里。当他迁入"二万户"新房时，高兴得一连几天都夜不能寐。一股翻身当家做主人的激情在他的心里不停涌动。"我要努力工作报答党和政府的关怀"，质朴的高有富是如此想，亦是如此做的。此后，无论春夏秋冬，还是阴晴雨雪，他每天早上6点进厂，一直干到午夜时分才回家。1954、1955年，高有富连续两年被评为"上海市劳动模范"，还曾受到毛主席的接见。

这就是"二万户"，一个时代造就的特

鞍山新村的"二万户"

甘泉新村的"二万户"

殊名词。"二万户"虽不奢华，但它却是社会主义制度优越性的集中体现。它给上海工人阶级带来了从未体验过的幸福感。或许这种幸福感更多是在于精神，而非物质层面，可这正是那个物质匮乏、生活条件艰苦的年代所需要的。从简陋的棚屋茅舍到青砖粉墙的楼房，类似顾巧娣、高有富们的故事，不由令人想起了杜甫的名篇："安得广厦千万间，大庇天下寒士俱欢颜。"

温馨而困顿的"二万户"

时光荏苒，到了上世纪八九十年代，第一批迁居"二万户"的工人已从姑娘、小

二层　Second Floor

底层　Ground Floor

"二万户"住宅平面图

20 世纪 50 年代的一户普通工人家庭

伙变成了白发苍苍的老人，曾经在绿化带里追逐嬉戏的孩童也步入不惑之年。然而，此时的"二万户"却依旧是建成时的那副模样。如果要说变化的话，那就是在经历数十年的风雨之后，"二万户"已然显得苍老、破败，不合时宜了。

此时的高有富早就退休了，辛勤工作了一辈子，本该能够颐养天年的他总觉得生活中缺了点什么似的，总也乐不起来。不为别的，为只为"二万户"带给他的烦恼。在不足 30 平方米的居室里最多的时候住着 7 口人，白天小辈们上班的上班，上学的上学，家里还算清静。一到夜晚，全家"蜗居"一室，男男女女，老老少少，拥挤得都快让人透不过气来。可毕竟一家人不说两家话，自家人就算因为地方小、磕磕绊绊而争吵几句，过会儿也就没事了。但有时候邻里之间的龃龉却也令人头痛的。

由于"二万户"是按照"坚固、合用、经济、迅速"的原则建造的，在当年户均人口较少的情况下，厨卫合用的布局还并不显得局促，其砖木结构的建筑标准也能为大伙接受。可是，时过境迁，5 户人家合用的厨卫，好比"螺蛳壳里做道场"。楼上楼下共用的电表早就不堪重负，

三天两头跳闸。老房子的渗水问题也日益严重。更有甚者，为了争夺公共部位，各家各户搭建起的阁楼、木屋也似雨后春笋般涌出。在这样的居住环境中，谁又能时时刻刻保持一份冷静与风度呢？看着条件好的老邻居们接连搬走，老高的心中不免多了几许惆怅。

当然，"七十二家房客"一般的生活也并非一无是处。正所谓"远亲不如近邻"，"二万户"里更多是邻里温情。搭把手照看一下双职工的子女，下雨天帮着隔壁人家收进晾在外面的衣物，或者是与邻居分享一下纯手工自制的馄饨、粽子，哪怕是围坐在一起拣菜、"嘎山胡"（聊天），也是一种简单的快乐。

曾几何时，"二万户"所在的地方还是大众文化的聚集地。记得曹杨六村"二万户"那一带有过一个旧书摊，因紧贴着曹杨路人行道，市口相当不错，生意自然也兴隆。笔者在学生时代每次经过那里，总会在书摊旁磨蹭半天。穿过书摊，没走几步就是一片"二万户"。看书之余抬头朝"二万户"那望去，玩耍的儿童、晒太阳的老人、围着锅碗瓢盆忙碌的家庭主妇与上了"岁数"的那一排排老房子倒也构成了一张恬美的生活画卷。

"二万户"功成身退

历史的车轮总是滚滚向前。代表着一个时代的"二万户"终究会结束自己的使命。从1987年起，顾巧娣居住过的曹杨五村成为全市"二万户"改造的试点。在拆除当地的"二万户"后，建起了几十幢多层和高层建筑。政府对其他暂未拆除的"二万户"也相继进行了改造。进入新世纪，"二万户"消失的进程愈发加快。2002年，杨浦区宣布彻底告别"二万户"时代。也就是在这一年，高有富家动迁了。一位记者就此总结道："当年建造二万户是成立不久的人民政府献给工人群众的一份厚礼。如今拆除二万户又为人民群众送上一份厚礼。"

在时下的上海滩，"二万户"俨然已成历史名词。提起"二万户"，许多80后90后就像听故事一样，觉得新奇。尽管"二万户"的时代已经结束，但请不要忘却它，因为"二万户"曾是上辈人的骄傲，也曾是这座城市的骄傲。

上海三条街的辉煌往事

张姚俊

年逾花甲的长者应该对上世纪五十年代末、六十年代初的那段"火红岁月"记忆犹新。自从 1958 年 5 月党的八大二次会议提出"鼓足干劲、力争上游、多快好省地建设社会主义"的总路线后，举国上下迅速掀起一股社会主义建设新高潮。也就是在那时，分处黄浦江上、下游的闵行、吴淞两大工业区及沪西的天山地区先后崛起三座新型工人住宅区，因其"成街成坊"的布局式样，上海人习称"闵行一条街"、"张庙一条街"、"天山一条街"。这三条"社会主义新型大街"是那个年代闻名全国的工人新村样板段，它们有如三张亮丽的城市名片引得广大市民和来自五湖四海的嘉宾咸往一睹风采。

如今的它们虽已回归平凡。但岁月抹不去它们昔日的辉煌，回瞻往事，上海人民在社会主义建设中所迸发出来那股火一般的热情，至今催人奋进。

"闵行一条街"，弹指现楼台

1959 年 10 月 4 日，当人们还沉浸在国庆佳节的欢乐之中，一部记录上海各界群众欢庆建国 10 周年盛况的彩色纪录片在申城各大影院上映了。影片开始，伴随欢快的背景音乐响起，银幕上出现了一条宽阔的柏油马路。路旁绿树丛丛，繁花竞开，十余幢外形各异的楼房错落有致地分立于道路两侧，高低相映，宛若峰峦起伏。它们的外墙被抹上了淡紫色、杏黄色、浅赭红色、青莲色……淡雅明快的色调，在蓝天白云和金灿灿的阳光的映衬下，令人赏心悦目。时值国庆，一幅幅红色标语似瀑布般从楼顶泻下。远远看去，整条马路如同一块巨大的调色板一般，美轮美奂。这些楼房底层的临街一面是一字排开的百货店、理发店、粮油店、照相馆等，吃的、穿的、用的和各种生活服务项目一应俱全。镜头扫过，但见灿烂的笑容洋溢在每一位顾客和营业员的脸上。街头的小花园里，一群孩童正在草坪上嬉戏，天真烂漫的笑声回荡在花间枝头。一阵微风拂来，路边挺立着的香樟轻轻摇曳，仿佛拍着绿色的巴掌，迎接四方宾客。

纪录片开头如此美妙的一幕每每让观众为之倾倒，啧啧称赞之余，大家不禁要问："上海啥辰光有了嘎（这么）漂亮的马路？路名叫啥？"它就是于1959年国庆节前刚刚建成的"闵行一条街"。

1956年起，上海开始有计划地在市区的边缘地带和郊县辟建卫星城镇。那时闵行的定位是一座以电站设备工业为特色的卫星城镇。区域内的上海电机厂、上海重型机器厂、上海汽轮机厂等国有大型骨干企业都堪称行业里的"龙头老大"。这些企业的职工及家属大多居住在距离厂区不远的闵行老镇。随着工厂集聚效应的显现，到1958年底，老镇人口猛增至8万有余，镇上简陋的基础设施难堪重负。就在此时，上海市民用建筑设计院院长陈植突然接到一项重要任务：规划设计闵行一号路（今江川路）住宅区，为闵行卫星城的大中型企业职工解决住房困难和生活配套设施匮乏的问题。

陈植这次决定另辟蹊径，以"一条街"布局形式替代旧有的"小区中心"模式。通俗地说，即沿一号路两侧建筑多层住宅群，并在临街住宅底层集中设置商业服务、文娱等公共设施。这一号路住宅区便是日后大名鼎鼎的"闵行一条街"。后来的"张庙一条街"、"天山一条街"也沿用了同样的设计理念。

这可是一次全新的尝试，且市里要求陈植他们限期完成。为了在最短的时间内将设计做得尽善尽美，设计院领导带着60多名技术人员干脆把办公室搬到了闵行。白天，他们拿着草图，下到工厂生产一线听取工人们的意见；晚上，他们挑灯夜战，绘制住宅图形，直至夜色深沉。一个多月后，沪上第一个成街成坊的完整设计方案终于新鲜出炉。1959年3月，市建设委员会批准了"闵行一条街"规划建筑方案。

将要离开闵行了，许多参与设计的工作人员恋恋不舍。望着沪闵路靠近黄浦江的那一大片沃土，想到自己亲笔描绘的蓝图即将化作一方安居乐业的幸福家园，他们不禁心潮澎湃。

是年 4 月 3 日，"闵行一条街"一期工程正式破土动工。37 幢四五层的楼房，7.29 万平方米的总建筑面积，外加装饰装修，原计划于年底完工已属不易，但承建方上海第五建筑工程公司上上下下铆足了劲，提出要赶在 9 月底提前竣工，迎接建国十周年。"他们能行吗？"不少知情人纷纷投去怀疑的目光。

　　日子一天天地过去，转眼间已至盛夏，可一号路两侧的 11 幢主体建筑还未结构封顶。于是，建设大军喊出"要与太阳比热度，要与火箭比速度"的豪言壮语，展开了一场与时间的赛跑。当时，工地上流传着这样一则故事：有两支工作区域毗邻的泥工小队，他们的领头人分别叫顾进才和王康郎。为了相互激励以加快施工速度，两队人马搞起了砌墙比赛。某天，王康郎因连日劳顿而病倒。他虽躺在工棚里，但心中却一直挂念着工作进度。王康郎不时从床上挣扎起来，眺望不远处的工地。忽然，他发现自家小队落后了，比起顾进才小队砌的墙矮了半截。王康郎急了，他顾不得医生的叮嘱，拖着病体，步履蹒跚地来到施工现场。工友们见状，赶紧围拢过来。大家连劝带拽才把王康郎送回去休息。等众人返回后，惊奇地发现工地上来了个"新人"。原来，刚才那一幕恰巧被在隔壁工地忙碌的顾进才看得真真切切。他被王康郎的那股子拼劲给打动了，遂暗自决定向"对手"伸出援手。趁着大伙送王康郎回工棚的当口，他二话不说就帮着王康郎小队砌起墙来。正是在这种你追我赶、互帮互助氛围的激励下，全工区创造了"一天一层墙，二天一层楼"的"闵行速度"。9 月 20 日，"闵行一条街"一期工程基本完竣。一条 44 米宽的康庄大道，连同两旁的住宅群及商业、绿化等配套设施仅仅用了几个月的功夫就奇迹般地拔地而起，尤其是沿街的 11 栋建筑才耗时 78 天即告落成。难怪一位法国友人在得知这一切后，连连惊呼："在法国，这样短的时间，光是铺设自来水管也来不及啊！"

　　在这条宽度两倍于南京路的"闵行一条街"上，从早到晚，都可以观赏到一幅幅幸福祥和的生活画卷。清晨，随着上工汽笛的拉响，原先还很空旷的道路一下子汇聚起三五成群的工人，他们有说有笑，向东、向西，分散到各个工厂。傍晚是一天当中商店里最热闹的时候，下了班的工人在店堂里精心挑选着心仪的货品，享受着周到的服务。入夜时分，路上异常宁静，各家各户都亮着灯，灯光透过五颜六色的窗帘，映照出绚丽的色彩。偶然间，不知是谁家无线电里的悠扬乐声从窗口飘出，为恬静的夜晚平添了几分浪漫与温馨。

1960 年 1 月 28 日，适逢农历正月初一，新春佳节中的"闵行一条街"张灯结彩、喜气洋洋。这不，上海汽轮机厂的技师沈阿生特意把新居精心布置了一番。那是一套两居室、铺着木地板的住房，两间朝南的卧室宽敞明亮，由于是临马路的房子，站在阳台上就能俯瞰一

1960 年代初的"闵行一条街"

条街的全貌。厨房和卫生间都是独用的，卫生间里的瓷质大浴缸、抽水马桶和洗脸盆被擦得锃光瓦亮，可见主人家对其的爱惜。这位在车床旁辛勤劳作了 42 个春秋的老工人，做梦也没想到能住上这么舒适的房子。过年了，他兴高采烈地把多年来荣获的大大小小的奖状都挂在墙上，还把两个多月前出席全国群英大会时获奖的《毛泽东选集》摆放在家中最显眼的地方。一家七口刚吃过晚饭，忽听得街上人声鼎沸。沈师傅推窗朝外看去，此刻的一号路上早已人头攒动。为了庆祝"闵行一条街"的第一个春节，当地人特把本应该在元宵节举行的"赛灯会"提前到初一。龙灯、蚌壳灯、狮子灯、"荡湖船"一路行进，一路舞动。尽情欢笑的人们俨然忘却了数九天气的寒意。

"张庙一条街"，望里层楼似画图

1960 年 3 月 15 日，天气晴朗。仲春的上海尽管还是春寒料峭，明媚的阳光却给城市增添了几许暖意。是日，国家副主席宋庆龄在副市长曹荻秋和市妇联副主席沈粹缜的陪同下，来到吴淞张庙路西新桥畔视察。刚下车，她就兴致盎然地参观起沿街的商店。宋庆龄先后走进瓷器店和皮具店，看着店内陈列着精致的搪瓷器皿和皮箱、皮鞋等，她高兴地说："现在工人们需要这样的商品，说明他们的生活水平是大大提高了。"步出店门，抬头看见一条笔直的大道伸向远方。远处，高耸的烟囱与高炉星星点点；近旁，路边一幢幢涂着多种清新色彩的大楼在阳光下熠熠生辉，在成行的梧桐

宋庆龄视察"张庙一条街"

与花坛里苍翠的灌木烘托下，恍若置身画中，宋庆龄禁不住对身边的曹荻秋说道："这里是个工业区，但是环境很美很安静，空气这样好，很像一个疗养区。"

没错，宋庆龄夸赞的正是赫赫有名的"张庙一条街"。老上海人都知道，当年的"张庙一条街"就在吴淞工业区的边缘。一座西新桥将工业区与"一条街"分隔开来。桥东是上钢一厂、上海铁合金厂等大型冶金企业，桥西至爱辉路即是"张庙一条街"的所在。1959年夏，西新桥一带还是乡郊野外。除了庄稼地，还有住在桥边的几十户人家。然而，变化就在这年的国庆节前开始了。先是拔除田里的农作物、平整土地，接着西新桥旁的住户也搬走了，数十间破屋被夷为平地。"听说张庙路西边要盖工人新村了"，一时间，这个好消息不胫而走，传遍了整个吴淞工业区。工人们都翘首企盼着新房落成的那一天，可大伙并不知道未来的工人新村是啥模样，什么时候能建好。"大概就是像曹杨新村那样的房子吧"，一些曾去曹杨新村参观过的人煞有介事地揣测道。

这年的10月6日，上海第一建筑工程公司102工区第六大队浩浩荡荡开进了张庙路（今长江西路）。别看这支队伍人数不很多，却充满雄心壮志。他们刚拿到设计图纸，便开始琢磨如何科学高效地开展施工。改写兄弟单位在"闵行一条街"创造的施工纪录成了他们奋斗的目标。可是，与"闵行一条街"施工期间遭遇高温季节截然相反，"张庙一条街"工程多半时间是在滴水成冰的严寒中进行。开工后不过一个多月，上海就进入了冬季。吴淞工业区临近长江口，凛冽的寒风呼啸而来，使那里的气温比市区更低。自然条件虽不给力，但建筑工人们依旧干劲冲天。这边，24个工人一天砌砖48000块，工效比过去提高了两倍还多；那边，36只的阳台粉刷任务只用了以往工时量的三分之一就完成了。在屡破纪录的同时，建设者更是群策群力，解决了工程中遇到的诸多难题。

吊装预制空心楼板就是其中之一。"张庙一条街"和"闵行一条街"上的楼房均采用新型材料，其楼板与楼梯使用的是混凝土预制构件，每块楼板的重量超过1000公斤。如果使用巨大的塔式起重机吊装当然轻而易举，可一两台起重机不够用，数量多了又在工地上施展不开。如何才能便捷地把这笨重的家伙吊起来呢？工地上的能工巧匠们遂琢磨出"人字扒杆"、"独立扒杆"等土法吊车，一分钟就可以吊装一块楼板！这正应了"三个臭皮匠顶个诸葛亮"那句老话。

每逢周末和假日，在热火朝天的工地上还时常闪动着青春的身影。来自虹口、杨浦和闸北的千余学生、社会青年纷纷利用业余时间前去义务劳动，有搬砖的，有推翻斗车的，还有运送黄沙石子的。虽说体力劳动并不轻松，但青年学子们依旧忙得不亦乐乎，因为在社会主义新型大街的建设中也有他们的一份功劳。

当1960年1月的日历才翻过一半，长700米、宽50米的"张庙一条街"已经露出了"美丽的脸庞"。此时距离开工仅过去了95天，上海的城市建设速度又一次被刷新了。

上钢一厂的铸钢工潘阿玉早就听闻张庙路发生了翻天覆地的变化。1月下旬的某一日，他实在按捺不住好奇的心情，约上几个工友一同前去工厂附近的"张庙一条街"看个究竟。

穿过漆成湖绿色的西新桥，首先映入眼帘的是一个精致的街景公园。园内八角形

1961年10月16日，古巴妇女代表团参观"张庙一条街"

的亭子、富有民族风格的花廊，足见设计者的独具匠心。沿街两列蜿蜒起伏的3至5层楼房自然是街上的主角。且不说外墙的色泽使人舒畅，单单是那阳台围栏上各式各样的镂空图案就格外夺目。张庙路上的巨龙百货商店、春光饭店等虽还都在布置门面，但从店名上看，它们的经营项目涵盖了吃穿用度各个方面。"今后买东西不用再大老远赶到市区去了"，潘阿玉心里盘算着，越想越开心。看着看着，他忽然发现了一个耐人寻味的细节：这条马路上怎么没有电线？一般而言，沿马路总会排满五线谱似的电灯线、电话线，唯独"张庙一条街"的上空干干净净，不见各种电线的踪影。原来，为确保景观效果，街上所有的电线都改走了地下管道。"快看，那有匹马！"一个工友喊道。"哪来的马？"潘阿玉将信将疑地顺着工友所指的方向瞧去。果然，一匹四蹄飞踏、口鼻喷张、头鬃飘逸的"骏马"昂首挺立在一座画廊的上方，好像立刻就要飞奔而去，简直活灵活现。日后，他才知道那匹"马"是用有机玻璃制成的。这一路走来，潘阿玉真好比"刘姥姥进了大观园"，被眼前的一切所震撼。

1980年代的"天山一条街"

工人家庭下班后的温馨一幕

其实，潘阿玉他们见到的还不是"张庙一条街"最美的景致。每年春暖花开之际才是此地最为楚楚动人之时，有道是"琉璃世界一尘无，望里层楼似画图。雨足郊原千顷碧，春深张庙万家苏。"

在上海长大的40后、50后乃至60后，亦许还记得学生时代集体游览"张庙一条街"或"闵行一条街"的经历吧。的确，"张庙一条街"落成后，与"闵行一条街"南北遥相辉映，成为上海展示社会主义建设成就的重要窗口。据不完全统计，1960年至1980年代，仅"张庙一条街"就接待了来自100多个国家和地区的贵宾约10万人次。上海市档案馆还保存着当年外宾参观"张庙一条街"的珍贵影像。

幸福不止是记忆

1960年的"七一"对于天山路一带的居民来说，可谓"双喜临门"。在庆祝建党 39 周年的喜庆日子里，历时数月建设的"天山一条街"终于向市民展开臂膀。比起"闵行一条街"和"张庙一条街"，"天山一条街"虽然建成时间最晚，但距离市中心却是最近的。那一带汇集着天原化工厂、上海树脂厂等大型化工企业，亦是沪西最主要的工人聚居区之一。1952年，天山路遵义路附近首建"二万户"工房（即天山一村）。此后，天山路南北相继建造了多个工人新村。在居住人口日渐增加的情况下，天山地区的综合商店、煤站、粮店加上菜场，却只有 11 家，购物难长期困扰着当地居民。

于是乎，已在闵行和张庙成功实践的"一条街"模式再一次在天山路开花结果。1960年初，结合道路的改建和拓宽，天山路从遵义路至娄山关路段沿线新建了 3 万余平方米的住宅，临街住宅楼的底层开设有天山百货商店、新村食品商店、棉布商店、照相馆、理发店、洗染店、中西药房等 18 家国营商店。在总共 6200 平方米的营业面积里，可供挑选的商品达 1.8 万种，以琳琅满目来形容毫不为过。目睹着家门口的巨变，周围的居民不由得喜上眉梢，他们连连赞道："上海的社会主义建设真是越看越令人高兴。"

50余载春秋，弹指一挥间，上海的城市面貌可谓日新月异，但人们总还是津津乐道于发生在这三条街上的那些往事，特别是当年曾到过那的、或是在那居住过的人都会有一份感怀、一段回忆。

消失了的"情人墙"

沈　扬

流逝的岁月中，总有一些人生"风景"是难以忘怀的，比如说上海外滩的"情人墙"——黄浦江之滨的那一抹"异彩"，能在脑海里抹去吗？

千米江堤边的一抹异彩

时间是上个世纪七十年代初到八十年代后期，地点是自外白渡桥旁的黄浦公园开始，至金陵东路新开河结束，全长大约一千六七百米，那是一条由钢筋水泥制成的防汛墙。每到夜幕降临，大都会临江的这一段是相对平静的，灯光也黯淡。在"左"风炽烈的年代，"霓虹城市"的霓虹不见踪影，后来有一些了，也在闹市的远处，与滨江这边厢不相干。于是自发形成的奇观出现了：成双成对的年轻男女，依托长长的防洪堤墙体和护栏，面向江面，头靠头，手握手，轻声细语，情话绵绵。当然两情相悦，仅有语言交流是不够的，抚摸，拥抱，亲吻等肢体动作，也是常有的"镜头"。情侣们在这里是较少顾忌和负担的，但都会自觉把握一定的"度"，谁敢无视"风化"两字呢！据说落雨的时候这里也不冷清，各色雨伞一字排开，绵延千米，很是壮观。有关的过来人曾如此描述彼时情景："伞外风雨冰冷，伞内温暖如春。"真是别有一番风味在里头。

那些年住在上海大厦、和平饭店的外国人，对百步之外的这一情感地带怀有新鲜的好奇心，常在晚饭之后相约到这儿来漫步看"风情"。嗅觉灵敏的新闻人也来了，有记载说美国《纽约时报》的记者曾为此写了专门报道，这位记者在惊叹"这是我所见到的世界上最壮观的情人墙"的同时，把这一"新闻现象"归结为"曾为西方列强陶醉的外滩，在现代中国仍然具有不可估量的魅力"。外国记者其实只说了事物的一面，对于"墙"的内在缘由和全部故事，他的观察力还差一截。《纽约时报》的记者如此写道："在一千多米的'墙'边，集中了一万对上海情侣……"这个数字可能有点儿夸张，但"十分可观"这一点肯定不会错。1978年，一位上海市民在现场点数，自北京东路到南京东路短短200多米的堤边，就有恋人600对。一般都说这个实地观察的数字，具有较大的可信度。《现代家庭》杂志主编马尚龙在相关文章中有如此记述："没有这道'墙'。如今的中年人简直就失去了爱情的记忆。"可能也说得有点儿夸张，但由个体性自然汇合而成"群体性"的爱意表演，参与者之众，持续年头之长，真的无愧为"世界之最"。

外地来的朋友有时会发问，"情人墙"前除了恋人，难道再无其他人了吗？当然不是的。封闭年代没有"旅游"的概念，然而出差或探亲访友者来到大上海，"逛外滩"还是少不了的项目选择。傍晚时分，本地居民来这里散步纳凉的也不少。外来客对于如此的"奇特风景"常常不明底细，觉得大上海就是不一样，十里洋场的遗风，谈情说爱也要摆出阵势来。笔者年轻时旅居福建，也是"外地人"，1984年定居沪上后，有一天晚上就怀着好奇心理去"探墙"——沿岸一线的情侣仍是可观，但空档还是有的。说来有趣，漫游之中，看到一位中年男子在一处占栏而立，他并无意赏看江景，而是把一双眼睛盯住了身旁情侣的亲密动作，恋人中的女子终于忍不住了，尖声斥责："看什么看！"男子受惊，一溜烟跑了。

对"情人墙"的"集体无言认同"

上海本地人对外滩"情感地带"的成因是心知肚明的，觉得呈现在眼前的不是纯粹的浪漫风景，或者说浪漫和美丽之中有着太多的无奈和酸楚——当"情人墙"的出现与"居无屋"、"居少屋"以及公共休闲交谊场所几乎绝迹的市民生态联系在一起的时候，事物的多义内涵便凸显了。那些少男少女在相依相拥的甜蜜之中，可能有着明天婚床放在哪里的深深隐忧。"墙"的背景也缺少诗意，那时候黄浦江水的污染程度仅次于苏州河。江风和煦，却夹带着腐浊之味，浪涛的色彩也就引不起人们的诗意遐想。当然"情人墙"边是有至情至爱的，多少真情男女在这里倾吐衷肠，互托终身！

1950 年代的外滩

爱情是神圣的。徐志摩和林徽因当年在剑桥康河泛舟示爱的时候，作为泰晤士河支流的康河也是污浊的，然而它并不妨碍年轻人心中的醉人火花。浦江"情人墙"和康河小舟上的激情，是精神和爱意的交融，超越了客观环境的困扰，尽管这确实是一种不圆满。

　　按说上海城里适合年轻人幽会的场所还是有一些的，公园就不去说它了，极"左"年代国内许多地方将城市公园批为"资产阶级享乐主义的温床"，一些美丽园林被"踏平砸烂"，上海这方面好一些，但管治严厉，夜公园绝对不开放。年轻男女"荡马路"之后想找个僻静地方谈谈心，就要动点儿脑筋。鲁迅公园附近的甜爱路（素有情侣路之称），还有绿荫笼罩的思南路、东平路、绍兴路、五原路、愚园路等，都是不错的所在。然而在许多时候，爱侣们待在这儿也要担风险，因为常会有一些戴红袖套的纠察队员或联防队员前来巡逻，一旦看到热恋中人的亲昵举动，就会干预，客气一点的是喊一声："注意文明！注意文明！"粗野一点的则会大喝一声："干什么！"让你惊得魂飞天外。有些小青年在公共绿化区谈恋爱，肢体动作稍为放开点，被"治安队"逮住，检讨之外，还少不了通知工作单位，让领导前来领人，这样的尴尬就可想而知了。外滩这边厢的情形要好得多,巡逻队有时也会来,但粗暴干预的情形极少见。是"法不责众"吗?应当是有一点这样的意味,但不全是。就是有一种用不着说出来的内在认同,这种认同是建立在广泛的理解和同情的基础上的。晚上到外滩来散步的本市居民,面对"墙"前人,他们的眼光是平和的、亲善的。在那样的年代,人性深处发出的这种"集体无言认同"非常的耐人寻味,似乎也是一种温暖而强大的无声宣言。那些纠察队员联防队员,到了这个"情感特区",他们的情感似乎也软化了,回到人性原本应该有的位置上去了。

当然"舆论一律"的事情实际上不存在,也有"前朝"遗少看不惯"外滩今日之怪现状",投书《文汇报》,提议在报上对此展开讨论和批评,报社总编辑马达获此投诉迅速作出回应:批什么,青年男女挤在黄浦江边谈恋爱,只能说明对居民住房问题欠账太多,解决得不好,年轻人在家里没法谈恋爱……要批评,还不如批我们自己。——什么叫鲜明的百姓观,以正直硬气著称的马老总做出了响亮的回答。

曾经的"墙中人"坦言:甘苦自知

听一听"情感地带"参与者的现身说法,是最有意思的。沪上著名滑稽笑星毛猛达坦言,他同女友相爱的时候,曾经多次去过那个带一点神秘的地方,"那时候傻乎乎的,吃好夜饭就去抢位子,7点钟前头就赶到了。有一次去晚了,看过去人海茫茫,总算找到一处隙缝,挤进去,没等开口,旁边的情侣便主动让出一角。在这里,没有发生过占位吵架的现象。"也是"理解万岁"啊!笔者曾听一位熟识的教师(后来进机关工作)吴先生讲了自己一段往事:那时家里六七口人,居住在20多平方米的房间里,兄长结婚的时候,在房间里腾出一角,放一张床,拉一道布,就这样把"喜事"办了。过了两年,吴先生也交女朋友了,一样的没有属于他们的空间,也就只能步兄长后尘,到防汛墙去找"位置"。我问他当时在"墙"前的精神状态,吴君回答说当然还是愉快的吧,但不论是情感的"现在时"还是"未来时",都存在着许多实际的困惑和隐忧,心态完全宽舒也很难。吴先生自己的婚房,是在宽厚的女友父母帮助下解决的,办法也是在房间里腾出一块,所不同的是不用布幕用隔板,比兄长要"高级"一点。前些年看到作家沈善增写的文章,方才知道他也"做过情人墙的一块砖"。沈先生对此还有具体的记述："初到外滩情人墙前占一个位置，大多人心理上还不能习惯，尽管知道左邻右舍都在忙自己的事务，无暇旁顾，但到底有顾忌……经过几次锻炼，才能达到旁若无人的境界。"

既是谈恋爱，总是有成功也会有失败，"墙中人"有的最终没有走到一起，这样的事情也很正常。前些年读到一首诗，写了"江边那道甜蜜温暖的'墙'"，字里行间透露曾经有过的这段情没有修成正果，以"劳燕分飞"而告终，但写诗人对"墙"的甜蜜和温暖仍然留有难忘的记忆。——既有美姻缘，也有"感伤曲"，恰好印证了这道旷世奇"墙"的真实性和历史感。

特异景观背后的社会、文化意味

事实上，许多人是到了"情人墙"式微之后方才发现这个神秘区域的可爱可念的。赵忠祥在《正大综艺》谈论上海外滩的爱情景观的时候，所谓的"墙"已在衰落

1980 年代外滩情人墙

阶段。陈丹燕是较早来到外滩的，那时她还是个孩子，眼中所见，也包括父亲供职的大楼，都有一种"距离感"。到了上世纪八十年代初，已经是大学中文系学生的她对外滩的感觉发生了微妙的变化，来到宽阔的江边，心头涌上了一丝"青涩的温暖"。在学校里，她不止一次地听男同学描绘黄浦江畔的这一段，说那儿就是一个"13频道"——当时的电视没几个频道，这个第"13频道"意味着什么，自然是不言而喻了。那个时候各种媒体反映情爱生活的东西少之又少，这个"13频道"，至少让情窦初开的大孩子们多了一种神秘、美好的想象和谈资。后来成了作家的陈丹燕，曾经访问当年的"墙"前人，其中一位对她说："这是唯一的可以让别人看不到脸部表情的地方。"呵呵，谈爱中的脸部表情毕竟是最"隐私"的啊！沈善增作为曾经的"画中人"，除了难以忘怀的自身情感演绎，对这个特殊的"爱情带"有过深入的观察和思考，在他看来，这里相对的安全和温馨，是"上海人用心灵搭建起来的生存环境"。他把"墙"前"墙"后形成的理解和默契视之为一种"文化创造"，"深深地感到上海人文化创造能力之伟大"。这里值得一说的是，"情人墙"这一称谓，虽然可能像"爱情带""恋爱岸"等一样，坊间也有人提到过，但形成文字并因此流传开来，则应当是从沈先生的研究文章开始的。在陈丹燕"文化外滩"的意识中，独特而奇妙的"13频道"一定也是归入"文化"思考之中的，可见这位当红作家对外滩文化精髓坚韧而过细的探索态度。当然"情人墙"——这个外滩大故事里的一小段，这一人类精神交流活动中最具魅力最富创意的幕景，也已经深深地印在了女作家的心田里。"情人墙"的故事，自然不是单纯的男人和女人的故事，不是单纯的两情相悦两性相吸的故事，这一特异景观涉及的市民生态，以及由此而牵涉的社会的、文化的乃至政策政治层面的内涵，那是太过复杂的。也因为复杂，因为这道"墙"已经化为历史天空中的五彩烟云，所以这一"昨日奇观"常常只是停留在人们的记忆中，少有人做更为全面一些的观察和思考。当然从文化角度的考量也是十分需要的。笔者以为，把"情人墙"现象归入坚定、机智、包容的海派文化精神特质这方面去研究，是很值得的。

希望的年轻人　希望的大都会

外滩"情人墙"渐次淡出人们的视野，是与这个国家、这座城市的发展变化紧密

1990年代情人墙谈恋爱

相联的。当一个民族从梦中一朝醒来,首先关注的总是自己的生存和赖以安身立命的环境。在经济持续发展的基础上,上海市民住房改善和城市生态环境的治理几乎是同步进行的。比方说,居无屋、居少屋状况逐步得到解决的同时,黄浦江、苏州河的治理也取得了骄人的成绩。英国的泰晤士河比上海的春申江早治理了数十年,而比泰晤士河污染程度严重得多的上海江河整治的速度却超出英国人的想象。这当然是因为醒梦人对于命运和前途的痛切体认。在"中华底气"激励下的上海人不敢再迟疑,不敢再怠惰。就河道而言,继10年前居民惊喜地发现苏州河中时隔数十年后再现小鱼虾,而后便有人把试养成功的传统松江四鳃鲈鱼放入河中。30年前牛津、剑桥两所大学的赛艇队在水质改善的泰晤士河里重开赛事,而今复旦、交大的赛艇队也在苏州河里劈浪角逐了。30年河西,30年河东,历史教育着人们,避免曲折的最好办法是理性和文明。

外滩在上世纪九十年代初有过一次不小的改造,新的防汛墙坚固好看,观光阳台、亲水栏杆、绿化带、鲜花墙,人性化的设计让游人感到分外的舒畅和惬意。2007年,按照国际化大都会的时代要求,进行了规模更大水准更高的拓展改建,外滩地下隧道的开通,缓解了近水交通干道的拥堵状况,沿岸整修和开辟成4个广场,1700米江岸以宽敞、舒适、大气的新景象呈现在人们面前。笔者新近偕老友游外滩,看两岸迷人的建筑群(东外滩因500多米上海中心超高建筑封顶而描完了美丽天际线的最后一笔),赏鸥鸟追逐江轮的水上风韵,品外滩源和北外滩的建设情景,确实感到很振奋。我们也说到了昔日的"情人墙",不免为特定年代精神和生命顽强表现自身存在的现代传奇而感叹。时值傍晚,亲水岸栏前有不少人,男女老少,有的看浦江夜景,有的照相留念,一对情侣相拥而立,指点着对岸建筑群中的某个所在。

最后还要提一笔的是，前几年，地处浦东陆家嘴的东方明珠举行了一场青年男女集体婚礼。礼毕，其中一对新人牵手走到江边，欣赏江景。新娘用玉手指指对岸，对意中人说，当年父母亲谈恋爱的时候，少有合适的场所，好多次都是在江边防汛墙前，也就是被后人称为"情人墙"的地方，度过许多时光。"时隔30年，想想我们的情况，真是恍如隔世，为这种变化，我们也该更加感到幸福吧！"新郎的眼光从轻波漾动的对岸移回来，看着爱侣的眼睛，深深地点了点头。采访这对新人的记者说两人都是白领，父辈多少年前分别通过动迁和福利分房大大改善了居住条件，他们的婚房早有安排，因都在陆家嘴工作，收入不菲，所以为上下班方便起见，小两口还有在金融公寓临时租个小套间的打算呢！

　　在电视画面上看到参加集体婚礼的新人们的幸福脸容时，我想到了东汉文学家蔡邕，他在《协和婚赋》一文中，称姻中男女为"辉似朝日"。是的，新婚的年轻人在阳光下的笑脸多么明亮！而这座经历过难以言喻的曲折和艰难的东方大都会，在涌动的改革大潮中焕发勃勃生机，正同样沐浴着希望的阳光。

上海工人文化宫的美好回忆

朱海平

　　今天，当你站在人民广场东面的上海城市陈列馆前，能看到在前方广场绿地的左面，有一幢很显眼的老建筑，它就是坐落于西藏中路 120 号的上海工人文化宫，上海人习惯把它称为市宫。

　　从纸醉金迷花天酒地的东方饭店变成工人文化宫，这是从旧上海冒险家的乐园到新中国工人的美好乐园的最好诠释。

东方饭店的前世今生

1950 年 10 月 1 日，工人文化宫正式对外开放

　　市宫的前身，是当时上海很有名的东方饭店，始建于 1929 年。它的地理位置在广东路和北海路二条马路的中间，呈现出一个高大的三角形，远看就像一艘巨轮驶向前面的人民广场。这幢建筑风格独特：平顶、方形的大窗户，窗框上装饰有古典风格的壁柱。

　　那么，在解放前东方饭店又是怎样的呢？在东方饭店北面不远处就是汕头路和福州路（俗称"四马路"）。那时这里是上海有名的红灯区，上海妓院的"大本营"。在 1949 年前后，这里的妓女多达一千多人。一些有钱的白相人，则到东方饭店和旁边的大陆饭店，订一间客房，或者常包一个房间，在里面打麻将、赌钱、喝酒、玩妓女，吃喝嫖赌抽鸦片，东方饭店当年就是这样一个纸醉金迷花天酒地的场所。

1949年新中国成立。那时年轻的共和国还没有经验，许多方面都是学习前苏联的，苏联老大哥有什么，我们就学什么。苏联当时从大城市如莫斯科一直到各个小城市，甚至在基层的工厂，都有文化宫、俱乐部，工厂的车间里还有娱乐室，苏联人叫"红角"。已经90高龄的老人韩西雅，原来是上海市总工会的干部，是上海工人文化宫成立的见证人之一，回忆说：当年，上海决定要建立工人文化宫，首先要物色场所，当时先选择的是南京路上国际饭店旁边的金门饭店，计划要把金门饭店买下来，作为工人文化宫。可是就在这个时期，发生了国民党对上海的大轰炸，1950年2月6日，20架国民党飞机对上海杨树浦、闸北等地发动了7轮轰炸，造成了极大的人员伤亡，史称"二六"大轰炸。这样，上海的主要领导就考虑到金门饭店在南京路上，目标太大，万一遭受到敌机的轰炸，损失会很严重。随后就选择买下了东方饭店作为工人文化宫的场所。

60多年前买下东方饭店这样一幢六层楼、面积有12000平方米的大厦，究竟要花多少钱呢？幸亏原上海市总工会副主席离休老干部李家齐，记录了如下的数字，上海市总工会以14万个折实单位买下了东方饭店这幢大厦。现在，大家对折实单位这个名词听起来都有些费解。1949年6月18日，上海公布了一个折实单位包含的实物为：白粳米一升、生油一两、煤球一市斤、龙头细布一市尺，按照前5天平均价格为标准计算，由人民银行公布折实单位的价格。总工会买下东方饭店以后，又用2.5亿元旧币（折合人民币2.5万元）对东方饭店进行改造装修，主要是拆除原来客房的格局，形成宽敞明亮的活动场地，使整个大厦的面貌焕然一新。

工人的学校和乐园

1950年9月30日上午，这是个上海工人难忘的日子，中共中央华东局饶漱石、刘瑞龙、夏衍、舒同、胡立教，上海市委刘晓、张承宗，市政府陈毅、潘汉年、盛丕华、周琪，上海警备部队郭化若、宋时轮以及市工商联胡厥文、荣毅仁和36家单位、37家产业工会的代表，应邀出席了工人文化宫成立开幕式。陈毅市长在开幕式上热情洋溢地向上海工人道喜，他代表中共上海市委、市人民政府为文化宫题写了"面向

中国共产党上海市委会赠给工人文化宫的大匾，陈毅市长题字

生产，学习文化"的题词，上海各界人士将近 300 多人参加了开幕式。

下午，陈毅市长还为上海市工人文化宫送来了一块匾额，陈毅市长的题字是"工人的学校和乐园"，采用浮雕的方法精心地刻在一块上好的实木上，这块匾大约长 2.5 米，宽 0.6 米，被漆成朱红色，八个大字上面还鎏了黄金，落款是"中国共产党上海市委员会敬呈"。

这块匾被高高地挂在文化宫的大厅上，大家都称它为工人文化宫的金字招牌。这个匾的影响很大，它对如何办工人文化宫做了最精辟的概括，包含了文化宫应该贯彻的方针。"乐"就是工人群众进了文化宫要在文艺活动中得到快乐，文化宫作为学校，要开展文化学习、技术学习、道德思想学习，在学习中提高觉悟和水平。"工人的学校和乐园"，后来全国各地办的工人文化宫都向上海学习，采用了这个主导思想。

1950 年 10 月 1 日，上海市工人文化宫正式对外开放。

上海工人文化宫的成立，在国际上也引起了很大的反响。1950 年 10 月 7 日，文化宫刚刚开放才 7 天，来自 32 个国家的世界民主青年联盟代表团就来文化宫参观。这是文化宫接待的第一批外宾。几十年来，文化宫接待的外宾有两千多批。

工人文化宫走出了世界乒坛名将

解放了，工人翻身做了主人。工人群众都喜欢工人文化宫，里面的活动也特别多，打牌、下棋、唱歌、猜谜、打落袋、打气枪、打乒乓……特别是文化宫的工人图书馆，拥有解放前中华业余图书馆和益友社图书馆的全部藏书 3 万多册，有 150 个座位的阅读室，一时，爱好读书的工人都奔走相告，图书馆成为了广大工人读者的福地。在相当长的一段时间里，都可以看到有些工人下班后，赶几部电车到文化宫，匆匆忙忙地还书借书，然后又匆匆忙忙地赶回家看书。当然，最热闹的活动还是乒乓，在文化宫二楼有半个楼层全部都是打乒乓的，大概有 10 个乒乓台，周围经常是挤满了人，从下午 1 点钟开始到晚上 9 点钟，到了 9 点钟要关门了，人还是散不掉，排队参加淘汰制的乒乓比赛。比赛有 6 个球一局的，有 11 个球一局的，有 21 个球一局的，水平高一点呢，就打 21 个球，水平低一等就 6 个球，霹雳啪啦输球了就换人。

我国乒坛著名运动员徐寅生就是从上海工人文化宫打擂台摆大王开始，一步步成长起来的。当时，他是一家工厂的工人，大概住在文化宫附近，经常在这里打球，那时大家不知道他的大名，只知道他的乒乓球打得好，是这儿摆擂台的大王，一直到他成为国际乒坛上的名将，人们才知道这个摆擂台的大王是工人出身的徐寅生。

据统计：1952 年上海的产业工人约有 118 万，·工会会员有 88 万人。那个时候到工人文化宫来参加活动都是免费的，只是需要出示工会会员证。会员证，是一本红色的小本本，上面醒目地印着"全世界无产阶级联合起来"几个大字。工会会员证过去叫红派司，进文化宫的时候，只要红派司亮一亮就可以了。直到现在，有些老工人还是念念不忘当年到文化宫的喜悦心情。

在上海市工人文化宫建立不久，上海又在工厂密集的杨浦区和普陀区先后建立了沪东工人文化宫和沪西工人文化宫，简称东宫和西宫。沪东工人文化宫是聘请苏联专家设计建造的，在当时它是上海设施最完善的工人活动场所。在上个世纪的五六十年代，除了三大工人文化宫外，各个区县，包括很多行业和大厂也都成立了工人俱乐部。

那个年代，上海市工人文化宫终年都是热闹非凡，开始为了照顾星期日来参加活动的工人群众，所以把文化宫所有场所的休息放在星期一，可是后来因为活动的丰富，搞得越来越红火，人流量又大，为了满足大家对文化活动的需求，决定天天开放，用工人老师傅的话说，就是一年 365 天，从年初一到大年夜天天开门。

工人文化宫还经常举办各种技术展览会，那时工厂里的革新能手被称为"智多星"和"小诸葛"，他们只要一听说要举办技术革新展览会的消息，都会赶来参观。有一些大型工厂的工会还会开着大卡车把工人送到文化宫，展览会上经常是人山人海，师傅们在这里参观，经常还一起交流技艺，那场面是相当热闹。

工人文化宫也是很赶时髦的，1958 年上海电视台成立，开始播出电视节目。但是在那些年里，电视机还是很昂贵、很稀罕的，可是文化宫大厅里已经有了一台大电视机免费放给大家观看，很多上海人一定不会忘记，他们第一次看电视节目，是在工人文化宫里。

我们见到了毛主席

上海一些著名的艺术家如上海音乐学院的马革顺、张民权教授，笛子名家陆春龄，还有电影界的名人张瑞芳、孙道临、乔奇等也都到文化宫来给工人们上课作辅导。文化宫里活跃着一批工人文艺积极分子，从这些文艺积极分子中又涌现出了许许多多优秀的人才。

上世纪六七十年代，有一首被称为新中国经典的红歌《听话要听党的话》——"戴花要戴大红花，骑马要骑千里马，唱歌要唱跃进歌，听话要听党的话。"这首歌由上海玻璃厂技校教师王森作词，大华仪表厂工人作曲家陈锡元谱曲，它在1959年市文化宫的迎春赛诗歌会上一炮打响，这首歌好唱好听，很快成为那个年代的流行歌曲，作为上海工人的艺术杰作，从上海市工人文化宫一直唱遍神州大地。

1976年，文革后文化宫重新挂匾——高宝鑫拍摄

文革后的时事讲座

上海有名的说唱演员黄永生，那时也是工人文化宫文工团的团员。黄永生说："那时我一个星期到工人文化宫活动两次，星期二、星期五的晚上，文化宫是人满为患，有沪剧班，曲艺班，舞蹈班，故事、快板、单弦、大鼓、评弹、滑稽等创作班，我永远不会忘记，我的第一个作品，就是在工人文化宫创作班完成的，所以说我和文化宫有不解之缘。"

今年90岁高龄的龚万里先生曾是一名中药店的药工，他特别喜欢弹琵琶，工人文化宫成立后，他就成了这里的常客。后来工人文化宫成立文工团，他担任了文工团民乐队的队长。龚万里先生是民乐队里面的多面手，吹、弹、击、拉、指挥，样样都在行，伙伴们都称他为"百搭"。当年活跃在工人文化宫文工团的文艺骨干，他们除了要下工厂、部队演出，有时还要向国家领导人作汇报演出。

有一天晚上大概9点钟左右，龚万里正想睡觉的时候，突然听到楼下有人不断地敲门，发生了什么事情？他赶快去开门。原来是工人文化宫的副主任翁振东，通知他和文工团的团员有紧急任务，快点出发，到锦江小礼堂去参加演出。他匆匆忙忙地跑进锦江小礼堂，在工作人员的安排下，刚刚把乐器准备好，这时大门敞开了，没有想到走出来的是毛主席和国家领导人刘少奇、周总理。毛主席等领导人兴致勃勃地观看了工人文工团的演出，还在文工团员的伴奏声中跳起了舞，实在太难忘了，毛主席喜欢跳四步头，周总理喜欢慢四步。五十多年过去了，90岁高龄的龚万里先生还清楚地记得眼前的这一幕幕场景。当年，为毛主席和国家领导人演出是一件非常光荣的事情，但是，为了保证国家领导人的安全，有关部门要求大家一定要保密。多年了，这件事情他没有和任何人说，只是实在太高兴了，有一次悄悄地告诉了他的妻子，"我那天晚上见到毛主席了"。连当时送他们到锦江小礼堂去的文化宫副主任翁振东，也是现在刚刚听说这个消息，保密工作做得相当好。

刘荣宝是上海手表三厂的工人，上世纪五六十年代他也是工人文化宫文工团舞蹈队的成员，在他的家里珍藏了一张50多年前的老照片。1960年5月份，上海工人舞蹈队代表上海市工人阶级到北京参加全国比赛。那天，组织单位要求他们都要穿上干净的衣服，然后来到了中南海怀仁堂的草坪上排好队。这时候从门口进来两个人，开始时大家一激动，喊毛主席，毛主席，后来一看不是毛主席，是谁呢？仔细一看，是彭真和贺龙，大概也是太兴奋了，大家把他们两人看成了毛主席。那一天，朱德、周总理、邓小平、李先念、陆定一等中央领导和他们集体留影。还观看了他们表演的节目。看着照片，刘荣宝告诉我："当年舞蹈队的节目有很多，题材都选自劳动生产第一线，有《船台激战》《钢铁红旗班》。那时候，我和我现在的老婆还在谈朋友，文化宫所有的舞蹈节目她都看过的，看下来觉得我这个人是有才能，所以她也嫁给我了，哈哈。"

那张照片上面的许多领导人物，在十年动乱时期成了走资派、反党份子、黑帮，

江泽民同志担任上海市领导期间三次到文化宫视察工作

刘荣宝夫妇感到这张照片放在家里很不安全。怎么办，夫妇二人悄悄地把它卷起来，放到工厂里的工具箱里，躲过了一劫。

　　1966年的秋天，那是一个乌云密布的日子。这天下午，工人文化宫红孩子艺术团奉命去国际海员俱乐部，即现在的外滩东风饭店进行招待演出。当他们正在认真走台彩排时，上海"工总司"造反派的头头突然窜到剧场，随即召集大家"训话"。他说："工人文化宫的艺术团队是'封资修'的代表，必须砸烂，你们今天演出结束立即解散。"说完便扬长而去。

　　随后，工人文化宫也被迫停办了。这时候，有些别有用心的人还揭发陈毅是走资本主义的当权派，马路上也开始出现了要打倒陈毅的大字报，并且有造反派扬言要冲进工人文化宫，把"工人的学校和乐园"这块匾砸掉，风声越来越紧，当时文化宫的几个职工听到这个风声以后，马上秘密地把它藏在木匠间的地底下，只有几个人知道。当时造反派曾经来找过，没有看到这块匾，也就灰溜溜地走了。文化大革命结束以后，文化宫要重新开放了，文化宫的职工首先把这块匾找出来，十分隆重地挂在老地方。这时，文化宫的摄影师高宝鑫把这一激动人心的场景拍了下来，成为了一段历史的真实写照。

《于无声处》听惊雷

结束了十年"文革"，国家开始百废待兴，随着真理标准问题大讨论的兴起，一场思想解放运动成为了中国改革开放的先声。同时，工人文化宫的工人业余创作队伍也焕发了新的生命力。由工人文化宫业余话剧团青年工人宗福先编剧、导演苏乐慈和他们的团队创作的话剧《于无声处》，大胆地冲破了一个思想"禁区"，喊出了人民群众要求拨乱反正的呼声，在当时的艺术领域、思想领域和社会领域产生了广泛和深远的影响。

1978年9月22日，《于无声处》在工人文化宫小剧场首次演出，这场演出没有任何宣传，也没有任何广告，但是很快由观众口口相传，迅速地传遍了上海，这期间胡乔木等中央领导也观看了这台节目。1978年11月7日，中央电视台破天荒地向全国试播了《于无声处》，这是我国第一次在上海向全国直播文艺节目，由于当时担心电视技术上不够成熟，所以中央电视台的节目预告上特别说明是"试转"。

11月13日，话剧《于无声处》剧组受文化部、全国总工会邀请赴北京演出，同时上海的《文汇报》《解放日报》、上海电视台、电台的记者都随同一起到北京，每天向上海市民报道《于无声处》在北京的演出与活动情况。《于无声处》为1976年4月5日天安门事件的平反发挥了积极作用。12月6日，我国外交部和文化部在政协礼堂举办为外国使节演出的专场，各国驻华使节、外交官和驻京记者以及他们的夫人都观看了演出，现场用6种语言进行同步翻译，演出获得了意想不到的效果。上海工人文化宫业余话剧团的《于无声处》轰动了全国，一时间各地有四十几个话剧团，同时演出了这个节目。

现在上海市民的文化生活已经实现了多元化，在社区有文化馆、图书室，在里弄有文艺活动室，还有各种各样的业余艺术学校等等，人们再也不需要集中到文化宫和俱乐部参加活动了。但是，那些年在工人文化宫活动的热闹景象还是给人们留下了美好的回忆。

文化广场的那些年与那些事

张姚俊

在上海市中心西南部有一片恬静的天地。那是一处由陕西南路、复兴中路、茂名南路和永嘉路勾勒出来的完美"矩形"。淮海路商业街虽近在咫尺，但那儿好似与繁华擦肩而过，全无尘世的喧嚣。"老上海"都知道那里便是大名鼎鼎的文化广场。自从1952年诞生以来，它与主流文化和高雅艺术结伴而行，蹒跚走过一个甲子。屈指算来，如今矗立在那里的亚洲最大的地下音乐剧剧场已是文化广场的第三代建筑，可"老上海"们似乎更念念不忘昔日的文化广场，因为它承载着几代上海人无尽的回忆。

从销金窟到人民的艺术殿堂

提起文化广场的由来，从小在永嘉路长大的胡明星立刻打开了话匣子："听上辈人讲，文化广场老底子（从前）是赌狗的地方，叫做'逸园'，老板是法国人。"没错，文化广场所在区域曾经是英国地产商马立斯的私家花园，占地约78亩。1928年，法籍富商、万国储蓄会董事长司比门等人出资购得这片土地后，组织"法商赛跑会股份有限公司"，建起号称"远东第一大赌场"的逸园跑狗场。

4年后，原本与其鼎足而立的另两家跑狗场——申园、明园相继关张，使得逸园的生意陡然火爆起来，月均获利不下60万元，一干股东赚了个盆满钵满。相反，那些妄想着一夜暴富的赌客们反倒有不少落得家破人亡的凄惨境地。于是乎，坊间把逸园的英文名"Canidrome"戏谑地读作"看你穷"。

正所谓"树大招风"，太平洋战争爆发后，租界陷落，早就觊觎逸园的日本人随即逼迫逸园董事会上缴一半的博彩收入充作军费。强压之下，股东们干脆来个关门大吉，也叫日方彻底断了贪念。其实，逸园里的玩意儿不只是赛狗，园内还附设足球场和微型高尔夫球场各一处，以及饭店、舞厅、酒吧等辅助设施。所以，在赛狗停业之后，逸园依旧歌舞升平。

1949 年 5 月，随着上海解放，逸园也终于脱胎换骨，变身申城政治集会和文化演出的主阵地。是年 6 月 30 日，中共中央华东局和中共上海市委在逸园饭店举行"七一纪念晚会"，各界代表千余人齐聚一堂，庆祝中国共产党成立 28 周年。在陈毅市长致词后，坐于前排的邓颖超起身，走上主席台，轻轻掏出一张写满字的纸，大声朗读起来。若不是会议主持人的介绍，恐怕在场众人还不知道这篇题为《向中国共产党致敬》的祝词出自宋庆龄的亲笔。宋庆龄本打算自己上台诵读，怎奈那日她有恙在身，虽坚持着扶病出席晚会，但宣读祝词的事只好委托邓颖超代办了。宋庆龄的这份祝词共 400 余字，字里行间都洋溢着这位伟大女性对人民革命胜利的欢呼。当邓颖超念道："欢迎我们的领袖——这诞生在上海，生长在江西丛山里，在二万五千里长征艰难困苦的路程上百炼成钢，在乡村的泥土里成熟的领袖。向中国共产党致敬！"全场掌声雷动，经久不息。

8 月 3 日，逸园饭店迎来了 656 名贵宾。他们是出席上海市第一届第一次各界人民代表会议的代表。在为期两天的会议中，代表们聆听了陈毅市长所作的市军管会和市政府七八两月工作报告；讨论了华东局和上海市委所提出的粉碎敌人封锁、建设新上海的大政方针。这是新中国建立后，上海人民首次行使当家作主的权利。

9 月 14 日，沪上电影界、话剧界同仁在逸园联合上演大型话剧《怒吼吧！中国》。不消说 200 余人的演员阵容，单就搭建 5400 平方米的舞台、动用 20 个麦克风和 120 只水银灯而言，如此规模就足以在上海戏剧史上大书一笔。

虽说解放伊始，逸园承办了众多大型活动，但它仍旧姓"私"，由一个名为职工维持会的机构经营管理。1951 年，因资方

解放前逸园赛狗的情景（上海市档案馆馆藏）

1954 年落成的文化广场（上海市档案馆馆藏）

拖欠国家巨额税款和职工工资，经上海市中级人民法院判决，市文化局以出资代偿债务的方式将逸园收归国有。

1952 年 4 月，遵照陈毅市长"将逸园改造为上海群众性政治文化的重要活动场所"的指示，市政府决定将逸园更名为"人民文化广场"（11 月正式定名"文化广场"），同时启动改扩建工程。至 1954 年底，一座钢屋流衍式结构、能容纳 1.5 万人的大会场拔地而起。会场里最为惹眼的是一个宽 21 米、深 19.8 米的呈"工"字形的舞台。可别小觑了这舞台！它非但自身体量宽大，其台前的活动乐池还可装下 120 人的乐队，后台大小不一的 14 间化妆室亦可供 200 多名演员同时化妆，堪称那时的中国之最。文化广场还辟有 7000 平方米展览馆，藏书量达数十万册的上海市人民图书馆也从福州路迁入文化广场。

新落成的文化广场就好比是引凤的梧桐，很快成为上海的文化地标，招徕日本松山芭蕾舞团、前苏联新西伯利亚芭蕾舞团、莫斯科小白桦树舞蹈团、波兰玛佐夫舍歌舞团、罗马尼亚"云雀"民间舞蹈音乐团等众多国外一流文化团体竞相在此一展风采；梅兰芳、马连良、侯宝林等知名艺术家也相继在文化广场为上海市民献艺。难怪当年印度加尔各答记者协会主席、《实业报》主编拉吉积绍·辛格在参观文化广场之后，感慨道："新的人民政府管理下的上海，是东方的骄傲。"

音乐舞蹈史诗《东方红》源起的地方

1964 年 7 月 12 日，时任市文化局局长的孟波突然接到国务院副总理兼外交部长陈毅打来的国际长途。正在缅甸访问的陈毅在电话里通知孟波："你准备一下，周总理和我明天要来上海看一看你们演的那个歌舞。"

陈老总所说的歌舞即是首演于文化广场的大型歌舞《在毛泽东的旗帜下高歌猛进》。这台气势恢宏的艺术作品是上海文艺工作者献给国庆 15 周年的礼物。它通过音乐、舞蹈、诗歌等多元化的艺术手段，再现了中国共产党领导中国人民进行新民主主义革命和社会主义建设的光辉历程，包括任桂珍、施鸿鄂、才旦卓玛等著名歌唱家在内的 3000 多名专业和业余演员参与表演。是年 5 月 23 日，《在毛泽东的旗帜下高歌猛进》作为第五届"上海之春"的开幕大戏在文化广场一经亮相，立刻轰动申城。主办方不得不加演 7 场，但仍是场场爆棚。

6 月 18 日晚，陈毅陪同来沪访问的坦桑尼亚第二副总统卡瓦瓦前往文化广场观看这部史诗般的歌舞。演出在合唱《东方红》的乐声中拉开序幕，随着舞台背景的不断变换和时而高亢、时而温婉的歌声，观众们仿佛被带回了那段峥嵘岁月。陈老总亦看得入神，每至高潮处，还不觉莞尔。忽然，他脑海中闪过一个念头，"北京正在酝酿建国 15 周年的晚会，上海这台节目不错，应该推荐上去。"所以，在离开文化广场前，陈老总特意关照有关方面："歌舞班子不要散，我请总理来看一次。"

7 月 13 日，刚结束缅甸之行的周恩来和陈毅风尘仆仆地赶到上海。这天夜里，文化广场再次响起《没有共产党就没有新中国》《社会主义好》等一曲曲优美的旋律。看着台上那一幕幕熟悉而又激昂的场景，周总理不禁心潮澎湃。他和陈老总连夜召集孟波等人开会。经过一番讨论，一个大体构想在总理心中形成：就以《在毛泽东的旗帜下高歌猛进》为基础，以在京的文艺团体为骨干，抽调上海和全国其他地方的文艺精英，再搞一台思想性与艺术性完美结合的大歌舞，向国庆 15 周年献礼。

翌日回到北京，周恩来马上找来周扬及文化部、总政治部的负责人谈了他的设想，得到一致赞同。5 天后，周总理在国务院各部党组书记会议上说："这回我到上海，陈老总把我拉去看了一个 3000 人的歌舞，很动心，我看还不错。有这么一个想法，就是最好在 15 周年国庆，把我们革命的发展，从党的诞生起，通过艺术表演，逐步地表现出来。……北京可以和上海合作。"会后不久，周总理亲自"点将"，组建排演大歌舞的领导机构。《在毛泽东的旗帜下高歌猛进》的艺术指导许平被任命为组织指挥工作小组（又称大歌舞指挥部）的副主任。至于大歌舞的名称，总政文化部副部长陈亚丁提议：不如就叫《东方红》。这一建议立即得到周恩来的赞许。

1964 年 10 月 2 日晚 8 时，大型音乐舞蹈史诗《东方红》在北京人民大会堂首度公演。演出结束后，周恩来、邓小平、陈毅等党和国家领导人纷纷走上舞台，祝贺首演成功。"陈毅元帅拍掌，那是双手高举过头啊！"当时参演的歌唱家胡松华至今还记得那激动人心的一幕。

一场大火的失与得

若以今天的标准来衡量，上世纪五六十年代文化广场的硬件算是比较简陋的。囿于当年的施工条件，在会场偌大的空间内硬生生多出十来根用来支撑钢骨顶盖的金属柱子，阻挡了观众的视线。会场两边的敞开式设计也不尽如人意。为遮寒避风，每年一到 10 月中旬就必须搭建临时芦席棚。如此一来，增加开支不说，还存在消防隐患。

1957 年 9 月，前苏联新西伯利亚国立歌舞剧院芭蕾舞团在文化广场演出（上海市档案馆馆藏）

有鉴于此，市文化局曾于 1955 年委托华东工业建筑设计院设计防寒大墙。孰料，这一方案被一位在该院担任技术指导的苏联专家否决了。苏联专家认为添建墙体之后，文化广场就变成室内剧场，名不符实。结果，"老大哥"的一句话让防寒大墙工程搁置了数年，直至 1959 年才上马。此后，文化广场的小修小补从未间断过。然而，正是这看似寻常的修修补补，却招致一场飞来横祸。

1969 年 12 月 19 日，对于文化广场来说，注定是最黑暗的日子。中午 12 点 50 分许，文化广场主会场里突然冒出浓烟。正在修车的市文化系统汽车队的几位司机师傅发现火情后，赶紧报警。接警后，消防队火速赶到现场。不料后台的数个消防栓竟然都放不出水，情急之下，消防官兵只好拖着长长的水带从广场外路边的消防栓接水灭火。这一来二去便贻误了救火的最佳时机，熊熊烈火越烧越旺，迅速吞噬了整座会场，还殃及文化广场内的其他建筑，直到下午 4 点方才基本扑灭。至于起火原因，有的说是因违章烧烤油漆，也有称是房修工不当使用喷灯引起的，但毫无疑问这是一起责任事故，造成的直接经济损失达 329 万元。

面对这突如其来的灾难，身处文化广场周边的市民纷纷奋不顾身扑救大火、抢救国家财产，200 多人因此受伤，其中 13 人不幸牺牲。遇难者大多是青年工人或在校学生，年龄最小的年仅 16 岁，着实令人唏嘘。

一把大火让文化广场化为灰烬，1970 年春周恩来总理作出批示：重建文化广场。

中国有句成语，叫做"凤凰涅槃"，用之来比喻重建后的文化广场那是再贴切不过。7800 平方米全封闭式的大厅内错落有致地分布着 12137 个坐席，先前那些阻碍视线的柱子已不见踪影，创造了上海建筑施工史上的新纪录。

几度沉浮

由于众所周知的原因，"文革"时期的文化广场沦为造反派和"四人帮"揪斗华东局和上海市委领导干部的"主战场"之一，就连它的名字也一度被改作"文化革命广场"。不过，处在政治风暴漩涡中心的文化广场偶然也会闪出一丝艺术的明光。"卖花姑娘要来了！"1973 年四五月间，朝鲜平壤万寿台艺术团即将在文化广场献演歌剧《卖花姑娘》的消息不胫而走。因为一年前同名的朝鲜电影已在国内公映过，所以民众对此次公演充满期待。更关键的是在那个几乎能将样板戏倒背如流的年代，普通大众是多么渴望能接触到真正的艺术。

5月31日晚，文化广场内座无虚席，万余观众为花妮一家的悲惨遭遇所动容。当晚的演出还进行广播和电视现场转播，"卖花来呦，卖花来呦，朵朵红花多鲜艳……"一曲凄婉动人的《卖花歌》通过电波从文化广场传遍了申城的大街小巷，成为那代人抹不去的美好回忆。

中共十一届三中全会后，沐浴在改革的春风下，文化广场的"文化味"愈来愈浓。音乐、舞蹈、杂技、戏剧等轮番上演。有人做过一项粗略统计，1979年文化广场共接待观众超过548万人次，相当于当年每两个上海市民中就有一人走进文化广场。

40岁朝上的人大抵还记得李燕杰。上世纪八十年代，时为北京师范学院中文系讲师的李燕杰以其深入浅出、富于感染力的演讲，成为蜚声大江南北的风云人物，被

1973年，朝鲜平壤万寿台艺术团在文化广场上演歌剧《卖花姑娘》

1992年6月1日的文化广场被股民挤得水泄不通

誉为"点燃青年心灵之火的铸魂之师"。1982年5月12日上午，李燕杰在文化广场开讲，万余青年慕名而来。两个半小时的报告，文化广场里笑声、掌声此起彼伏，响成一片。

以传播高雅艺术为主的文化广场有时也会客串引领时尚潮流。1985年，法国时尚大师皮尔·卡丹在文化广场举办流行时装发布会，400多套靓丽的男女时装让素来自诩见多识广的上海人也大开了眼界。

可是，在繁荣的背后，文化广场的隐忧也日益显露。1982年全年的文艺演出仅为84场，创利2.6万元，还不及1979年利润额

的 5%。究其缘由，空调设备缺失、音响效果差都是"硬伤"；设计方面也存在瑕疵，如地坪缺乏坡度，观众视线不佳。渐渐地，大型演艺活动开始转向设施更加精良的万体馆等处，而在文化广场这样大的场子举办小规模演出又犹如"高射炮打蚊子"，大材小用。文化广场的经营在矛盾中艰难前行。

在 1982 年的上海"两会"上，袁雪芬和司徒汉针对文化广场利用率低的情况，建议把它改建成包括两个剧场和一个音乐厅在内的文化艺术中心。时任市长汪道涵十分重视这一意见，专门指示市文化局、规划局等有关部门进行可行性论证。

大约是从 1988 年起，文艺演出基本淡出文化广场，而诸如房屋交换会之类的会展活动倒是日益增多。市场经济的大潮将文化广场推向了另一个"舞台"。

从股市到花市

1992 年，为了解决广大散户"股票卖出难"的问题，上海证券交易所组织了近 20 家证券机构在文化广场设立柜台，专门办理股票卖出委托。消息传来，被冷落许久的文化广场再次成为社会关注的焦点。市场原定 6 月 1 日开张，可没想到前一天下午就有人在文化广场门口排队。至深夜，永嘉路上的股民队伍已绵延近百米。第二天上午 9 时刚开市，文化广场就涌入 4000 多人，还有千余人在场外等候进场。只见各个交易柜台前人头攒动、你推我搡，现场环境那真是"怎一个乱字了得"，任凭维持秩序的民警喊破嗓子，也无济于事。眼看人流已难以控制，有关部门于 9 点半果断决定暂停交易。开张仅仅 30 分钟，文化广场的股票交易就戛然而止。

更加戏剧性的一幕出现在 6 月 9 日。经过布局调整，文化广场于当天恢复股市委托交易。但与 8 天前拥挤不堪的情形相比，这日的文化广场里却是出奇的冷清，大部分证券公司的柜台跟前都是门可罗雀。原来就在文化广场歇业的这几日里，股市风云变幻，股票价格普遍下跌，股民的交易热情自然降温不少。

伴随上海证券市场日趋成熟，文化广场慢慢从"股市"的角色中抽身，转而与花花草草打起交道来。1997 年初，一家名为"精文花卉交易市场"的企业落户文化广场，两三百家花铺把那里挤得满满当当。爱花的市民都应该听说过"精文花市"或曾是那的常客，但可能很少有人知道这家开在文化广场里的花市是当时上海最大的室内花卉交易市场，其鲜切花销售量占全国的六分之一，且左右着长三角地区花卉市场的价格。然而，花市越做越大，文化广场却离"文化"越来越远。

王者归来

有道是"山穷水复疑无路，柳暗花明又一村。"2005 年 10 月，精文花市搬家了。没过多久，文化广场的老旧建筑在爆破声中被夷为平地。5 年后，一座宛若凤凰展翅的白色建筑在同一片土地上升腾而起，不仅其功能仍定位于时尚经典艺术的演出、展示和文化体验，而且使用了 50 余年的"文化广场"这一金字招牌也得以延续。几经变迁，文化广场又回归了文化本位。

如今的文化广场

在半个多世纪的发展过程中，发生在文化广场的大事小情实在是太多太多。这许多事件又岂是区区数千文字所能概括？道理很简单：虽然文化广场只有一座，但在每个上海人的心目中都有属于自己的那一座文化广场。

一张护照敲开国门

——1977年邓小平亲自批示一张私人护照始末

章慧敏

在上海市公安博物馆的展厅里，有一本1977年签发的护照。护照的主人叫赵某华（化名），是位上海籍的女性，目的地为美利坚合众国。

在今天，中国公民只要有出国、出境旅游、探亲、学习等意愿的，手里有本护照或通行证实在是普遍而又普通的事情。然而，这本护照却让人看到了在当时的历史背景中，走出国门的艰难与艰辛。

出国事由："结婚"

事情的起因还得从1974年说起。那一年，29岁的大龄姑娘赵某华走进了上海市静安区的威海路派出所，她小心翼翼地向当地派出所的户籍警道出了一个请求，她想去美国结婚。

当赵某华结结巴巴说出诉求时，她看到户籍民警盯视了她许久，这眼光有点怪异，让赵某华如坐针毡。如果不是为了自己的终身大事，她根本就没有勇气走进派出所，派出所属于专政机关之一，像她这样的人一般是敬而远之的。所以，本来就战战兢兢、硬着头皮来找户籍警的她，如今在他的逼视下，赵某华残存的底气早已瓦解殆尽了。

她此刻的心儿如七上八下的吊桶，"怦怦"跳个不停。她十分清楚自己的命运并不被自己掌握，因为她出身在一个资产阶级家庭，属于"黑五类"。那个年代，凡是出身与"黑色"沾上边的，都不可避免地会遭到歧视和刁难。

邓小平签发的第一张护照

户籍警打开抽屉，找出一张"中华人民共和国因私出国申请表"递给赵某华说：你回家如实填写好后再交过来吧。

赵某华唯唯诺诺地接过表格。对她而言，这是一根能够改变目前命运的"稻草"。晚上，赵某华关上门，对着台灯凝神细看出国申请表里每一栏的内容。在她的前面，还有一张白纸，她用木尺依样画葫芦地划上空白格子。民警那句"如实填写"的话语犹如一枚重磅炸弹，不时在她的脑海中炸响：丝毫来不得半点闪失啊，赵某华一遍遍地提醒自己，她决定先在白纸上打草稿，然后再誊抄在申请表上。

时间一分一秒地过去，赵某华感觉填写的每个字都重如千斤。在填到个人简历时，她有点无从下手。是啊，她有什么简历？她的人生如同一张白纸那么单纯。在长江中学高中毕业后，她就因为身体原因在家休养了。等到再想报考大学时，史无前例的"文革"开始了，学生停课，老师被打成牛鬼蛇神。她只好踏上社会，参加了工作，依靠工资收入养活了自己。在这栏个人简历中，赵某华明白必须为自己的人生旅途略加修饰，否则，政审这一关如何通得过呢？

想到这里，她在草稿纸中写道，"自1962年高中毕业以后，因身体不好在家养病，并参加里弄学习，1966年9月进新华路民办大庆小学代课，1967年10月进静安区耀胜百货店任营业员（现兼任赤脚医生）。"

"赤脚医生"不是赵某华的主业，只是在耀胜百货商店这个小小的集体中，她为有头痛脑热的职工尽点护理义务。这时候赵某华执意把这个身份写在简历中，也算是她的良苦用心。

赵某华继续往下填写。在写到"家庭主要成员和亲友"一栏时，她分别写上了父亲、母亲、兄弟、姐姐、姐夫以及他们的职业。就在这时，她的笔停住了，犹豫着未婚夫沈某宏（化名）是否应该填写上去呢？

从赵某华的内心来讲，沈某宏还不是这个家庭中的一员，她和他之间并没领过受法律保护的结婚证，未来的变数有许多。但凡事有个因果关系，如果不是她与沈某宏要结婚成家，她岂会填写这张出国申请表？想到这里，赵某华慎重地在最后一名家庭成员中写上了未婚夫沈某宏的名字，在职业一栏里，她写的是"副教授"。

此时，赵某华的脑海中泛起了这个比自己年长12岁的沈某宏的影子。她清楚地记得，1972年，沈某宏和母亲一同来上海探访亲友，就在他们来赵家拜访沈母的老同学、老朋友即赵某华的父母亲后，或许是两个未婚男女的一见钟情，抑或两家的家长有意促成这桩婚事，他俩抓住沈某宏在上海的有限日子相互了解，感情迅速升温，很快，他们订婚了，而且说定等沈某宏回美国办妥一切证明后赴美结婚。

沈某宏的确是个信守承诺的人，回美国后，他寄来了相关的各种材料，如今，两人的婚事好比万事俱备，只欠东风了。

这个晚上，当赵某华在"出国事由"中一笔一画地填上"结婚"二字时，她的脸上泛起了红晕。她将自己的一张一寸报名照贴上申请表，那微笑的眸子中蕴含着憧憬和理想。

赵某华牢牢记住了填表的这一天：1974年4月27日。

最后裁定："不予发证"

上世纪五六十年代，上海市民申请护照的手续相当复杂而艰难：首先，要向户口所在地的公安分（县）局申请受理，然后，公安分（县）局对申请人的政治历史、社会关系、本人表现等情况进行全面而又严格的审查，最后，由市公安局予以终审，通过后才下发护照。

这段等待的时间一般需要3个月左右，最长的甚至超过半年。

如此长时间的审核，用今天的眼光来看简直就是天方夜谭啊。

改革开放的今天，我们重温往昔出国历程的艰难，就让数字来说明问题吧：从1958年到1978年的20年里，上海仅颁发过5000余本护照；而在"十年动乱"中，上海颁发的护照还不足2000本；其中的1968年，竟然只颁发了5本。再看国门打开的今天，审核通过的上海因私出国人员平均每天就达近千人。这是个多么悬殊的数据啊。

1950 年版护照

1951 年版护照

1953 年版护照

毋庸置疑，赵某华申请赴美的时期，国门几乎是封闭的，或者说只开了一条缝隙，难怪她从交上申请表格的那天起，便开始了忐忑不安的漫长等待。

一个人出国，正常的情况审核是完全有必要的，但为何需审查几个月、甚至半年呢？有关人员又是如何审查的？这些具体细节还是从赵某华的那份申请表说起吧——

威海路派出所为赵某华进行"因私事出国审批表"的填写是在 1974 年 5 月 24 日，离赵某华 4 月 27 日填申请表已过去了差不多 1 个月。相隔时日，这份审批表里的内容和赵某华送上去的已有了不小的出入。

首先，在"本人简历及现实表现"一栏里加入了评语：（赵某华）"在里弄中不与群众接近，在单位里表现一般。"

显然，这是户籍警经过去赵某华的里弄和单位调查后的结论。虽然用的都是中性词："不与群众接近"、"表现一般"，字面上并没有出现更多的贬义词，但旁观者从中不难得出结论，赵某华在里弄和单位里都不被看好。

不知赵某华如果在里弄里是个喜欢串门、喜欢在邻里间东家长西家短地搬弄或打听隐私的人，那么，调查人员会不会就有"与群众接近"的评语了？自然，结论或正或反，不得而知！反正，在这一栏里赵某华就失分了。

可以看到，赵某华尽管在里弄里夹着尾巴做人，但因为她"不与群众接近"，的确缺少了"群众基础"。在户籍警向她的四方八邻了解情况时，我看到了这样的描述：申请人历史上未发现政治问题，但家庭情况及社会关系、政治面目复杂。本人出国结婚是否事实，无从断定。未婚夫在美国已 40 岁还未结婚，我们无法了解。根据以上情况，请有关领导部门审核决定。

于是——

1974 年 5 月 31 日，威海路派出所有了上报的意见说明："经研究，该人本人没发现问题，但家庭和社会关系复杂，单位对其出境也不表态，根据以上情况拟不同意出境。"

1974 年 7 月 23 日，静安区革命委员会拿出了不是意见的意见："报市审定。"

1974 年 8 月 22 日，静安区公安分局政保科也有了模棱两可的表态："我科未掌握情况。"

1974 年 9 月 9 日，上海市公安局静安分局拿出了处理意见："根据情况不去为益，报核。"

1975 年 2 月 2 日，上海市公安局治保处做出了最后裁定："不予发证。"

前后历时 10 个月的漫长审核之路，赵某华最后获得的是冷冰冰的"不予发证"四个字的答复，30 岁的赵某华的终身大事就此搁浅了。正当的结婚愿望都被否定，在上海的赵某华是无计可施了，她只能把全部的希望寄托在远在大洋彼岸的未婚夫沈某宏的身上了。

邓小平亲作指示：应予批准

1974 年的沈某宏已是个 40 岁的"王老五"了，他曾经的美好心愿是当年 6 月与赵某华在上海完婚，然后同去美国定居。沈某宏是美国一所大学的副教授，9 月份开学前他必须返回学校教书。

然而，现实与理想大相径庭，在上海探亲的几个月里，他虽已获得美国政府批准赵某华入境结婚的许可证，可上海未婚妻这里的审批调查却没完没了，无法给予他明确的答复。沈某宏权衡再三，对赵某华说，赴美的签证迟迟下不来，他等不及了，只能先独自回美国教书去。他要赵某华静候佳音，哪怕等再长时间，只要签证下来了，他立刻前来接她。

转眼到了第二年，沈赵二人等来的不是佳音，而是公安部门不予签证的决定，甚至于传到沈某宏耳朵里的还有对他未婚身份持有的怀疑态度，这让沈某宏既气愤又无奈。

1975 年 12 月，一封由美国华人进步会出具的证明材料以航空挂号信的形式寄到了静安区公安分局。在这封信里，美国华人进步会着重就沈某宏的单身以及与赵某华的婚姻之事做了证明。可犹如石沉大海，赵某华赴美的签证并没有因此有转机……

为了与赵某华结为夫妇，沈某宏在美国从没停止过努力。他不断地通过信件表达心愿，词意恳切又真诚。在1975年给静安区公安分局"执事先生"的一封信里，沈某宏写道：

> 鄙人于1972年夏随家母返国观光，亲眼目睹新中国猛飞突进。在伟大的毛主席领导下一日千里，人民生活安乐，身为中国人无论在国内国外皆感自豪。在访问旧亲友中又重遇赵某华女同志，因觉伊思想前进，生活相互，办事认真，具有新社会主义新女性典型，故双方感情渐增，在双方家长同意下订婚。待鄙人翌年返国后结婚。次年，中国驻美联络处成立，经与一位主持人纪立德先生商讨，径告赵同志可单独向当地公安局申请出国结婚，故自1974年5月获得美国政府批准未婚妻入境结婚许可证，即由赵同志向贵局申请出境。一年半来，叠接我未婚妻来信谓贵局每次接待和蔼可亲，并保证人民政府会照顾。鉴因双方年龄已长，相加已超过70岁，而鄙人旅居异域多年，万事皆备只欠东风，故敢于在国际大好形势之下，东风压倒西风之余，陈书贵局，顾念赵同志与鄙人万里之情，结为百年之好，盼东风早临，若祷书不尽意，一切容赵同志面谢，此祝祖国继续猛进！
>
> ——旅美中国教授沈某宏上

不管沈某宏写的是由衷之言，或在"拍马屁"，我想，信中写到两人年龄相加已超过70岁，他们要求的只是人之常情：组建家庭，读信者应该为之动容吧？可惜很遗憾，沈某宏没有获得只字片语的回复。

一晃，中国大地响起惊雷，"四人帮"被一举粉碎了。远在美国的沈某宏从中再次看到了希望，1977年1月14日，他又提笔给静安分局的"执事们"写信：

> 自从美国各大报章电视上得悉祖国近揪出"四人帮"，大快人心。各地农工业欣欣向荣，亿万民众势力拥护华主席英明领导，人心振奋。国外华侨不禁称

庆，愿日后继续为祖国处处上进好消息向美国异邦人民宣扬尽最大努力。鄙人曾于过去 3 年来屡次向贵局上书有关我未婚妻赵某华来美完婚事，因遭"四人帮"控制旧市委控制，一直未得音讯，诸如此类事件不无影响美国华侨社会人心，故 3 年来中美外交关系正常化毫无进展。今在上海新市委领导下气象焕然一新，谅我未婚妻来美完婚事必能受到眷顾。鄙人旅美 20 多年，今日是我最兴奋愉快一天，祝祖国猛进。

——华侨教授兼中美人民友谊会沈某宏上

但当时"四人帮"虽然倒台了，"左倾"思想尚存。在市公安局 1977 年 9 月 3 日的批复中仍这样写道：你局公一发（1977）315 号来函收悉，现将赵某华申请去美情况报告如下：

赵某华，女，34 岁，上海市人，出身资产阶级……据赵某华称：美籍华人沈某宏与其家是世交，双方父亲是几十年的老同学。1972 年 8 月沈某宏随其母归国来沪时与赵订婚。之后，赵多次申请（沈也多次来信）要求批准去美结婚。据沈某宏来信称，他是美国三藩市"华人进步协会"的执行委员。根据公安部和外交部"关于从严批准中国公民在美定居"的指示精神，我们意见赵某华在美无直系亲属，拟不批准其去美……

10 月 12 日，相关领导再次做出了"劝阻"的指示。

然而，就在大家认定赵某华赴美被拒已是铁板钉钉的事实时，戏剧性的一幕出现了：10 月 13 日晚上，公安部给上海市局打了电话。对方说，沈某宏就与赵某华去美国完婚的事写信给了邓小平。邓小平相当重视，10 月 12 日作了指示："我意，如无其他政治问题，应予批准。"

国门敞开　来去自如

此后，一路绿灯行得通，尽管还需走程序，但这一次命运女神偏向了赵某华和沈某宏。

有人说沈某宏给邓小平的信写对了，如果没有他老人家的批示，沈、赵二人的马拉松等待恐怕还有时日。然而，这其实也是偶然性中的必然——

在沈某宏还没给邓小平写信的 1977 年 10 月 2 日，邓小平在接见港澳同胞国庆代表团和香港知名人士利铭泽夫妇时就说过这样的话："中国人多嘛！对愿意出去的人，不要抓得那么紧，继承遗产、娶亲等等都可以出去，回来的也欢迎。对归侨、侨眷的政策也有不少问题，主要是一个政治待遇问题，说什么'海外关系'复杂不信任。这种说法是反动的。我们现在不是关系（海外）太多，而是太少，这是个好东西，可以打开各方面的关系。'四人帮'胡说'地、富、反、坏、海、侨'，把华侨同'地富反坏'并列，这种错误政策一定要纠正过来，要做大量工作。进行政策教育，全国执行。中央已下了这个决心。"

应该说，沈某宏的请求正是党中央下决心扭转的问题，他和未婚妻虽然走了不少弯路，但最终搭上了这列顺风车。

1978 年，党的十一届三中全会在北京顺利召开，这次会上确定将关闭了近 30 年的国门向世界敞开。

从此以后，中国与世界开始了全方位的接触与交流，护照也开始为人们所熟悉。到了 80 年代末，随着自费留学高峰的形成，上海的出国人数成倍增加。当年办理护照是在位于河南中路的市公安局出入境管理科，从早到晚，排队的上海市民一直排到了福州路，这支长龙足有数百米。出入境管理办证机构还为方便大家延长了办理护照的时间和周期。工作人员每天都要加班加点到晚上 9 点多钟，实在忙不过来啊……

1992 年，邓小平"南方讲话"之后，改革开放不断深化，公民因私出境又有了更加美好的理由——出国旅游。到了新世纪开元第一年，中国人出境旅游突破了 1000 万。

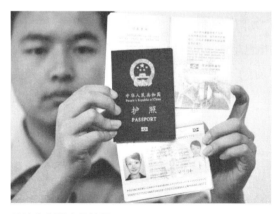

2012 年新版电子护照

2002 年 9 月 28 日，公安部更是批准了上海试行公民按需申领护照。至此，出国成了公民的正当权利，每一位市民都可以非常容易地拥有出国护照。

赵某华赴美的艰辛一页早已成为历史，今天，对国人来说，来往于寰球大洋山水之间，哪里还有障碍和距离？

唐太宗说过："以铜为镜，可以正衣冠；以人为镜，可以知得失；以史为镜，可以知兴衰。"历史，就是一面镜子，护照的今昔命运也应该是面镜子吧：改革开放，是硬道理。

民国往事

未完成的『大上海计划』

高桥海滨浴场的民国记忆

南京路『四大公司』的传奇故事

『公真第一人』——写于宋教仁被害及去世100周年

那些年，他们的爱情——瞿秋白与杨之华的婚恋往事

『好事只愁天妒我』——郁达夫、王映霞的上海往事

未完成的"大上海计划"

许云倩

今天的上海市民已经难以想象，民国时期的上海市政府及属下各部门，因需避开各国租界，散处上海市区各个角落办公。如市政府在丰林桥（今名枫林桥），工务局、卫生局在毛家弄（今毛家路），社会局在小南门外，教育局在大吉路。工作联络、市民办事都极不方便。1929 年 7 月，旧上海市政府第 123 次市政会议决定，正式推出"大上海计划"，即绕开租界和旧市中心，在上海的东北部重新造就一个新上海。

这是一个国人欲同耻辱的租界分庭抗礼的计划，但这一计划最终却夭折于日寇的侵华战争。

只是朱颜改——旧上海特别市政府大楼（体育学院）

中学时代，无论是去长海医院就医，还是坐 90 路去吴淞的亲戚家，都会路过体育学院，远远地就能看到一座巍峨的宫殿，一幢气势宏大、而又铅华凋落的建筑，很突兀地出现在这远离繁华闹市的郊外的僻静处（当时那里确实很冷清），看上去有一种"雕栏玉砌犹在，只是朱颜改"的凄凉。就犹如我们在村野茅屋中，突然发现了一位卸装未净而又风韵犹存的贵妇人，总会对她的出处产生好奇。隐约听大人告诉说，这是以前国民党政府留下的什么建筑。很多年以后才知道，这里就是旧上海特别市政府大楼（今上海体育学院办公楼，清源环路 650 号）。可我一直对于"特别"两字不甚清楚。因作此文，特作探究。原来这"特别"两是用来修饰"市"的，而不是我原先误认为的是作"市政府"或"大楼"的定语。1927 年 7 月，上海因其在政治、经济、文化各方面的全国领先地位，被国民政府确定为"特别市"。斯时，上海虽是个繁华而现代的国际大都市，但它却处于半殖民地状态。市中心区域到处被各国租界割据。租界就相当于强权国家在中国土地上抢夺去的一个独立王国，于是就有了"华人与狗不得入内"的奇耻大辱。

而原市政府及属下各部门，散处于市中心各处办公。工作联络、市民办事都极不方便。同时，也是为了实现孙中山先生在《建国方略》中，设想将上海打造成东方大港，为了国人共同的心愿，1929年7月，旧上海市政府第123次市政会议决定，正式推出"大上海计划"。即绕开租界和旧市中心，在上海的东北部重新造就一个新上海。划定翔殷路以北，闸殷路以南、淞沪路以东及周南十图、衣五图以西的七千余亩，作为新上海的市中心区域，这里当时是一片沟河交错、阡陌纵横的乡间田野，属江湾地带（即今日之五角场地区）。在这片土地上，筹划建设新的市府大楼、各局办公楼、运动场、图书馆、博物馆、医院、公园等。在"大上海计划"中，还制订了《上海市分区计划》《黄浦江虬江码头计划》《上海道路计划》，对交通设施，包括铁路和港口进行了完整规划。这是一个重振民族信心的计划，这是一个意欲实现中山先生

原上海特别市政府大楼

遗愿的计划，这是一个国人欲同耻辱的租界分庭抗礼的计划。

上海人民喜气洋洋等到了这个时刻。一座民族风格显著的宫殿式建筑气派耀眼地站立在了江湾昔日的田野上。1933 年 10 月 10 日 10 时，市政府新厦落成典礼正式开始，奏乐升旗，礼炮齐鸣。天空中传来发动机的声响。不再是"一·二八事变"中日寇的轰炸机，而是由航空署派来庆祝盛典的 8 架飞机，从人们头顶上掠过，撒下了花花绿绿的彩色传单。随后，时任市长的吴铁城手持钥匙，打开二楼大礼堂大门，官员、社会名流、各界代表，外国使领馆、工部局、公董局、外国驻沪军队的官员等，从新厦的平台拾阶而上，走入大门。这一天清早，市民们纷纷从虹口到江湾，一路车水马龙，还挤满了步行者。大家都想来看看中国人自己的"新上海"。在建造的两年中，大楼还在"一·二八事变"中遭到轰炸。上海人民受够了一次次的屈辱。他们要在"新上海"找到未来的希望。

这一天，参观的民众 10 万余之多。此后 3 天，新厦都对市民开放，更是人潮滚滚。新厦采用"涂彩飞檐梁柱式"，是传统的中国古典式建筑，朱红色的梁柱，屋顶上覆盖绿色琉璃瓦。新厦正面中间是宽阔的汉白玉台阶，台阶两旁有石狮守卫，直通二楼大礼堂，礼堂两旁为会议室。一楼为正门，车马可直达门前。大楼采用钢筋混凝土结构。第一层包括传达室、警卫室、收发室、会计处、保险库、大食堂及办公室等。第二层为大礼堂、图书室及会议室等，同层的大礼堂因由台阶直达，与之完全隔离。第三层中部为市长及高级职员办公室，两翼为各科办公室。第四层从外面看隐藏于大屋顶底下，是通常所说的假四层，系利用屋顶空隙作为休息室、储藏室、档案室及电话机房等。内部设施条件在当时来说是十分现代舒适的，有电梯、热气管道及抽水马桶、消防设备等，并装有防暑扇 119 只，热水管道 9000 平方米，室外温度为零度时，室内可达 22 度。可谓是冬暖夏凉。这里我们不能不又提起他的名字——董大西。他的名字注定会镌刻在中国建筑史上。从最初的征集设计到制定图案，再到最终定稿，他都是主要领衔者。

与此同时，"大上海计划"进入大规模的开发建设阶段。以市政府大楼为轴心，周边道路网格已见雏形，以"国"、"民"、"政"、"府"为经纬路标，构成了今天这个区域独特的路名。譬如像"政府路"、"政治路"、"民约路"、"民壮路"，以及我中学所在的"国权路"等等。轻便铁路贯通东西，虬江码头一期亦已竣工。市博物馆、市图书馆如双子星座，又像是两座城楼，相对而立；上海体育场在东亚也是首屈一指……

1935年2月，为了改革繁琐铺张的结婚习俗，旧上海市政府倡议举办"集团结婚"，得到了饱受繁文缛节和经济压力之苦的年轻人呼应。4月3日，春暖花开的日子，首届"集团结婚"在市政府大厦前举行，大礼堂内外花团锦簇，礼堂门首挂着横幅"上海市第一届新生活集团结婚典礼"，大红喜字、大红喜球点缀出喜气洋洋的气氛，大红地毯从大门铺到礼堂内红色的礼台；礼台前供奉"龙凤呈祥"大红花烛一对，台正中安放孙中山先生铜像；台两旁分别为证婚席、观礼席和乐队席。下午3时半，集团结婚正式开始。

54对新人，穿着由美亚织绸厂提供的名牌丝绸、著名服装设计师统一制作的婚礼服站在台下。新郎一律穿蓝袍黑马褂，新娘着短袖淡红色长旗袍，胸佩红花，手捧鲜花，头顶白纱。新人们先向孙中山先生像行三鞠躬，后互相行二鞠躬，再向证婚人市长吴铁城、社会局长吴醒亚行一鞠躬。吴铁城和吴醒亚分别向新人颁发结婚证书和装于红色丝绒盒中纯银团月式嵌花太极图形的纪念品。王开照相馆摄影师在市政府新厦前为新人们拍摄了集体合影。美国派拉蒙、米高梅、福克斯三大电影公司也到场竞相拍摄、制作新闻影片，传送至世界各大都市放映，使外国人也能看到这一世界罕见的富有中国特色的新式婚礼。这一次的"集团婚礼"对市内、国内产生了极大的影响。上海此后又举行了多届"集团结婚"，报名者更加踊跃，当年10月2日举行的第四届集团结婚，参加者已增至142对。北平（今北京）、天津、南京、汉口、杭州、无锡等国内其他省市都群起仿效，集团结婚成了当时社会的一种新时尚。

但是好景不长，一个身处列强虎视眈眈之下的弱国，又怎能奢望享受宁静安乐的生活呢，

斜阳中的原上海图书馆

原上海博物馆

1937 年 8 月 13 日，日军大规模进攻上海，江湾地区首当其冲，成为中日军队第一线的交战区。"上海沦陷"之后，"大上海计划"被迫全部结束。1945 年抗战胜利之后，国民党当局将上海市政府又设在了旧市区的繁华地段。对当年的"大上海计划"弃之如敝屣，使得"大上海计划"如同一个被搁置的旧梦，江湾五角场这一带再次荒芜寂静了。除了那些曾在这里接受祝福的新郎新娘，大概很少有人再会想起那一段的繁花似锦。

上海解放后"大上海计划"中残存的市政府大楼，现归上海体育学院；原上海博物馆、市立医院、卫生试验所、中心公园、航空协会，均在现第二军医大学内；原上海图书馆，现在同济中学校园；原上海体育场，现为江湾体育场。旧市政府大楼现为"上海市文物保护单位"及"上海市优秀历史建筑"。

今天的江湾五角场是上海市政府规划批准的市级副中心之一。一个集科技创新、商业商务、文化休闲、交通集散于一体的市级副中心初具规模，创智产业更是这一地区的一大亮点。今日的美丽和昨日的精彩在这里交相辉映。

国有一个梦——飞机楼

不知是这幢大楼该感谢郑钟良先生，还是郑钟良该感谢这幢特殊形状特殊经历的大楼，总之他们有缘千里来相会了。他们邂逅于 1991 年。如果没有这一次的邂逅，一段珍贵的历史不知还要尘封到何时。

这幢楼的奇特之处在于人们在地面上是无法察觉的，这也是它那么多年"藏在深闺人未识"的缘由。那天，泰国南洋金龙企业有限公司董事长郑钟良到第二军医大学附属长海医院康宾楼作体检和治疗，俯瞰对面，不经意间发现这幢楼顶呈飞机状的大楼，双翼展翅欲飞，不由起了探究之心。他下楼仔细参观了这幢大楼。发现了正门右侧的奠基石，镌刻着这幢大楼的来历。郑先生是个有心人。他为此还特地去南京查阅有关档案。结果就查出了民国时期一段悲壮而令人唏嘘的历史。

1932 年，日军在沪寻衅发动"一·二八事变"，日机从停泊在黄浦江上的"能登吕"号航空母舰上起飞轰炸闸北华界，宝山路 584 号商务印书馆，东方图书馆（中国最大的私人图书馆，藏书超过 30 万册）均被炸毁。大批民居被毁。后来，虽在英、

美、法、意各国调停之下签署中日
《淞沪停战协定》，上海获得了暂时的
安定。但中国人民对于所遭受到的奇
耻大辱却牢记在心。

1933 年元旦在上海成立了中国航
空协会。中国航空协会需要一个会所，
于是就有了建造"飞机楼"的计划。
航空协会从民间集资 10 万元，邀请留
美归国的著名建筑师、"大上海计划"

当年俯瞰飞机楼

建筑群的总设计师董大酉担任"飞机楼"的设计师，久泰锦记营造厂承建。在新规划
的市中心区博物馆旁，征得 10 亩土地，于 1935 年 10 月 12 日奠基。

董先生将这幢承载着全中国人强国梦想的大楼设计得几近完美。整座小楼如同当
年的一架双翼飞机，结构分两部分。第一部分由机首和双翼组成，共三层。圆形机首
的底层为会客室，沿扶梯盘旋而上可达顶层。顶层为纪念堂，呈圆形环墙，嵌以黑色
大理石。中间呈圈状，建成三祭台。祭台正中镶着一块蓝色玻璃，阳光透过玻璃直射
大厅，此曰"皇穹宇"。再登高至楼顶可达白石砌成的"圜丘坛"。坛分三层三圈，人
称"小天坛"。外墙呈流线型，光滑流畅。第二部分由机身和尾翼组成，高二层，多
为航空协会办公室。机身顶部也是如真的飞机般呈弧形。尾翼上镶有"中国航空协
会"字样。在很短的时间里这幢独树一帜的大楼便已竣工，1936 年 5 月 5 日举行落
成典礼，正式交付使用。

在不久后的 1937 年的"八·一三"淞沪会战中，中国空军终于腾空跃起，重创
日军，让饱受战火蹂躏的中国百姓看到了希望之光。但飞机楼却遭到日军轰炸，受到
破坏。上海沦陷后，飞机楼被日军军方用作军火库，放置屠杀中国人民的武器。这是
飞机楼最为不堪回首的经历。随后，这座经典建筑竟被人们淡忘了。

解放后，在原国民党国防医学院旧址上建立起来了第二军医大学，飞机楼便围在
了校园里。可是却无人知道这幢楼的来历，大楼被当做长海医院的病理科和实验室，
使用了 30 多年。直到华侨郑钟良先生在这里慧眼识遗珠。他特别珍惜自己与飞机楼
的缘份，出资 2000 余万人民币，对已饱经沧桑的大楼进行修缮。1993 年 12 月 18 日，

飞机楼修复，海协会会长汪道涵题写"飞机楼"匾额。在我近年寻访这座小楼时，它正作药房和档案室之用，显得清静而优雅。

几度夕阳红——江湾体育场

又是这个我们已经熟悉了的名字——董大酉。他的每一个作品都是经典。1935年10月建成的上海市体育场（今江湾体育场，国和路346号），同样出自董先生的手笔，同样以独特的造型在中国建筑史上留下一抹重彩。上海人应该为这位伟大的董大酉先生立一个碑，树一个传。但对董先生来说，他已经不需要了。这些建筑——旧上海特别市政府大楼、飞机楼、原上海市博物馆、原上海图书馆……哪一个不是直到今天都让人惊艳的作品。这就是他的历史丰碑，每一座都是。

上海市体育场由运动场、体育馆、游泳池三大建筑构成，呈三足鼎立之势，占地300亩。说是一个"体育城"更为确切，但那时代的人就是这样喜欢语带三分保留。

江湾体育场

这个体育场在当时远东的体育设施中，可说是独占鳌头。

运动场是整个体育场的核心主题，呈椭圆形，由田径场和环形大看台组成。田径场设有一条环形 500 米跑道，分为 8 道，东西直道长 220 米（当时国际比赛设有 200 米短跑项目），跑道内侧为投掷区和跳高区，中间是足球场，足球场的北侧是网球场，南侧是武术场。看台东西两侧司令台设计成三孔券门牌楼式建筑，三座人造白石大拱门高达 8 米，运用了中国传统的云纹、火焰纹、莲花纹等雕饰，顶部左右两端各设古铜色金属大鼎一只，专门用于点燃象征运动精神的熊熊火炬。拱门上方分别刻着"国家干城"、"我武维扬"、"自强不息"三块门额。

钢筋水泥混凝土结构的看台高 11 米，分上下两层。上层是观众席，共 22 级台阶，设有 4 万个座位和 2 万个立位；下层为长 870 米、宽 6 米的回廊，其外墙由清水红砖砌成的 120 个拱券式结构组成，内设商店、休息室、卫生间及储藏室。遇有比赛，观众可从回廊的 34 个入口进入看台，就近入座；比赛结束，6 万名观众仅需 5 分钟即可全部离场。设计之精细、考虑之周到可说是完美无缺。

体育馆设有 3500 个座位，1500 个立位，并安装了当时先进的暖气设备。圆弧形的屋顶高 20 米，上弦曲线半径达 30 米，如此大跨度的穹顶在当时国内是独一无二的。穹顶还安装有 10 孔双玻璃排窗，以增强室内光线。中央比赛场地长 40 米，宽 23 米，铺设双层槭木地板。馆内运动员休息室、裁判室、贵宾接待室、浴室等辅助设施一应俱全。

游泳池为露天标准游泳池，池长 50 米，宽 20 米，最浅处 1.24 米，最深处 3.38 米。四周看台有 5000 个座席。池底及池边铺白色马赛克，四壁砌白瓷砖，容水量 2200 立方米。在水的大容量使用上可谓是环保先锋。滤水设备十分完善，浊水进了滤水锅后再回到池中，循环不息，池中保持碧波荡漾。池内的灯光设备在当时也是最新式的，水下装有 32 盏强光壁灯。

上海市体育场落成后不久，1935 年 10 月 10 日上午 10 时整，旧中国第六届全运会开幕式在这里拉开帷幕。是日，虽下着蒙蒙细雨，但市民中"衣雨衣携雨具而来者，至为踊跃"，把可容纳 6 万人的体育场看台"挤得水泄不通"。来自全国各省、市及海外华侨组织的 2700 余名运动员举行入场仪式。当东北五省市代表队选手身穿黑色孝服，手挚喻意不忘故乡黑山白水的黑白两色旗经过看台，全场观众静默无声，一种"国破山河在"的悲愤在每个人的心头涌起,"勿忘国耻",是这届全运会一段雄浑的背景音乐。中国飞行社及中央航空学校特派出飞机在体育场上空翱翔,万众仰首,情绪高涨。

在这届运动会上,离乡背井的东北籍著名运动员刘长春以10.7秒和22.0秒的成绩再创100米、200米两项全国纪录,夺得冠军。其中10.7秒的100米纪录保持长达25年之久,直到1958年才被新中国运动员梁建勋打破。这届运动会的举行,使上海新市中心区和上海新体育场,在全国乃至亚洲都有了一定的知名度。

中国人想走上一条振兴之路,日本人却早已虎视眈眈。1937年"八·一三事变",江湾市中心区被日寇占领,上海市体育场也沦为侵略者的军火库。日军在昔日美丽的草坪和跑道上修建兵器修械厂,开挖河渠、修筑电网、垒起碉堡,这里成了魔鬼的城堡。直到抗战胜利,国民党继续将体育场作为军用。1946年7月,场内的炮弹库突然爆炸,熊熊烈火烧了7天7夜。火灾过后,已是断壁残垣,破败不堪了。

解放以后,1954年上海市人民政府和国家体委耗资193万元,对体育场进行了全面整修,更名为江湾体育场。上海市市长陈毅同志亲笔题写了"上海市江湾体育场"8个大字,镌刻在西主席台正门的上方。从此,江湾体育场成为上海举办大型体育比赛的主要场地。

1983年9月18日到10月1日,第五届全运会在这里隆重举行,这是新中国首次在北京以外的城市举办的全国运动会。当时我正在复旦大学念大三。9月18日那天我们全班女生一起排队步行来到江湾体育场做观众,天气还很炎热,只记得我们每人分发到了一盒"红宝"橘子汁。这是上海最早的盒装饮料,每盒5角钱,在当时已算是高消费品,可以换十多根棒冰呢。我们很珍惜地慢慢吮着吸管。我的一个小学同学参加了运动会的团体操表演,据说一整个夏天都没休息过,天天排练,人晒得墨黑。我已忘了那天有哪些党政军领导出席了盛会,只记得飞机从空中掠过举行跳伞表演时,表演者都是女跳伞队员,一朵朵伞花由天而降,如天女下凡。但因为风力太大的关系,有几朵伞飘到了场外,引起场内善意的笑声。上海运动员朱建华在这届运动会上得天时地利人和,超水平发挥,在预赛和决赛中先后以2.37米、2.38米的成绩两次刷新男子跳高世界纪录,被誉为"世界第一飞人"。在中国足球兴起俱乐部制和甲A联赛初期,这里曾是申花足球队的定点球场。

随着上海各区体育场的兴建，以及更大规模的 8 万人体育场的落成，江湾体育场也渐渐遭到冷落。为了适应时代的新需求，在保持原有建筑特色的前提下，2006 年11 月江湾体育场被改建为国内首个体育休闲公园，城墙般的大门、看台、拱门、环形长廊等修旧如旧，功能却已不同，里面是公园式的亭台楼阁、小桥流水，以及网球、滑板、攀岩、武术等健身场地。2007 年 10 月，大气磅礴的世界夏季特奥会闭幕式在这里圆满结束。

城墙依旧在，几度夕阳红。

彩蛋今胜昔——五角场城市副中心

中学直至大学的 7 年间，我都是在五角场这一带度过的。周末回家，周一回校，站在五角场的一个角边上，我都颇费踌躇，是往左手边过马路，还是往右手边过马路。有时是要从邯郸路穿到翔殷路，有时要从翔殷路过到四平路。我都要数一下，怎么走才能少穿一条马路。那时，每个路口没有红绿灯，穿越马路也是要反应敏捷和一些勇气的。五角场这 5 条由一个中心圆五等分扩散出去的马路，让我这个常在马路当中犹犹豫豫的人颇费了一番心思。

"五角场"的诞生，也是源于 1929 年 7 月的那个"大上海计划"。"五角场"所在的这个位置，是"新上海"通往旧上海市中心的必经之路。5 条放射状的马路分别通向杨浦、虹口和闸北，5 条路犹如 5 个角，交会点便是一个圆形环岛，大家就称之为"五角场"。这种不同于一般棋盘式的道路设计，是由美国专家和中国设计师共同制订的。比之一般的十字路口，更加起到四通八达的作用。

"八·一三事变"中，这里又成了日寇进犯上海首当其冲之处。日军占领上海后，计划在这里建设飞机场、工厂区、道路、居民区、公共场所和娱乐地区、商业和仓库地区、社会公用事业、海港和铁路设施。到 1941 年 12 月，已建成占地 7000 亩的飞机场一座、辟筑道路 29 条，以及各兵种的兵营，包括设在环岛的华中派遣军司令部、市京路的联团司令部、政肃路的铁道兵、叶家花园的宪兵队、江湾体育场的军火库和军械修理厂等。这里充满着侵略者暴戾肃杀之气。

抗战胜利后，五角场一带又恢复了人气，逐渐形成居住区，商业也随之发展。环岛地区成为通往吴淞、闸北、浦东和市中心的必经之地。之前都只是民间称此处为五角场，正式以五角场命名的单位是 1949 年的五角场村小学，以及 1950 年 4 月建立的五角场乡。1962 年，五角场镇政府正式建立，隶属宝山县。1984 年 9 月，五角场镇划归杨浦区。

1954 年，江湾区供销合作社在翔殷西路搭建一批竹架简屋开店，经营百货、棉衣、五金、烟糖等大类商品后，翔殷路、淞沪路转角商店群形成。1955 年，淞沪路 85 号国营淞沪饭店建成，淞沪路、邯郸路转角商店群形成，成为这一带的主要商业区。也是复旦、同济的师生购买日用百货的主要消费场所。我们读书的时候，无论是聚餐、拍照、买书、买衣服，一般都到五角场。在复旦就读过的人没有不知道"朝阳百货"的，两层的商场，拥挤的格局，但似乎生活用品十分齐全。我在二楼商场买过一件白衬衫。隔壁的"大众"点心店，也是我和同学解馋时的最爱，红色的鸭脖子永远放在橱窗最显眼的地方，可是我们一般只吃一碗阳春面。我只在五角场电影院看过两场电影。一场是《多瑙河之波》，我是随我母亲的学校从长白二村一路远征走到五角场的，中间，经过一片不会出现警察的农田时，母亲的同事用自行车带了我一段路。现在想起来，那段路也是够长的，可是当时这部电影特别轰动也特别紧俏。这大概就是母亲带我一起看的原因。我那时才 8 岁。记得那天电影院好像超员很多，我是和一些哥哥姐姐坐在靠近银幕的地上看的这部电影。但影片开始时，那个穿着洁白婚纱的新娘被她的船长丈夫抱着旋转的镜头，永远都不会忘记。另一场电影是"文革"之后重上银幕的《白求恩》。

因为对五角场有着特别的感情，当听说五角场已建成城市副中心后，我第一时间就赶去凑热闹。中心环岛已成了发光的彩蛋，一条中环高架路从彩蛋中心穿过。我再也不用计较往哪里走可以少穿一条马路了，从彩蛋下面的步行街走可以通往 5 条马路中的任何一条。万达广场、百联又一城两大 shopping mall（大型商城）隔着一条淞沪路对视着、竞争着。书城、溜冰场、电影院、咖啡店、名牌专卖店、中西餐厅……市中心南京路、淮海路有的，这里全有。节假日，人潮如涌。因为历史的风云变幻，五角场作为上海市中心，虽已成了海上旧梦，但它正在走向新的繁华。

高桥海滨浴场的民国记忆

李　红

上海虽地处东海之滨，但亲近大海的机会却很难得，偏偏上海人的骨子里都有些恋海情结。20世纪30年代，高桥海滨浴场，就曾以白沙滩、碧波浪饮誉沪上，侨民、华人、摩登男女都曾在这里流连忘返。"到高桥去"成为很多时尚达人的消夏首选。海浴的风尚甚至带动了高桥松饼的热销、女性服饰的改变呢。

1932，沪上最早的海滨浴场开放

"文革"期间有一本俗称"手抄本"的地下小说《第二次握手》，在中国几乎人尽皆知。其中的男女主角苏冠兰和他的终生挚爱琼姐，第一次的浪漫相遇就是在上海的高桥海滨。苏冠兰从圣约翰大学骑车至高桥海滩游泳，突遇一场狂风暴雨。见有人在水中挣扎，他奋不顾身重返江中救出了一女子，从而引出了那个禁欲时代人们广为传颂的一个传奇故事。

这个美好故事所呈现的时空背景基本符合当时的历史事实。高桥位于上海浦东东北角，地处长江和东海的交汇处。北面是吴淞口，东南面就是浩瀚的东海。这里的海滩坡度较为平缓，退潮时，近岸一里之内的水深仅及腰部，是一个非常难得的天然海水浴。更可贵的是，高桥海滩的沙子是自然冲洗而成的白沙，细碎而绵软。早在20世纪

海滨浴场全景图

20 年代，一些西方侨民就来高桥海滨驾舟游玩，成为第一批"试水"的人。在海滨浴场开辟之前，吴淞江近海处曾有英国人开设的炮台旅馆，盛暑期间，生意极好。

1932 年，受国民政府"大上海计划"的鼓舞，时任上海市长吴铁城下令市轮渡公司将盈余款项 2000 元作为开设高桥海滨浴场的启动资金。由工务局、卫生局、公用局集体决议，市轮渡公司负责开发，在浴场周围剔除石块，锄平细沙，盖起更衣休息用的简易房屋，并设有瞭望亭。亭内悬挂铜钟，涨潮时鸣钟为号，同时设救生巡逻艇来回游弋，担负救险任务。7 月 16 日，高桥海滨浴场初步建成开放。

建成之初，海滨浴场还是上层人士的小众享受。因浴场离上海市区约 20 余公里，又有黄浦江阻隔，交通不便，多数市民只能望"海"兴叹。为改善交通状况，上海市轮渡公司充分利用原有的沪淞线轮渡，特意在每年的七八两月开行乘凉夜班，周末甚至数轮并行，还出售上海至高桥的来回联票以方便游客。不过，即使有了轮渡的配合，当时的公共汽车仅从高桥轮渡码头行至高桥镇，游客还需步行或乘人力车抵达海边。为此，著名营造商王松云开设的黄包车行大显身手，最高峰时有 120 辆人力车可供出租。1933 年，一条全长约 2.4 公里的海高路终于通车，这条煤屑路面的公路连通了高桥海滨和高桥镇。这样从北京东路外滩乘一个半小时的轮渡到达高桥码头，再转乘 20 分钟公共汽车便可直达浴场。

1935 年，上海市政府将高桥海滨浴场交由兴业信托社与市轮渡公司联合经营，双方投入巨资加以修缮扩充。管理方在海滨浴场进口处建造了 50 级的水泥台阶，门楼以翠绿色玻璃瓦盖顶，屋顶两端各置美人鱼雕像，既具中国风格又有现代气息。管理方将沙滩进行筛石处理，加铺白细沙，供游客仰卧作日光浴。又专门从宁波海滩运来沙子，铺在浴场底部，增加足部的舒适感；在沿海滩设置帆布帐篷 200 余顶、凉房数十间，还出租帐篷及救生圈。浴场内特辟人工湖，以长堤为界，以木桥连接，中有湖心亭供游客垂钓。为了游客安全，在离岸数十米处，抛置红色浮筒一排，作为深水区的警戒。

上海谦利洋行买办杨鸿奎在浴场西北岸边独资开设了西班牙风格的海滨饭店，请川沙名人黄炎培亲笔题写店名。饭店坐落在一个中西合璧、别具一格的花园里，有中式的亭台花榭、小桥流水，饭店内有旅馆、酒吧、舞厅等设施，更配备两个翠绿如茵的高尔夫球场。餐厅里有法式西餐和中式点心供应，可容纳 400 人共同用餐。透过四周的玻璃窗户，可以极目远眺，海天一色，景色绝佳。

1935 年 6 月 22 日，焕然一新的浴场对外营业，张学良、吴铁城、杜月笙等政客名流送匾祝贺，一时轰动沪上。高桥海滨浴场一跃成为旧上海滩的又一时尚地标。

名人的夏日时尚聚所

碧浪银沙的高桥海滨为沪上平添了一处雄浑美景。"大漠诗人"南汇顾佛影曾咏道："是处风光异沪滨，海波潋滟涤胡尘。已教明月生凉夜，宜有高楼贮美人。化作鸥凫原可喜，梦为蝴蝶亦前因。消他十斛葡萄酿，醉向沙边说项陈。"

1932 年高桥海滨浴场开辟时，迎来的第一批游客就是著名影星胡蝶等人。当时，明星电影公司正在拍摄张石川指导的电影《狂流》。其中有一场戏需要到海滨实地拍摄，明星公司就近选择了高桥海滨。7 月 31 日，所有演职人员下了轮渡，用了十几辆独轮车才将人员和机器设备运到海边。当天要拍摄的是胡蝶、夏佩珍水里逃生的两幕戏。开拍前，导演张石川特意嘱咐胡夏两人多喝些白兰地，以防受凉。正式开拍后，胡蝶倒卧在海中小木排上，随浪漂流；夏佩珍更是两度入海演绎水中求生，表演得十分逼真。事后，夏佩珍被人背着在沙滩上狂奔一圈，才缓过劲来。

影星为了拍摄佳片"舍身试水"，更多时尚闻人则是为了尽兴游乐而来。1932 年夏天，宋子文邀请已故秘书唐腴胪家人和杨杏佛父子吃饭夜游，最后一站便是新开张的高桥海滨浴场。梅兰芳、聂耳、聂伯尼什夫妇等名人都曾来此畅游，聂耳与友人浴罢还特意在此留影纪念。联华公司的明星陈燕燕、王人美、黎莉莉、殷明珠等人曾同赴高桥海滨，还用相机留下了海边戏水的靓影。

1933—1935 年关于建造高桥海滨浴场的档案材料

杨秀琼游泳到终点时的情形

　　引爆海滨浴场汹涌人潮的，当属 20 世纪 30 年代为人称道的"美人鱼"杨秀琼了。1933 年，在第五届全国运动会上，广东女游泳运动员杨秀琼包揽了 50 米自由泳、100 米自由泳、200 米俯泳、100 米仰泳四项个人第一，还获得了 200 米 4 人接力冠军。在场观看的蒋介石夫人宋美龄还认她为干女儿，特意送给她一辆美国"紫竹"牌的小轿车。1934 年，杨秀琼又于菲律宾远东运动会上获得游泳冠军并创远东新纪录，成为国人心目中的女英雄。

　　这位得到国人"专宠"的少女，于 1934 年 8 月 6 日受邀前去高桥海滨浴场，吸引了上海市民竞相涌入高桥。当天中午，杨秀琼一行由杨树浦定海桥乘坐专轮抵达高桥，下榻在建成不久的海滨饭店。高桥海滨浴场成立接待小组，由浴场经营者、谦利洋行买办杨鸿奎亲自领衔，当地公安局侦缉队沿途保护。闻讯赶来的上海媒体和海滨游客将饭店门厅挤得水泄不通，原定三点半在楼上阳台、楼下正门的拍摄，因为太过拥挤，只能改在饭店中庭拍照。四点半，在主席团安排下，杨秀琼换上最新潮的黑色泳衣，身披蓝条浴衣，着蒲草拖鞋，风姿绰约地向海滨出发。无奈人行道狭窄，加上数千名群众夹道围观，场内秩序大乱，杨秀琼一行只能返回饭店。这可急坏了特地前来一睹"美人鱼"风采的游客。他们尾随来到饭店，大声要求杨秀琼表演。杨秀琼不得已站在阳台演讲，劝说大家退回海滨并保持秩序、留出通道，她定当不负盛情。得到满意答复的观众鼓掌退去，一番折腾后已是傍晚六时三刻了。最终，杨秀琼在随行安保人员"竹竿拦道"的护送下到达海边，由其领衔一众游泳名将，沿着海滨由南至北环游一圈，草草了事。那时人们追星的疯狂程度可丝毫不逊于今日。

市民的大众消夏场所

上海地狭、屋小、人众，夏日的火热天气格外地叫人觉得难熬。海滨浴场的开辟，使十里洋场有了一处难得的近郊避暑胜地。"到高桥去"成为很多时尚达人的消夏首选，入秋之后，赴海滨浴场的游客仍是络绎不绝。

1935 年，整顿后的高桥海滨浴场，不但风光迤逦，交通大为便捷，管理处还斥资建造了最新式的水塔及男女淋浴室，满铺白瓷细砖，安置冷热水龙头，以便游客浴前浴后冲洗之用。更在海滨设一露天淋浴场，以便游客随时冲洗。游客黄影呆曾在1936 年的《旅行杂志》上撰文，大赞海滨浴场的淋浴设施："场的式样是腰圆形，四周满铺金黄细沙中间竖立着喷水龙头，清水从美人鱼的口中射出，奥妙无穷。"海滨浴场改归市办后，还增建一座大规模食堂，食堂内部整洁明净，中西茶点，扬州面点，应有尽有，售价也不贵。食堂外面靠海滩的走廊上，设有一排桌椅。这里晒不着太阳，既可享受到面朝大海的美景，又能启豁胸襟。食堂外围的空地中，还有巨大的草厅和蒙古包，供游客用餐、休息使用。浴场沿海滩边设置竹架帆布帐篷两百多顶，另有凉房数十间，全部出租供游客休息或住宿之用。更衣室另有各式游泳衣、毛巾、游泳圈、拖鞋、肥皂等物品出租或出售，以方便未带泳具的客人。游客对高桥海浴推崇有加，写到"大热的天……我以为上高桥海滨浴场去洗一次海水浴，最为适宜，可以换一口新鲜的空气"。

去高桥海滨的路费也能为普通市民所接受。据民国的《旅行杂志》记载：1936 年从市轮渡码头买联票到高桥，二等舱来回票价是 2 角 8 分，自高桥轮渡码头到海滨，公共汽车来回四角，来回一共只需 6 角 8 分。海滨浴场的门券一角，联票已包含在内。如果选择更舒服的轮渡头等舱，船价要增加一倍，为 5 角 6 分。即使加上海滨午餐、冷饮，或租凉棚等费用，一两元钱便可好好享受一番。如果在海滨住宿，乡村风味的茅棚，内有小床及桌凳，2元便可舒服地住上一宿。

经济的价格与便捷的交通，使高桥海滨浴场受到众多青年的青睐。夏天周末，对都市生活过得烦腻的人，多半喜欢到那里去住上一夜，享受一剪时光的浪漫；即使不会海浴的人，也争先去饱览新鲜的海景。每到夏季，在高桥码头等候的公共汽车，通常共有十辆同时接连开行，场景甚为壮观。

当时，还有一些机构将高桥海滨游作为员工的福利呢。1934年上海邮务曾组织职工到高桥海滨旅行，职工竟全都报名。为不耽误营业，邮务公司只好分两批安排人员去度假。更有上海的女子夏令营，提出"到自然去"的口号，在高桥海滨组织了一次别出心裁的女子集体游泳。

杨秀琼的泳装照

在20世纪30年代，高桥海滨举办的渡海比赛还曾成为沪上的体育盛事。1934年8月19日第一次比赛，由于风高浪急，虽角逐出了前5名，却有不少选手在中途退赛，影响了名次的真实性。于是，8月22日举行了第二次比赛。是日风平浪静，有25人参加了比赛。结果杭州长风会的俞宝鉴获第一。

1932年至1937年，高桥海滨浴场设施日臻完善，吃、喝、玩、乐一应俱全，且华洋共享，俨然成为一个上海的"小青岛"。

海浴带来新风尚

高桥海滨浴场的开发还带动了一系列产业的发展呢。沪上女性争穿泳装、高桥松饼的爆红、遮阳大伞的热销都与海浴息息相关。

自1926年上海虹口的公共游泳池对公众开放时起，上海便有了男女同游的现象，泳衣的设计也渐趋简短。到1930年代，泳装早已是海派达人的必备物件。1934 年 12 月的《良友画报》，将杨秀琼和宋美龄、胡蝶、丁玲等人一起，誉为当代十大标准女性。这篇报道，在上海滩的新潮女性中掀起了一股游泳热潮，高档商店里的泳衣几度脱销。当时的时髦女性都会拍上几张泳装照，名媛上官云珠、阮玲玉等都有穿着泳装的时髦造型。印有女性泳装照的香烟壳、月份牌还极为畅销呢。

海浴的风尚，使女性"以白为美"的传统审美观念也受到了冲击。1930 年，上海《生活》杂志曾撰文，提倡女性要摈弃昔时"豆腐式"的小姐身材，要多锻炼，多见日光，晒得了黄金的颜色，才是女性最美丽的肤色。1934 年，上海《图画时报》就曾刊登女性穿泳装在高桥海滨的照片，并写道"上海小姐也染上好莱坞风气，以褐色皮肤为美，穿上一件露背游泳衣坐于高桥海边"。海浴的风尚还带动了遮阳伞的畅销。著名作家茅盾于 1936 年 5 月曾写了《"佛诞节"所见》一文，说他在静安寺的庙会中看到了"'海上'摩登士女表示岂不失为摩登的在高桥泥滩上晒黑皮肤的需用品"，看到各式各样的遮阳大伞在庙会上极为畅销，他也感慨"跟静安寺一样古老的'庙会'每年添上一个'都市文明'的新鲜的时代的烙印的"！

《良友》杂志的封面人物杨秀琼

在服饰的式样上，享有"东方巴黎"美誉的上海一直是"为各省内地妇女之模范"。20 世纪 30 年代的上海歌谣曾唱道："人人都学上海样，学来学去学不像。等到学了三分像，上海又翻新花样。"当内地许多女性还包裹着严严实实的衣服时，上海的摩登女士们早已穿上暴露的泳装，翩然腾跃于公共游泳池和海畔了。在前往浴场的公共汽车上，时装少女裸露着大腿，每个人手里拿着小皮箱、游泳衣、毛巾等物品，大谈自己游泳的秘诀。有些摩登女郎早早就把泳衣穿在身

高桥海滨浴场的时髦女性

上，到了沙滩上，她们往往径自脱去外衣，奔向大海。因为高桥海滨浴场相对较空，男女少了不少避忌，女郎们可以随性地在水中央一展身手，掀起一片层叠起伏的洁白浪花。而在岸上的帐篷中，几个时髦姑娘穿着 1936 式的羊毛泳衣，懒懒地躺在里面，有的预备要走了，已换上旗袍，照着小镜子在轻敷脂粉，更有西洋女子在轻唱爵士歌曲。

高桥海滨浴场的旅游热也带动了高桥镇的繁荣。高桥的特产——高桥松饼的名气也越来越大。沈祯就有夸赞高桥松饼的竹枝词："千层玉屑压团沙，一捏酥梭纤指夸。浴罢海滨归去早，土宜双品带些些。"高桥松饼原名千层饼，多用以赠节礼物，拿到市面上销售的较少。海滨浴场建成后，游客熙熙攘攘，商人张锦泰见有利可图，便在高桥西街 55 号开办了高桥食品公司，还开设海滨浴场等各处支店，专门做松饼生意，使高桥松饼一时风靡上海。试想一下，在高桥海滨涤却夏日的喧嚣，再来点特色的酥饼，尽享舌尖的美味，好好享受一下身心的全面放松，多令人神往！见有如此商机，各路商家也不甘落后，五芳斋、"天天有"菜馆都在浴场开设了分店。

高桥海滨浴场还带动了交通业的发展。来海滨的游客，公共汽车几乎是必乘的交通工具。高桥码头至高桥镇通行的公共汽车，1931 年载客数为 8 万余人次；1932 年浴场开辟后，人数骤增到 10 万余人次；1935 年更是达到 16 万余人次。上海市轮渡公司还曾自夸："不独本处营业赖以维持，并可提倡郊游及海浴，裨益市民身心者实巨。"

1937 年"八·一三"战事，盛极一时的高桥海滨浴场惨遭日寇炮火轰毁，后来，海堤又被潮水冲塌，浴场设施几乎荡然无存。一到夏天，昔日喧闹的海滩终归寂静冷清。

后 记

1958 年，高桥又有了海滨浴场，建在高东乡竹园大队的徐家路滩，1961 年因台风袭击而关闭。1985 年，川沙县政府在老海滨原地再建浴场，1990 年因兴建外高桥电厂等原因，高桥海滨浴场最终关闭。

高桥海滨浴场的昔日盛况虽难再现，但上海人的爱海情愫永未消逝。如今，奉贤的碧海金沙海滩、金山海滩都是亲近大海、放飞心情的好去处。

南京路"四大公司"的传奇故事

张姚俊

上海南京路上的"四大公司",当年几乎是家喻户晓。自 1917 年起的近 20 年中,先施、永安、新新、大新公司陆续在寸土寸金的南京路上登台亮相,彻底打破了外商百货公司的垄断地位,联袂开创了上海近现代百货业发展的新纪元。

曾几何时,"四大公司"如同上海的脸面一般,成为引领这座城市摩登生活的风向标,改变了上海人的消费观念与生活方式。以至于长久以来,后人一直津津乐道于它们所缔造的商业传奇。

2012 年年末,在由上海市档案局组织开展的首批上海市档案文献遗产甄选评审中,上海市档案馆珍藏的"四大公司"档案赫然列于档案文献遗产名录的榜首。这又一次勾起了人们对那段往事的追忆。

"英雄所见略同"

翻开"四大公司"的档案,细心的人不难发现,虽然"四大公司"各自为战,但单就发家史而言,彼此之间竟然有着如此多的相似之处:先施公司老板马应彪、永安公司创办者郭泉、郭乐兄弟、新新公司创始人之一李敏周及大新公司控股人蔡昌都来自地处珠江出海口的香山县(今广东中山)。这些勇敢的"广东人"早年远赴澳洲打拼,以经营果栏(即水果批发店)或杂货店起家,随后又都抱着实业救国的理想回国二次创业。尽管先施、永安、大新公司均在香港和广州取得斐然业绩,但马应彪等人仍不约而同地把目光瞄准"殷商巨贾咸集"的上海,选择在当时申城地价最高的南京路落地生根,这不能不说是"英雄所见略同"。

20世纪 30 年代，南京路上四大公司并驾齐驱，使这条"中华商业第一街"更加热闹

1914 年盛夏的某日，马应彪带着几名助手来到南京路（今南京东路）。从西藏路到黄浦滩，马应彪把整条南京路来回兜了个遍。其实，在此前近一年的时间里，他已经两度遣人来沪考察市场环境。但是，从商多年的经验告诉他，确定店址还需眼见为实。一圈逛下来，他发现南京路靠近外滩一侧分布着外商开设的福利、惠罗等大型百货公司，而过了河南路再往西行，在南京路上一字排开的全部是华商店铺。虽在数量上占优，但中国商人大多墨守"独占一味"的陈规，商铺空间局促，货品种类单一，顾客少有挑选商品的自由，因而国人的商店根本不可与洋商的百货公司同日而语。"非急设立大公司，殊不足与之抗衡"，此情此景更加坚定了马应彪落户南京路的决心。

南京路自东向西长逾 3 里，是那时上海最重要的干道，本地人惯以"大马路"称之，那么在这一偌大的商业街区内，哪里是设店的最佳位置？马应彪边看边行，心里不住地盘算。

当行至南京路浙江路（今浙江中路）口，马应彪停下脚步。他左顾右盼，思索了片刻，然后抬手朝西面指去，自信地说道："嗯，就是这儿吧。"助手们顺着他所指的方向放眼望去，发现在那路口的一东一西分别设有两家茶楼。东面的那家名曰"日升楼"，因地处南京路、浙江路和湖北路的交叉口，地形颇似五龙相汇，故又名"五龙日升楼"。与日升楼隔路相对的是一家叫做"易安居"的茶馆。马看中的正是易安居所在的地皮。对于马应彪的这一决定，他的手下面面相觑，觉得有点不太靠谱。马应彪似乎看出了他们的心思，笑着解释，虽说此处的市面不及外滩那头繁盛，但根据先前的调查，地价却便宜不少；再者，从此地乘坐电车还可通达北火车站，今后足以保证华界的客流源源不断。

马应彪果然是颇具大将风范，行事雷厉风行，他很快从该地产所有人英商德雷士手中以每年白银3万两的价格租定那块地，并招股200万元，筹建上海先施公司。3年后，一幢7层高的古典式巴洛克风格大楼拔地而起，以"创始不二价，统办全球货"为经营方针的先施公司从此就在这里安营扎寨。所谓"不二价"即是指商品明码标

先施公司

价，谢绝顾客讨价还价。马应彪早在1900年于香港创设先施公司之际，就对当地市场上肆意开价、随意砍价的乱象深恶痛绝，遂立下了这条店规，以昭示诚信经商的决心。先施的英文名称"Sincere"，意即诚挚、不掺假。此后，"四大公司"中的其他三家亦严守"不二价"的经营原则。

作为上海首家华人自建的综合性百货商店，先施公司可谓一炮走红，开业当日即迎来数以万计的民众，购物者夹杂着看"西洋镜"的人群鱼贯而行，至夜依旧呈现出熙熙攘攘的盛景。先施公司的出现如同一枚扔入湖中的石子，在刻板的上海商界激起阵阵涟漪。

就在先施公司确定登陆南京路的第二年，即1915年，郭泉、郭乐兄弟也在"大马路"上铺开了自家的发展蓝图。与马应彪不谋而合，他们同样相中了南京路浙江路附近的地块。可究竟是开在南京路北侧和先

永安公司

施比肩而立，还是设于南边，跟先施来个"门当户对"呢？据说，兄弟俩为此一直举棋不定，后来还是郭乐想出了取豆数人的点子。

一日，郭氏弟兄雇来两名伙计分别站在南京路接近浙江路的南北两端。此二人各背两只布袋，一只鼓鼓囊囊地装满豆子，另一个则是空瘪的。只要身边有一位路人经过，他们就往空口袋里掷入一颗豆子。白天的南京路熙来攘往，而这两个身背布袋、手里还一刻不停地摆弄着豆子的年轻人却总在原地转悠，不少行人向其投去异样的目光。旁人哪里知晓郭泉、郭乐此刻正坐在路边的日升楼茶馆里监督着他们的一举一动呢。经过连续数天的反复测算，郭氏兄弟发现南京路南侧的人流多于北边。两人立刻拍板：永安公司就造在先施公司的马路对面。永安（Wing On）一词是沿用了郭家在澳洲经营的果栏之名，寓意"永保安宁"。敲定店址后，郭泉、郭乐悬着心终于放下，他们期冀永安能在纷乱的商战中安安稳稳地推进业务，永远立于不败之地。

理想总是美好的，现实却残酷无情。永安公司意欲租用的恰好是犹太富商哈同的资产。哈同乃旧上海赫赫有名的房地产大亨，几乎半条南京路都是他名下的产业。郭泉、郭乐原以为也能用 3 万两左右的租金拿下那片地，孰料哈同"狮子大开口"，提出的条件苛刻至极：年租为白银 5 万两，30 年租期满后须将地皮连同附着于土地上的建筑物一并归还。权衡再三，郭家两兄弟还是咬咬牙，一口应承下来。

大新公司

虽然永安公司大楼的建设一度因资金问题出现延误，但事实证明，郭泉、郭乐的确是有远见的。1918 年 8 月 20 日，距离永安公司开张尚余半月，郭氏兄弟便在《申报》上连续刊登广告，一时间"永安公司即将开幕"的消息成为上海滩家喻户晓的头号新闻。让永安方面始料未及的是，9 月 5 日开业后，公司原本准备销售两个月的货品在 20 天内即告售罄，当时的盛况由此可见一斑。

至于新新和大新公司，它们进驻南京路的时间稍迟一些，付出的租地成本自然更高。新新公司的"房东"依然是哈同，其租用的面积虽仅为永安公司的 6 成，哈同却开出年租金 8 万两的天价。尽管创业之路充满艰险，新新、大新公司仍然昂首阔步开进"大马路"。"沪滨乃中国口岸通商之中枢、环球货品转输之孔道……南北菁华荟萃于此，诚我中国一最盛繁华之商埠也。"或许郭乐的这番话能够诠释"四大公司"为何冲破重重阻力进军大上海的主要动因吧。

"康克令小姐"

提及美国产金笔，众人想到的无外乎是派克（Parker）、犀飞利（Sheaffer）之类的大品牌。但上世纪 30 年代申城最畅销的金笔却是由永安公司独家代理的康克令（Canklin）牌。用"火爆"二字来形容当年永安公司底楼康克令专柜的销售场景则毫不为过。若问此中缘由，全赖"康克令小姐"的功劳。

永安公司之所以要买断康克令金笔的代理权，图的是此物的利润丰厚。然而，面对如此陌生的牌子，上海消费者能买账吗？永安高层想到一招妙棋：招聘年轻貌美、端庄秀丽又略懂英文的上海小姐站柜台，推销康克令金笔。此举果然奏效，很多男性顾客趋之若鹜，购笔是其次，最关键的是能借机与温柔淑静的女营业员搭讪几句。不出数日，"康克令小姐"的雅号便名闻海上，就连不少文人雅士亦纷纷慕名前往一睹芳容。1936 年，《大公报》记者徐铸成由汉口抵沪。来上海之前，他就对"康克令小姐"有所耳闻。事也凑巧，当时徐铸成那支使用已久的派克笔恰好坏了，他便专程赶到永安公司，花费 4 块大洋，买了支康克令金笔。乘此机会，徐铸成细细打量了女售货员，举止优雅的"康克令小姐"让这位名记由衷地发出了

永安公司的康克令金笔广告

时髦的烫发，合体的旗袍，外加一枚精致的胸针，当年的女营业员大都如此打扮

"果然明眸皓齿，不负众望"的赞叹。

更有甚者，国民党陆军上将陈调元之子陈度因迷恋上一位"康克令小姐"，竟每天必至永安公司买笔。久而久之，两人坠入爱河，珠胎暗结。却不曾想，陈度原是有妇之夫。陈调元得知此事，怒不可遏，不惜一切代价要拆散这对鸳鸯。无奈之下，这位"康克令小姐"只好求助于大律师章士钊，最终获偿数万现洋了断冤孽。

事实上，聘用女营业员并非永安公司首创，先施公司才是第一个"吃螃蟹者"。按照中国的封建礼教，女子理当在家相夫教子，不可在外抛头露面，待字闺中者更应深居简出。然而，马应彪对此不以为然，并提出招聘女营业员的想法。可是，招募启事贴出去一月有余，竟无人上门应聘。就在马应彪正想"打退堂鼓"之时，他的妻子霍庆棠主动请缨担任化妆部的售货员。霍的两个小姑也挺身而出，跟嫂子一同立柜台。这下，先施公司"三个女人同台站"的新闻不啻为一个炸雷震动申城。好奇者接连前去围观，守旧者则斥之为伤风败俗，先施面临着巨大的舆论压力。谙熟经商之道的马应彪随之调整策略。起先，他让夫人等隔三岔五地出现在柜面，慢慢再改为一两天上次班。通过循序渐进的办法，市民逐步适应了这一新潮的售货方式。加上，霍庆棠仪态端庄、口齿伶俐，深得顾客青睐。曾经横遭非议的女营业员竟成了先施公司的活广告。

当然，女店员吸引的主要还是男顾客，而逛百货公司的更多是女性消费者。所以，永安公司化妆品部的售货员多为英俊潇洒的小生，他们也与"康克令小姐"一样，有着大批拥趸。

从"玻璃电台"到自动扶梯

如果要问"四大公司"成功的秘诀是什么？不断创新无疑是其中至关重要的一条。在"四大公司"里，新新、大新进入上海市场的年份大大晚于先施和永安，但努力求新求变，大有后来居上的势头。有意思的是，新新（Sun Sun）与大新（The Sun）的名字里都包含"新"字。依照新新公司总经理李敏周之子李承基的说法，"新新"之命名，语出《大学》中的"苟日新，日日新，又日新"一句，意谓日日都有新的进步，日日都有新的成就；而在蔡昌的眼中，大新蕴含"大展新猷"的深意。

新新公司于 1926 年 1 月 23 日开业当日就使出了全新的招数：免费赠送香烟。没想到，开门仅仅两个小时，闻讯而来的市民就把新新公司挤得满满当当，经理刘锡基不得不下令采取每隔 10 分钟放行一批顾客的限制措施。这不过是新新公司小试牛刀，利用广播电台进行商业推广方是新新祭出的"杀手锏"。

新新公司在开业之初也模仿先施、永安公司的套路，在屋顶花园开设新新游乐场，但刘锡基总认为此一做法缺乏新意。经过一番苦思冥想，他忽然眼前一亮，"用电台来

大新公司的自动扶梯

做广告宣传不是蛮好嘛？"的确，无线广播对于 1920 年代的中国人来说，还是一桩彻头彻尾的新鲜事。1923 年 1 月，也就是新新公司开张前 3 年，中国境内第一家无线电台—《大陆报》暨中国无线电公司广播电台（俗称"奥斯邦电台"）才在上海开播。更何况，此后上海虽接连出现的数家电台均为外资背景，华商在这一领域还完全是空白。

刘锡基曾经听过外商电台的广播，其内容除去新闻、音乐等节目外，商业广告占到相当比例。"既然洋人可以自办电台，为啥我们不行？"刘锡基马上将自己的想法付诸行动。开办电台少不了广播发射机，他原计划从美国进口一台。恰巧，曾在旧金山学过无线电技术的新新公司技师邝赞在得知此事后，自告奋勇承担了设计和制造电台设备的任务。

1927 年 3 月 18 日，从新新公司 6 楼传出了悦耳的乐声，上海的广播听众首次收听到呼号为 XGX（后改为 XLHA）的新新广播电台的节目。也许连刘锡基自己也未曾料到，新新电台刚刚诞生就一举创造了两项第一：上海第一家由华人创办的广播电台、中国第一座民营电台。

新新电台每日广播 6 小时,大半节目用以推介本公司货品和商业促销活动。电台推销的首宗商品是新新公司自行装配的 109 式矿石收音机。考虑到听众的口味,新新电台还时常转播新新游乐场里的各种演出,包括京剧、申曲、苏滩、滑稽戏等。王晓籁、袁履登等政商界名流以及众多名演员、名票友也是电台的常客。新新公司的生意因此获益良多。但随着沪上同类电台越开越多,市民对新新电台的新鲜感亦逐渐消退。见此状况,聪明的刘锡基又计上心头。

众所周知,广播的特点是"只闻其声,不见其人"。刘锡基则反其道而行之,把新新电台的播音室改建为全透明的,四周用玻璃隔断,播音设备也全部从美国引进。如此一来,原先看似神秘的播音过程便可一览无余,话筒边播音者的"庐山真面目"亦能看得清清楚楚。随即,去新新公司看"玻璃电台"成了风靡一时的时尚新宠,新新公司的营业额也藉此步步攀升。

大新公司是"四大公司"中创立时间最晚的一家,它又有何妙策招徕顾客呢?答案很简单:一部美国进口的奥的斯自动扶梯。那玩意在今人看来早已司空见惯,但搁在那个年月可是稀罕之物。曾于大新公司开张前夕前往试乘的《申报》记者就做出如下结论:"的确叫人感觉便利、新奇。预料开幕的一天,一定有很多的人好奇地去试乘。"果不其然,在 1936 年 1 月 10 日大新公司首度开门迎客的当天,广大市民扶老携幼兴冲冲地赶来,有的甚至是全家出动。大伙不为别的,就是冲着上海第一部自动扶梯而去,谁人不想尝尝鲜呢?由于人如潮涌,公司方面只得临时卖起门票,4 角钱可以上下乘坐一回,乘完电梯后,凭票在商场里购物还能现场抵扣。这部奥的斯扶梯每小时可供 4000 人上下,以一天营业 12 个小时计算,开幕那天估计有 4.8 万人来到大新公司。自动扶梯无形之中成了最好的广告,大新公司由此名声大振,生意兴隆。

"气象巍峨品物奇,多财善贾几公司。中华特辟繁华境,奚啻申江托拉斯。"时人对"四大公司"的夸赞至今读来仍觉十分贴切。只不过,在如今繁荣景象更胜当年的南京路上,"四大公司"的巍巍高楼依旧矗立,而这四家中国近代百货业先驱的辉煌已成往事,这不禁令人感慨"逝者如斯夫"。幸而,"四大公司"的档案保存完整,通过这些珍贵的文字记录,我们可以还原出"四大公司"更多的传奇故事。

"公真第一人"

——写于宋教仁被害及去世 100 周年

徐牲民

1913 年 3 月 20 日晚上的上海火车站，欲赴北京的宋教仁在众人相送下，走向检票口。就在这时，人群后闪出一个身材短小的人，蹿至宋教仁身后，抬手一枪，近距离击中宋教仁右肋，宋教仁身子一晃，仆倒下去。混乱之中，凶手逃走。黄兴、于右任、廖仲恺等人慌忙扶住宋教仁，只见他咬牙闭目，面孔失色，鲜血却已经从他的腰部直涌出来。

3 月 22 日凌晨，宋教仁不治身亡。

中国的时局，因此发生逆转；历史的向度，由此发生改变。

宋教仁

政治英才

宋教仁早年参加革命团体，是同盟会的主要领导人之一。1910 年底，宋教仁从日本返抵上海，任《民立报》主笔，以"渔父"笔名撰写大量宣传革命的文章。

宋教仁在日本时，先后翻译了《日本宪法》《英国制度要览》《俄国制度要览》《奥地利匈牙利制度要览》《美国制度概要》《比利时澳匈国俄国财政制度》《德国官制》《普鲁士王国官制》等，对各国的政治制度、政权组织进行了比较全面的了解和比较，形成了系统的宪政理念。

1911年春天，他从上海赶到香港，参加黄花岗起义的准备工作，起草了约法文告和制度设置，这是他宪政思想一次具体而完整的表述。武昌起义发生后，他赴武汉起草了《鄂州约法》，这是中国历史上第一部具有近代意义的宪法草案。南京临时政府成立，他出任法制院长，中华民国第一部《临时约法》包含了他的许多重要观点。

蔡元培因此说："其（同盟会）抱有建设之计划者居少数。抱此计划而毅然以之自任者尤居少数，宋渔父先生其最著也。"

南北和议以后，袁世凯任临时总统，国民党理事长孙中山开始全力考察铁路建设，代理理事长宋教仁主掌党务，并全面致力于政党政治和即将进行的议会选举。是时，宋教仁奔走各地，批评国事，讨论朝政。演讲会上，总是人山人海，"所至欢迎，大有倾倒一时之概"。在1913年的议会选举中，国民党在预定的700席中，获得392席；民主、共和、统一三党的得票总数，不及国民党票数的三分之二。宋教仁由国会多数党推举为内阁总理，已然是顺理成章。袁世凯为此几次邀请宋教仁筹谈国会开幕及组阁事宜。

一直与同盟会、孙中山抵牾甚深的章太炎，对宋教仁的才干也极为推崇，"至于建制内阁，仆则首推宋君教仁，堪为宰辅"。"谓总理莫宜于宋教仁。"

一种两相制衡的新型政治架构，呼之欲出。

巨星陨落

宋教仁中弹后，于右任冲到车站外边，拦住一辆汽车，急忙把宋教仁送到离车站最近的老靶子路沪宁铁路医院。

手术进行了一个多小时，两位德国医生取出了他身上的子弹。子弹从后背右肋处射入、斜入腹中，离心脏很近。手术后虽然注射了止痛药，但是宋教仁仍然剧痛难忍。据说，子弹上过了毒药。

此时，宋教仁感觉到自己恐将不起，便对陪护在侧的于右任说道："有三件事情还需同志相助，一是将我在南京、北京，还有东京寄存的书籍，全部捐入南京图书馆；二是家中一向贫寒，老母尚在，希望各位故人代为照料；三是，诸位同志要继续奋斗救国，勿以我为念而放弃责任。"

第二天上午，张謇、章太炎等人都来了。宋教仁的情况没有好转，不断呕吐，大小便出血。医生又进行了第二次手术。

最后时刻，宋教仁请黄兴发了一份电报给袁世凯："今国基未固，民福不增，遽尔撒手，死有余恨。伏冀大总统开诚心、布公道，竭力保障民权；俾国家得确定不拔之宪法，则虽死之日，犹生之年。"

延至22日凌晨4时48分，宋教仁眼中噙泪，与世长辞，年仅32岁。

党内彻夜守候的同志悲痛不已，陈其美更是放声大哭。宋教仁最信赖和亲密的挚友黄兴，一边流泪一边为他清洗了身体。宋教仁斜躺在床上洁白的被褥中，上半身裸露着，拆掉了纱布的右腹部，有一片淤痕。

3月23日下午，宋教仁的遗体从闸北沪宁铁路医院移往湖南会馆。浩大的行列中，先是民国五色旗的队阵，然后是一列军乐队。宋教仁的遗像安放在一个花亭当中。楠木棺材由扎上了花彩的双驾马车运载，然后又是海军军乐队。各界政要名人的花圈队列后，荷枪的军队列阵行进。随后是1500人的国民党党员，黑纱执绋，许多人痛哭失声。最后是约200余辆的贵宾车辆。加入送殡行列的市民越来越多，送殡的队伍，从闸北往老城厢方向，长达十余里。

孙中山书写的挽联是："作民权保障，谁非后死者；为宪政流血，公真第一人。"

宋教仁灵柩最后没有运回湖南，而是在闸北落葬，以后就叫宋公园，再以后改作闸北公园。墓前塑了宋教仁的一尊铜像，作手支腮颌侧坐沉思状，下面石座上是章太炎的阳篆"渔父"二字，于右任撰书刻铭。

侦破案件

凶案发生十多个钟头时，案情还没有一点点头绪。工部局巡捕房悬赏一万元缉拿刺杀宋教仁的凶手，沪宁铁路局也出赏金5000元。江苏省都督程德全通电全省各地连同上海的官吏全力协助捉拿凶手，限期破案。陈其美部署党羽和各路"包打听"，于戏园、茶馆、澡堂、酒楼、妓院，各处探听消息，监视可疑人众。

23日上午，宝善路一家旅馆的一名旅客到巡捕房报告，说是邻室的旅客武士英，身材矮小，面目凶恶，自称当过滇军的管带，现在生计落魄，流落上海，平日囊中羞涩。前两天，看见两个穿着体面的人来找他。两人走后，武士英面露喜色，又向他借了3角钱，说要到小西门去。晚上8时许，武士英回到旅馆，已经是一身簇新西装，随后摸出钞票还了钱，又讲正在办一票生意，事成之后可有1000块大洋的进账，要请客吃酒。当日夜里出门以后，到第二天早上回来，匆匆收拾东西到账台结账，然后坐着一部黄包车走了。

立时，巡捕房、警察局，加上陈其美动员的人马，遍布上海车站码头、茶肆妓馆，查找这个身材矮小、外地口音、行踪诡秘的武士英！

23日下午，一名叫王阿发的古董商来到四马路的巡捕房报告说，一个礼拜前，一个朋友约他看两张字画，可是到了他家，朋友拿出的不是字画，却是一张照片，说如果做掉此人，可以得1000块银洋钿。王阿发虽也是黑道上混的，却又有着商人的脑子——这票杀人生意假使好做，朋友自己老早去做了，于是他当即回绝。这两天全上海哄传暗杀，他一看报纸，方才晓得被杀的就是照片上那个人！

这个朋友，叫作应夔丞，上海滩有名的青帮人物，经陈其美介绍加入过同盟会。前年孙中山从海外回到上海，就是应夔丞负责警卫，后来随孙中山到南京，任卫队长，兼庶务长。但是由于流氓积习不改，终遭解职。

工部局、公董局的巡捕房和华界警察局，几路人马搜查了位于法租界小西门的应家住宅。在写字间的一个抽屉里，除了手枪子弹，还有电码本和一些涉嫌案件的电函，其中竟有"毁宋酬勋，相度机宜，妥筹办理"的内容，而联系人则是洪述祖。洪述祖何许人？乃时任国务院内务部的秘书，与赵秉钧过从甚密。赵秉钧又是谁呢？就是眼下堂堂的国务院代总理，袁世凯的大亲信。

正在此时，传来了敲门声！门开后，一个矮个子闪身进来，进门就道："我找应老板！"一个华籍巡捕喝道："武士英！"那人应了一声。原来应老板与他讲好的1000大洋，先给了定洋，现在他是来取那剩下来的钱款的。武士英一看情况不对，突然撒腿就往后院跑！应家客厅后面，有一条廊道通往厨房，而厨房后面则是后天井，西北角上是一个不高的煤屋，连接着高约一丈有余的后院墙。武士英此刻已经窜了上去，翻墙跳下！那华籍巡捕却也身手矫捷，紧随其后窜上墙头跳了下去！武士英刚刚起身，还未站稳，却被压了个正着！

这个巡捕，名叫黄金荣。

深夜，应夔丞在湖北路 228 号迎春坊的相好妓女家中被捕。

案底成谜

宋教仁画像

关于刺杀宋教仁的幕后主谋是谁，存有多种说法，却迄今未有定论。

一、袁世凯主使说

袁世凯杀宋教仁，除了那张人员线路图，更有着一些切实的理由。宋教仁还在北京临时政府任农林部长时，袁世凯见他西装破旧，一问才知是他留学日本时买的，穿有 10 年了。袁世凯遂为宋教仁定制了合身的高级西装，并送上 50 万元的支票，宋教仁却退还了支票。去年夏天，宋教仁辞去了北京临时政府农林部长一职，公开站到了袁世凯的对立面。

近期，宋教仁一路湖南、湖北、安徽、江苏、上海，发表演说，评论时政，词锋犀利，"不如人意之政府，退步之政府"，"自民国成立，迄今二载，纵观国事，几无一善状可陈"，"以若斯之政府而欲求得良善之政治，既不可能，亦不可望"，如此等等。袁世凯不免气恼："其口锋何必如此尖刻！"

在新近的国会选举后，由宋教仁组成内阁并任总理，已是势所必然。

但是，袁世凯又有着不杀宋教仁的理由。

辛亥革命以后，北洋集团控制了大部分的中央权力，孙中山、黄兴公开承诺推举袁氏做 10 年的大总统，冀望由他来维护社会安稳与国家发展。宋教仁也一直明确主张总统要选袁世凯。因此袁世凯是现时最大的政治利益

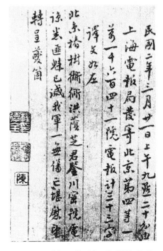

应夔丞洪述祖的联络文稿

既得者。而刺杀了宋教仁，却并不能够解决他在政治上的对立面问题，国民党内还有孙中山、黄兴这样威望更高的领袖，国民党又在国会占有多数，因此政治风险很大。所以，这个时候刺宋并不符合袁世凯的根本利益。

再者袁世凯办事一向周密，如果要杀宋教仁，怎么会同意去找一个几个月前才被收买的同盟会员？应夔丞虽然辣手，做事情到底还是流氓草莽，于是很快露出马脚，3天就落了网。

袁世凯之子袁克文时在上海，劝父亲通电自辩，袁世凯回答说："我代人受过的事情多了，从不自辩。我虽然没杀宋，宋还是因我而被杀，我还自辩什么呢……我如果要杀宋，不必在召他前来之际；或者等他来了，陷以罪名亦可。如果要杀宋，那么反对党如孙文、黄兴、陈其美辈皆可杀，为什么非要选一个帮助我组阁、并且声明组阁不用党人的宋教仁呢？……只是我必杀应夔丞，为宋教仁报仇。"

二、洪述祖"仰体上意"说

警察总监王治馨在面对群情激愤的国民党人时称："宋遁初（宋教仁字号）被难后，洪自南来，又见总统一次。总统问及遁初究系何人加害。洪曰：'这还是我们的人，替总统出力者。'袁有不豫色。洪见袁颜色不对，出总统府，即到内务部告假，赴天津养病。""现在看来，宋案只是洪述祖仰体上意，自作主张。"

事后洪述祖只是声称，他谋杀宋教仁是"满怀报国之情。"对于洪述祖"仰体上意"，包括赵秉钧在行代总理职后、私心企图谋正、忌惮宋教仁的问鼎之势故而策划刺宋等等，事后也都没有确定的证据。

三、陈其美妒贤嫉能说

此说是指陈其美对宋教仁接掌国民党党务和叱咤风云，有所妒忌和不满，而对宋教仁组阁唯国不唯党的方针，也有过争执。

事情偏偏又蹊跷在，武士英被捕后，上海华界警方以案件发生在华界为由，通过外交团交涉，将其"引渡"并收押于上海县模范监狱，然而不久，武士英竟在狱中突然暴毙。另一案犯应夔丞从工部局监狱移押于位于南市的江苏海运局监狱。"二次革命"上海开战之际，一帮流氓趁乱开枪冲进海运局监房，应夔丞被劫出狱，不知去向。而当时的上海正处于陈其美的势力范围，警察局局长又正是他的门生。许多人因此不免存疑：这是怎么一回事？

然而这样的猜疑与推测，非但缺乏证据而且缺乏说服力。陈其美与宋教仁为革命同道，然陈为枭雄人物，宋为政党政治家，陈无法替代宋的角色。宋虽有组阁不重党人之说，但是由宋统领国会、出任总理，毕竟符合国民党包括他陈其美的最大利益。因此，即使武士英与应夔丞的事件，陈其美负有责任，也不能就此指陈其美为刺宋主凶。

四、梁启超挟嫌报复说

宋案发生后，最先就有沪上小报，怀疑暗杀是梁启超所为，因为在这次的国会议员选举中，梁启超率领民主党原本信心满满，志在必得，结果却是输得很惨，让他实在太难堪了。

这样的猜测，就更加是毫无根据、几无可能的胡乱猜想了。

历史宿命

"二次革命"被袁世凯弭平以后，应夔丞带着相好到了北京，他也不管与袁世凯之间隔了多少个阶位，拿出泼皮光棍的脾气，投书一封给袁总统，请予兑现"毁宋酬勋"，开出价码是"勋二位"和现金 50 万元。"我应夔丞是什么人？他敢拿我怎么样？"事情倒也是，要不是他们杀了宋教仁，连带着弄出以后的动静，袁世凯也不至于有今日这般独掌朝政的境地。

刚到北京，应夔丞就发现情况不对，连忙逃走。在天津杨村车站，应夔丞被军政执法处侦探长郝占一和侦探王双喜追上，他们在头等车厢里将应夔丞乱刀砍死。

早已为宋案辞职离任的赵秉钧知道了应夔丞的死讯以后，叹说了一句"以后谁还敢替总统办事。"此语既可指袁杀人灭口，也可指"体仰上意"却下场悲惨。一个多月以后，赵秉钧服用中药，半夜腹中阵阵剧痛，随之上吐下泻。这时赵秉钧伏在儿子的肩上，"一阵辛酸，涕泪交流"，不久便鼻眼流血而死。

洪述祖坚避青岛租界不出，嗣后潜至上海，为工部局巡捕房侦知逮捕，随而引渡给北洋政府。1919 年 3 月，洪述祖被处死刑。其时刚好从英国进口了一架绞刑机，正好就让这个洪述祖来"开洋荤。"因为操作生疏加上洪述祖身躯肥胖，又或许是命该如此，施行绞刑时，绞索竟生生将他的脖子勒断，弄得现场血污狼藉。

正如圣经所说："谁首先动剑，必死于剑下。"几个卑劣的人物，死有余辜，但是南北和议共治的政治架构，却就此遭遇破局，民主政治于曙光初现之际，即坠入黑暗。宋教仁被刺，似属偶然，可是又孰知不是冥冥之中的历史宿命呢？诚如梁启超所说，宋氏之死，是中国民主政治"不可规复之损失，非直为宋君哀，实为国家前途哀也"。

另一方面，1913年3月25日，孙中山从日本到达上海，即就与黄兴召集陈其美、居正、戴季陶等党内高层在福开森路393号的寓所召开会议。孙中山道："宋案证据既已确凿，人心激昂，民气愤张，正可及时利用。否则时机一纵即逝，后悔终嗟无及！"同时，军事行动宜速不宜迟："袁氏手握大权，发号施令，遣兵调将，行动极称自由。在我惟有出其不意，攻其不备，迅雷不及掩耳，先发始足制人！"

黄兴虽然也认为刺杀宋教仁的幕后主使是袁世凯，但是在解决方案上，黄兴又认为现在已是民国时期，国家进入了法治时代，不能轻易动用武力，应按法律程序寻求解决，"民国已经成立，法律非无效力。"

戴季陶反对黄兴的意见，主张军事讨伐，提出了"二次革命"。

孙中山毅然说道："若有两师军队，我当亲率北上问罪！"

其时，张謇、赵凤昌、蔡元培等人竭力向各方发出呼吁，"持之镇静"、"法律解决"，并且开始进行南北调停。

上海的绅商阶层连带许多职员市民，曾经在辛亥年里与革命党同举义旗，然而对于此次"兴兵讨袁"，上海总商会却以投票表决的方式，予以反对，并且发出通电。

上海的各派报纸对兴兵讨袁逐日辩论；颇能代表主流舆论的中立大报如上海《申报》，也不赞同国民党遽下定论，更言称就此起兵反袁，实为出师无名。

梁启超、蔡锷等人，也公开声明，反对"二次革命"。

7月，江西、上海先后打响讨袁之战，南方多省随即纷纷"独立"。

两个月后，"二次革命"尽数败北，北洋势力大举南下，袁世凯就此将中国再次拖入到了专权体制之中。

那些年，他们的爱情

——瞿秋白与杨之华的婚恋往事

陆其国

3 则"启事"引发热议

1924 年 11 月 27、28、29 日连续 3 天重复刊登在上海《民国日报》上的 3 则"启事"，就因为涉及一桩"三角恋"，更由于当事人具有较高知名度，所以"启事"甫一刊出，用今天的话说，即成为"新闻热点"，在上海滩引发热议。甚至"启事"刊出半个月后，上海《晶报》还刊文评论此事；一些偏好"花边新闻"类的刊物，也对这场"三角恋"故事津津乐道，有的还引申说事。

《民国日报》重复刊登的 3 则"启事"内容，全文如下——

杨之华沈剑龙启事：自一九二四年十一月十八日起，我们正式脱离恋爱的关系。

瞿秋白杨之华启事：自一九二四年十一月十八日起，我们正式结合恋爱的关系。

沈剑龙瞿秋白启事：自一九二四年十一月十八日起，我们正式结合朋友的关系。

此事之所以会在上海滩一时引发热议，除了当事人的非同寻常和"位高名重"，还因为这则"三角恋"的故事发生在上海，或者更确切地说，是发生在上海大学。上海大学的前身是东南高等专科师范学校，校址在闸北青云路。1922 年春由吴梦非等创设。不久，校内发生风潮，学生要求改组，学校也因此更名上海大学。其实这也是中共继平民女校后办的第二个学校。学校原打算请陈独秀当校长，因考虑到其政治色彩较浓，为发展计，遂请国民党人于右任担任校长，但于右任只是挂名，负责实事的为校务长共产党人邓中夏。上海大学实际上成为 20 世纪 20 年代国共合作办的革命学校。瞿秋白和杨之华的"师生恋",即发生于上海大学。

从以上所引第一则"启事"中,我们知道在瞿、杨相恋之前,杨之华已与沈剑龙结为夫妇。而促成杨、沈结为秦晋之好的不是别人,正是杨之华的公公,亦即沈剑龙的父亲沈定一。原来沈、杨两家同为浙江萧山人,沈家系当地望族,杨之华也生于富贵殷实之家,虽然后来家道中落,但论起门第,与沈家也属于"门当户对",两家长辈从小便为沈剑龙、杨之华订下了"娃娃亲"。所以讲述杨、沈结合至分手,杨之华另嫁瞿秋白的故事,还得从沈定一说起。

沈定一(1883—1928),字剑侯、号玄庐,生于浙江萧山县衙前镇大地主家庭。18岁中秀才及第,20岁时赴云南为官。后因援助孙中山,被人告发而流亡日本,在日期间加入同盟会。后回国从事反清活动。1911 年组织"中华国学生军",参加光复上海之役。1920 年 5 月,陈独秀等人在上海成立"马克思主义研究会",沈定一亦在其中,并与陈独秀等一起酝酿创建中国共产党,系中共早期党员。在上海参与建党后,沈定

瞿秋白与杨之华（1930 年）

一回到家乡创办农村小学,以让农民及其子女免费上学。而此时毕业于杭州浙江女子师范学校、已成为沈定一儿媳的杨之华,顺理成章地进入公公创办的学校当了一名老师。1921 年 11 月,沈剑龙和杨之华的女儿出生。她原名沈晓光,后改名独伊。瞿杨结合后,她便叫瞿独伊。

杨之华与瞿秋白相恋相爱于在上海大学期间。瞿秋白于 1923 年 4 月来到上海大学担任社会系主任。杨之华于这年年底考入上海大学,就读于社会系,成为瞿秋白的学生。瞿秋白对于建设"现代中国的上海大学"有着自己的整体设想,尽管他的整体设想最终没能实现,但是社会系还是办成了。在这期间的 8 月,瞿秋白在南京认识了两名思想激进的年轻知识女性蒋冰之、王剑虹,前者即后来成为著名作家的丁玲。丁玲曾

这样回忆瞿秋白留给她的"第一印象",他"瘦长个儿,戴一副散光(疑为近视——引者)眼镜,说一口南方官话,见面时话不多,但很机警,当可以说一两句俏皮话时,就不动声色地渲染几句,惹人高兴,用不惊动人的眼光静静地飘过来"。而王剑虹评说瞿秋白则含蓄了许多,她只说"他是一个出色的共产党员"。

之后,在瞿秋白和另一位上海大学教师施存统的劝说下,丁玲、王剑虹进入上大求学。不久,瞿秋白与王剑虹在上大开始热恋。1923 年 12 月,瞿秋白在广州出席国民党"一大"会议期间,曾将自己对王剑虹的绵绵情思,频频流注笔端,化成滚烫的情书,一封封飞至上海,寄到王剑虹手中。其时瞿秋白还写过这样一首爱情诗:

丁玲(左)与王剑虹(1923 年)

> 万郊怒绿斗寒潮,检点新泥筑新巢。
>
> 我是江南第一燕,为衔春色上云梢。

这也可以理解,毕竟当时瞿秋白未婚,王剑虹未嫁,况且二人有着相同的思想认知基础和社会价值观,由相识进而热恋应是情理中事。

王剑虹(1903—1924),土家族,生于四川酉阳龙潭镇。12 岁时母亲去世,父亲为同盟会会员,后曾任孙中山广州国民政府秘书。1916 年王剑虹考取邻近的湖南省桃源县第二女子师范学校。两年后,比王剑虹小两岁的丁玲也进入二师成为预科生。丁玲后来曾回忆道,那时"王剑虹已经是师范二年级的学生了……我们的教室、自修室相邻,我们每天都可以在走廊上相见。她好像非常严肃,昂首出入,目不旁视。我呢,也是一个不喜欢在显得有傲见的人的面前笑脸相迎的,所以我们都不打招呼。但她有一双智慧、犀锐、坚定的眼睛,常常引得

瞿秋白(1925 年)

我悄悄注意她，觉得她大概是一个比较不庸俗、有思想的同学吧。果然，在 1919 年五四运动爆发后，我们学校的同学行动起来时，王剑虹就成了全校的领头人物……她口若悬河的讲词和临机应变的一些尖锐、透辟的言论，常常激起全体同学的热情。她的每句话，都引起雷鸣般的掌声……"

1921 年，上海（中华）女界联合会成立改组筹备委员会（同年 9 月正式定名"中华女界联合会"），王剑虹成为其中 23 名成员之一。改组后的中华女界联合会创办了《妇女声》周刊和平民女校。《妇女声》也是中共创办的第一个妇女刊物。主要编辑有王剑虹、王会悟等；撰稿人有陈独秀、沈雁冰（茅盾）、沈泽民、邵力子等。王剑虹正是在参与筹建平民女校时，说服尚在湖南的丁玲来到上海进入平民女校，此后两人一起在此就读，并成为挚友。1922 年，平民女校与《妇女声》因经费等问题停办，遂有了之后在上海大学的经历。之后，瞿秋白和王剑虹相遇并碰撞出灼热的情感火花。1924 年 1 月，瞿秋白从广州返回上海后，瞿、王便结为伉俪。

此时杨之华也已在上大就读。据丁玲回忆，杨之华与王剑虹在成为上大同学之前就已认识，"她们一同参加妇女活动认识的"。此时的上大已从闸北迁至西摩路（今陕西北路）。但不知是否由于身体羸弱或与沉浸于新婚生活有关，自从与瞿秋白结合后，王剑虹开始逐渐疏离政治，而在感情上则对瞿秋白更多依赖。事实上不久后王剑虹就患上了肺病。一个人得了这病，在当时可是凶多吉少。瞿秋白一则出于怜香惜玉，不忍心让王剑虹感到有压力；再则他整天忙于革命工作，宁愿自己扛着，也不想让王剑虹累着。此后王剑虹的病情愈发严重起来。杨之华曾在《忆秋白》一书中写道，"在生活上，他（瞿秋白）偏又碰到了不幸，他的妻子王剑虹病重了。他们夫妇俩感情是很好的，王剑虹在病重的时候，希望秋白在她的身边，不要离开她。秋白也很愿意多照顾她。一回到家里，就坐在她的床边，陪伴着她。在他的长方形书桌上，常常整齐地放着很多参考书，他就在那里埋头编讲义，准备教材或为党报写文章。从王剑虹病重到去世，我们只看出他似乎有些心事重重，与平时不同，但他从没有漏过会或者缺过课，并且仍然讲得那么丰富、生动。这时，我们对于秋白也更加了解了……"因为有了这层了解，在王剑虹于这年夏天不幸病故后，杨之华渐渐发现老师瞿秋白对她的感情开始升温后，曾经历了一段由最初的惊慌失措到之后逐渐冷静、直至最后理性接受的过程。这时候她便在思考，这或许才是她等待的真正爱情的来临。

瞿秋白与杨之华（1929年）

令人纠结的"三角恋"

瞿秋白当然知道杨之华是有夫之妇，但他是不是因看出杨之华爱情生活的不尽如人意，而自己又确实对她产生了真挚的感情，才对她有所表示呢？这种感情的产生，自然是基于对杨之华的了解，这一点只要知道他是杨之华的入党介绍人之一（另一位是向警予）即可明白。但不管怎么说，诚如丁玲道出的，王剑虹至死也"没有失恋"，因为"秋白是在她死后才同杨之华同志恋爱的，这是无可非议的"。

只是这样一来，在瞿秋白、杨之华、沈剑龙之间便出现了事实上的"三角恋"事态。所有的三角恋情节都是相似的，但发生在不同的人身上，则各有各的故事。瞿、杨、沈三人亦然。应该说，瞿、杨、沈"三角恋"事态如何解决，很大程度上取决于沈剑龙。社会文明发展到今天，我们已大可不必为尊者讳，不错，"秋白是在她（王剑虹）死后才同杨之华同志恋爱的"，但瞿秋白毕竟又是在杨之华和沈剑龙离婚前和杨之华恋爱的，就这点论，沈剑龙不仅没有错，而且很无辜。

所以这场"三角恋"会有一个怎样的结果，很大程度上就看沈剑龙的意见和态度。后来的结果我们已都知道了——瞿、杨结合，沈剑龙不仅退出瞿、杨的生活圈，甚至淡出人们的视线。为此，瞿、杨确实有理由"感谢"沈剑龙，因为正是沈剑龙的退出和淡出，才成全了瞿、杨的结合和此后的爱情佳话。所以也可以说，沈剑龙是以自己感情生活的"不幸"，成就了瞿、杨的"幸福婚姻"。只是在这个过程中究竟发生了些什么，知情者并不多。

应该说，最初瞿秋白和杨之华对于他俩的相恋，心里还是纠结的，至少他们觉得在面对沈剑龙时，不会那么理直气壮。事实上我们也知道了，沈家待杨之华并不薄，公公沈定一尤其器重她，沈剑龙对她也很不错。所以现在他俩要走出这一步，确实要面对许多棘手的问题。所谓当局者迷，旁观者清，最后他们决定去听取一下一个人的意见，他就是杨之华的"义父"，与瞿秋白一起在上海大学任职的邵力子。结果，对瞿、杨二人颇为了解的邵力子在表示支持他俩相爱的同时，建议他俩去和沈剑龙作一次深谈。显然，邵力子对沈剑龙也有着相当了解，他希望并相信瞿、杨应该可以通过和沈剑龙的"倾心和谈"，使事态得到圆满解决。这时候沈剑龙正在老家萧山。瞿、杨便决定赴萧山找沈剑龙深谈。比杨之华小 11 岁的妹妹杨之英对他俩的这次回家印象很深，她后来在《纪念我的姐姐杨之华》一文中写道："我第一次见到秋白是 1924 年 11 月，姐姐同他一起到萧山家中来的时候，当时姐姐已决定与沈剑龙离婚，她和秋白来家就是为商议这件事的。秋白给我的印象是文质彬彬，说话斯文，十分有礼貌。他们到家后，立即派人把沈剑龙请来，三个人关在房间里谈了差不多一整夜。临别时，我看他们说话都心平气和，十分冷静，猜想姐姐与沈剑龙离婚和秋白结婚的事已经达成协议。果然，姐姐和秋白回到上海后不久，邵力子主办的《民国日报》上登出了两条（实为三条——引者）启事，一条是姐姐与沈剑龙的离婚启事，一条是姐姐与秋白的结婚启事。11 月 7 日，十月革命纪念那天，姐姐和秋白正式结婚。我的父母亲认为这事丢了杨家的脸，没有参加他们的婚礼，但姐姐从此却更加勇敢地走上了献身于革命的道路。"可见，使瞿、杨感情相联的，更在于他俩的志同道合。而这一点恰是沈剑龙身上所缺失的。

亲情与爱情

然而杨之华虽然收获了革命的爱情，但在亲情上，却受到了很大的伤害——除了她父母觉得她"丢了杨家的脸，没有参加他们的婚礼"外，更让她感到痛苦的是，沈家虽然同意了她和剑龙离婚，却拒绝让她把她和剑龙所生的女儿带走。

相信沈剑龙也会因杨之华对他的情感"背叛"而痛苦，但他毕竟又是理性的，那天三个当事人在萧山沈家"谈了差不多一整夜"，到底都谈了些什么，如今三位当事人都已作古，且都没有留下文字，也就永远成为了谜。不过既然"他们说话都心平气和，十分冷静"，可知沈剑龙已接受了这个现实；既不闻他与瞿、杨争吵，也没有听到他痛骂瞿、杨，足见沈剑龙的理性和克制，就这点而言，他是有气度的。事实上，正因为沈剑龙有如此肚量，虽然杨之华和他不再是夫妻，但却没有忘记他仍是女儿的父亲，曾于1929年3月在莫斯科把一张瞿独伊的照片寄给在国内的沈剑龙，并在照片背后写道，"龙弟：这是独伊最近的小照，阿爹看了作何感？她的妈妈赠。一九二九（年）三月六日"。这可以说也是对他解决"三角恋"事态时所表露出的理性和大度所作的"回报"。

瞿秋白、杨之华、瞿独伊在莫斯科（1929 年）

然而沈定一可没有儿子沈剑龙的气度。尽管他自己妻妾成群，却容不得媳妇在婚姻上重新选择。既然杨之华毅然决然跨出了这一步，他就不让她把女儿——也是他的孙女——带走。对于父亲的执拗，儿子沈剑龙也毫无办法。其实沈定一这样做也不难理解，可以说，杨之华的最初"起步"是直接受到他沈定一的影响，是他一手"培养"了她，并使她从他的追随者到成为他的儿媳，他还是儿子儿媳婚礼的主持人。但现在杨之华却和他儿子离婚，另嫁他的"党内同志"瞿秋白，这让他的脸朝哪儿搁？你要离婚，你要走人，我没法拦你，但我的孙女我可以不让你带走。

就义前的瞿秋白（1935 年 6 月）

沈定一的这一举措，确实让杨之华感受到了痛苦的"惩罚"。她后来在《忆秋白》一文中写道："我的离婚，受到当时人们封建思想的反对，他们把我的孩子当作私有物，不允许我看见我的女儿……我渴望着看到她，秋白很能理解这种母亲的心情，他同情我，安慰我，并且在1925年的春天，帮助我抽出一个空，回乡下去看孩子。到达家乡的时候，天已经黑了。我独自一人走到过去公婆家里。我过去的公公知道我的来意，突然沉下脸来，冷酷地说：'我不能让你看她。'并且不再理我了。"后在沈定一大姨太的帮助下，"我看见了心爱的女儿，她正在玩玩具。我抑制了心中的狂喜，轻轻走到孩子面前，她玩的正是我从上海买回去的玩具呵！孩子天真地对我说：'妈妈，我告诉你，我的妈妈死掉了。'她那两颗黑黑的眼睛，不住地看着，又拿手上的玩具给我看：'这是妈妈买来的。''独伊，我的好女儿，我就是你的妈妈。''不，'孩子固执地说：'我有两个妈妈，一个是你，一个在上海死掉了！'我掉下了眼泪。"这真是一个令母亲心碎的场景。似乎也成了她为爱情付出的沉重代价。欣慰的是，就在此后不久，独伊就被接到上海与他们共同生活，瞿秋白也对独伊视若己出，用杨之华的话说，"秋白无论在我和独伊或在其他人面前，总不使人感到独伊不是他亲生女儿。独伊从小没有感到秋白不是自己的亲爸爸"。而与瞿秋白结合后，杨之华确实以自己的人生实践告诉世人，她对与秋白的结合深感幸福并引以自豪。这一点，从瞿秋白牺牲后，杨之华从此将自己对他的爱埋藏心底、全力收集秋白文稿、并撰写文章、"以秋白精神宣传秋白"上可以看出。借用鲁迅先生纪念刘和珍等人的话说，这亦是为了忘却的——纪念！

（本文曾参考陈福康、丁言模著《杨之华评传》、王彬彬著《并未远去的背影》中相关文章，特此鸣谢。——作者）

"好事只愁天妒我"

——郁达夫、王映霞的上海往事

陆其国

　　1927年初，已婚才子作家郁达夫在上海偶遇杭州美女王映霞，从而对其疯狂追求。王映霞在经过犹豫、困惑、烦恼，以及兴奋和举棋不定后，终于扛不住郁达夫苦心孤诣的追求，于1928年与之结为秦晋之好。但令人扼腕的是，这对在诗人柳亚子眼里的"富春江上神仙侣"，数年后却反目离

郁达夫与王映霞

婚，上海从此徒留下对这双才子佳人爱恨情怨的怅然追忆。

尚贤坊一见钟情

　　1927年1月14日，32岁的创造社作家郁达夫前往马浪路（今马当路）尚贤坊40号看望在日本留学时的同学及同乡孙百刚，结果在孙家不期遇上借住在孙家、毕业于浙江省立女子师范学校、时年18岁的王映霞，不由对其一见倾心，就此展开疯狂追求。郁达夫在当天日记里写道，是日到尚贤坊孙君家去，"在那里遇见了杭州的

王映霞女士，我的心又被她搅乱了，此事当竭力的进行，求得和她做一个永久的朋友"。那天孙百刚对郁达夫的表现，也感到有点奇怪。比如郁请吃饭为什么一定要叫汽车？他打算请大家去什么大饭店？再说即使坐汽车，大家一起出去，街口就是汽车行，为什么一定要把车叫进来，弄得排场十足？尤其是孙还回想起，"在我的记忆中，我和达夫无论在东京、在杭州，和他一道白相、吃馆子，也不知有多少次，但达夫似乎未曾有过那天那样的兴奋、豪爽、起劲、周到。譬如说：他向来是见陌生女人，常会露出局促不安的腼腆的样子；可是今天掌华（孙百刚妻子）和映霞都是他第一次会面的女人，他似乎很是熟络。再譬如：达夫向来用钱，虽不是吝啬，但处处地方不肯做'洋盘'，特意要表示出他是非常精明的内行，不愿给人家刨去一点点的黄瓜皮。如对黄包车夫还价，在未坐上车之前，一两个铜子他也要青筋鼕起和车夫争论，宁愿拉到后再加给他，而不乐意在事先吃亏的。然则今天先是坐汽车到南京路'新雅'吃中饭，下午出来坐黄包车到'卡尔登'（即后来的长江剧场）看电影，无一次不是他抢着付钱。坐上黄包车，一律大派，不讲价钱。种种情形，在我看来，似乎都有点异常"。

看罢电影，孙一方面看郁意犹未尽，另一方面也想还还情，便提出去南京路逛逛，晚上由他做东去三马路（今汉口路）上的"淘乐村"用晚餐。从"淘乐村"吃完出来，带着六七分醉意的郁达夫坐上汽车后突然用日语对孙百刚说的一番话，使孙百刚一下子意识到，郁达夫已经狂热地爱上了王映霞。当时郁用日语对孙说："老孙，近来我寂寞得和一个人在沙漠中行路一样，满目黄沙，风尘蔽日，前无去路，后无归程，只希望有一个奇迹来临，有一片绿洲出现。老孙，你看这奇迹会来临吗？绿洲会出现吗？请你告诉我！"带着微醉用王映霞听不懂的日语说出这番话，显然郁达夫是在试探孙百刚的态度。但孙百刚只是巧妙地回了句："你是在做小说吗？"郁达夫说："人生不就是一篇小说吗？"也许是酒喝多了，车到尚贤坊，临分别时，郁声音打颤地说："今天痛快极了，明天我再来看你们，再会再会！"

郁达夫果不食言，第二天下午，他在"卡尔登"出席了邵洵美与盛佩玉的婚礼后，于晚上以送还孙百刚放在他那里的译稿的名义到尚贤坊孙家，不仅得以与王映霞"再会再会"！而且把她约到四马路（今福州路）"泰丰酒馆"吃饭。郁当天日记记载："王（映霞）女士已了解我的意思，席间颇殷勤，以后当每日去看她。"又云："王映霞女士，为我斟酒斟茶，我今晚真快乐极了。我只希望这一回的事情能够成功。"此后郁达夫除了频频给王映霞写情书，更将自己为爱情燃烧的心境写入日记，其缠绵悱恻、露骨率真、点点滴滴、尽皆托出。

而据王映霞自述，郁达夫最初引起她注意，是因他的杭州口音。王映霞在《我与郁达夫》中回忆道，当时"彼此坐定后，我就和平时一样去后面倒了一杯茶出来，先递给了孙先生，然后再由孙先生递给了这一位来客。刹那间想起刚才孙先生给我介绍的，是一位好熟悉的名字啊。这样一转念，我倒自然而然地注意起他们谈话的内容来

郁达夫像

了。从什么稿子，什么书店这些词句里，我又忽然回忆到学生时代曾看过一本小说叫《沉沦》的，这一本书的作者，似乎就是刚才孙先生给我介绍的郁达夫"。她很快打量了一下郁达夫后，"便又留心着他们的谈话，才听出他是孙先生在日本读书时的浙江同学，新从广州来上海的……过了一会，我到隔壁房间里去了。不几分钟，听见孙先生在招呼我，说郁先生邀我们一同出去吃午饭。我就很习惯地和他们同去了"。当时别说王映霞，就是孙百刚夫妇也没有意识到，郁达夫这天心情这么好，兴致这么高，多半竟是冲着他一见钟情的王映霞去的。

此后一连数天，郁达夫几乎天天"再会"王映霞。17日，约王映霞在朋友家用晚餐，餐毕送王回尚贤坊；18日郁日记记载，去尚贤坊访王映霞，王不在，郁等了约半小时，"方见她回来，醉态可爱，因有旁人在，竟不能和她通一语，即别去"。19

郁达夫与孙荃

日，郁晚饭后又去尚贤坊，邀王映霞她们外出看电影。看罢电影，又去吃夜宵。

朋友的忠告

郁达夫魂不守舍的情状自然瞒不过周围人的眼睛，当然，也许郁根本无意瞒大家。但人们多不赞成他追求王映霞，尤其是孙百刚夫妇。孙百刚曾对妻子孙掌华说，郁达夫有妻子叫孙荃，"是富阳一大户人家的小姐，读过旧式书，对达夫感情很好，达夫对她也不错。他们已经有儿女了"。孙掌华惊讶道："照这样说来，郁先生不应该再在外边寻人。"为此，她还委婉地问过王映霞，对郁达夫怎么看？王映霞开始一言不发，最后说了句："我看他可怜。"得知王映霞这样说，孙百刚觉得应该对郁达夫提出忠告了。

这天早晨，孙百刚来到郁达夫住处，规劝他道，达夫，你倘若要和映霞结合，必定会毁了你现在安宁平静、快乐完满的家庭，这于你是大大的损失。感情是感情，理智是理智，写小说可以不顾一切，热情奔放，遇到现实的切身大事，应当用理智衡量一番。同时，你也得替映霞设身处地想一想。你倘若爱她，就应该顾全到她的幸福。再说你和她年龄相差过大，贸然结合，日久终有影响。我作为清醒的旁观者向你忠告，希望你郑重考虑，千万不要孟浪从事！但是郁达夫根本听不进去。两人不欢而散。

孙百刚回家后又找王映霞谈话，希望她拒绝达夫的追求。这样既解除了他的烦恼，也不影响你的前程。

王映霞回答道，我怎么会愿意答应他呢，不过我倘若断然拒绝，只怕非但不能解除他的烦恼，也许会发生什么意外。

孙百刚从王映霞话中听出她的犹豫，但他也只能说到这一步了。于是他建议王映霞最好回一趟杭州，把目前事情和家里人商量一下。

　　而此时的郁达夫已深陷在对王映霞的炽烈爱恋中。他于20日又去尚贤坊访王映霞，回来后在日记中写道，"啊啊！我真快乐，我真希望这一回的恋爱能够成功"，"老天爷呀老天爷，我情愿牺牲一切，但我不愿就此而失掉了我的王女士，失掉了我这可爱的王女士。努力努力，奋斗奋斗！我还是有希望的呀！"

偕隐名山誓白头

　　但在此后的日子里也出现了一些波折，尤其是当郁达夫得知王映霞回杭州后，曾疯狂地乘上火车一路追到杭州。因寻她不遇，一度曾让他感到无比痛苦和绝望，因此一次次以酒浇愁，喝得烂醉；还吸食鸦片，以图麻醉自己。清醒后，便奋笔给王映霞写情书。

　　2月9日，王映霞曾致信郁达夫，婉转地批评他不该去杭州找她。11日，王映霞又致信郁达夫，但后者觉得信中"一点儿内容也没有"。直到收到2月15日王映霞信，郁才觉得她在信中"稍露了一点诚意，说她已经受过好几次骗，所以现在意志坚

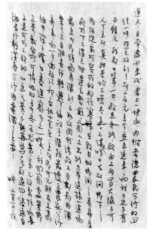
王映霞手迹

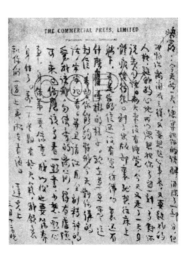
郁达夫手迹

强了。我也不明她的用意。不过她总要想试练我，看我的诚意如何"。于是郁达夫向王映霞开始新一轮情书"轰炸"。2月25日，郁达夫接到王映霞信，请他去尚贤坊一见。郁当日日记记载："马上跑去，和她对坐到午后5点，一句话也说不出来。她约我于下星期一再去，并且给了我一个地址，教我以后和她通信。无论如何，我总承认她是接受了我的爱了……"

可以说，至此，郁、王的恋爱关系终于出现了转折。这时候，郁达夫突然产生纠结。他在2月27日日记中记载："我时刻忘不了映霞，也时刻忘不了北京的儿女。一想起（孙）荃君那种孤独怀远的悲哀，我就要流泪……"

但是甜蜜的爱之激流，最终还是冲溃了理智的堤坝。而在王映霞这边，除了在信中"稍露了一点诚意"，在行动上似乎也出现了迹象，那就是她搬出了尚贤坊，借住到一位同学那里。反正从这时起，他们的关系有了突破。其间郁达夫也曾因感到与王映霞相爱有"一点罪恶"感，便自欺欺人地于3月4日致信王映霞说要中断两人关系。但5日上午，当王映霞如约出现在他面前时，郁达夫有的只是喜悦，昨晚做出的"和她绝交的决心，不知消失到哪里去了"。那天他们"从早上9点谈起，谈到晚上，将晚的时候，和她上屋顶乐园散了一回步……我怀抱着她，看了半天上海的夜景……大约我们两人的命运，就在今天决定了。她已誓说爱我，之死靡他，我也把我爱她的全意，向她表白了"。

第二天，郁达夫在写给王映霞的情书中，附上了两首诗，其中第一首写道："朝来风色暗高楼，偕隐名山誓白头。好事只愁天妒我，为君先买五湖舟。"郁在日记中说，诗"系记昨天事的"，"因为我昨天约她上欧洲去行婚礼，所以第一首说到了五湖泛舟的事情……"7日，他们又幽会。郁在这天日记中写道："我和她抱着谈心，亲了许多的嘴，今天是她应允我kiss的第一日。"郁还说王映霞这天还激励他做一番事业，更劝他去革命。并说"今天的一天，总算把我们两人的灵魂溶化在一处了"。至此，闹得满城风雨的郁达夫追王映霞之事，终于明朗化。王映霞的激励也确实给郁达夫带来勇气和力量。这年5月底，当创造社出版部遭到搜查，郁达夫潜往杭州，就是避居在金刚寺巷王映霞家，由王映霞给予掩护的。显然由于王映霞此前已做了家人"思想工作"，家人并没反对她与郁达夫的结合。于是，6月5日，他俩假杭州聚丰园菜馆，举行订婚仪式。两人原打算于1928年3月12日在东京上野精养轩举行婚礼，这一计划后来没有实现，结果在上海南京路上一家饭店请了两桌客，"就算是作了我们的喜筵"。（王映霞语）至此，郁、王这场引人关注的恋爱事件总算尘埃落定。到了这一步，人们也只有祝贺他们了，包括孙百刚夫妇。

婚后，郁达夫最初与岳母同住于上海赫德路（今常德路）嘉禾里1442号，不久租下毗邻的嘉禾里1476号底楼一间老式房，于3月底迁入。8月，郁达夫将他恋上王映霞后写的日记编成《日记九种》，由北新书局推出，开创了新文学作家出版日记的先例。《日记九种》出版后，几年内连续印了八九版，发行量达3万之多，轰动一时。

神仙眷侣的甜蜜生活

郁达夫、王映霞在嘉禾里最初的日子过得虽不宽裕，但却惬意。王映霞后来在《半生杂忆》中写道："从此，我和郁达夫总算正式组成了家庭，但家庭里的一切用具等等，全是向木器店里租来的，因为这时我们的经济能力，无法购买这些东西。我们没有装电灯。三餐吃的，都在我母亲家里，好在住处相距只有几步路较为方便。"囿于当时的政治因素，郁达夫和王映霞住在嘉禾里的地址没有向朋友们公开，信件均由书局转。当时王映霞已怀孕，她写道：

郁达夫与王映霞（1938年）

"既无亲友的来扰，我们又很少出外去看亲友。在屋子里坐得气闷时，也就踱到附近的几条人行道上闲步，谈着过去，谈到未来，再谈及这尚未出生的小生命。饱尝了欢乐的两颗心，觉得已经再也说不出什么别的愿望了。在散步散得有点疲倦的时候，我们便又很自然地回到了小楼上。太阳成了我们的时钟，气候算作我们的寒暑表。在这十里洋场的一角，是很少能够有人体会得出我们当时的满足的。"郁达夫一度患上伤寒，后转黄疸。其间王映霞经常做营养食物给他调理，使郁得以尽快康复。郁的生活也上正常轨道，北新书局给他出的全集先后发行，拿到不少版税。加上平时再写些作品，也有稿费收入。经济有了起色，小日子过得越加有滋有味。后来亲朋好友知道这些，也很为他们高兴。郁飞、郁云出生后，孙百刚曾去嘉禾里看望过他们，王映霞还特地去买了菜，留孙百刚吃饭，孙也真切地感受了他们的甜蜜生活，并为他们祝福。

需要指出的是，《日记九种》不尽是缱绻缠绵的喁喁低语，同时也有郁达夫作为进步作家对时局所表白的立场和发出的声音。郁达夫从广州来到上海仅 3 个月，就迎来上海工人为配合北伐军进占上海举行第三次武装起义，并取得胜利。但当他察觉这一革命成果有被异己者篡夺的危险时，即在这"方向转换的途中"写出政论《在方向转换的途中》，发表于《洪水》半月刊。指出当前的革命已处于"一个危险过程中"，要大家警惕那些从革命队伍中产生出来的新军阀、新官僚和新资产阶级。他的一系列政治观点鲜明的文章的发表，也为他的人身安全带来威胁，但他并不动摇。尤其是1927 年 10 月初，老友鲁迅也从广州来到上海，郁达夫更是喜出望外，从此他更是坚定地与鲁迅站在同一条战线。他和鲁迅联合创办的《奔流》月刊，对当时的中国文学界鼓舞很大。阅此一时期的《鲁迅日记》，不时可见郁达夫或一人或偕王映霞访鲁迅的记载。遗憾的是，郁达夫和王映霞在上海待的时间并不长，他们于 1933 年 4 月 25日举家离开上海回了杭州。关于迁居原因曾有多种说法，但为生活计多无疑义。王映霞曾这样表白："一九三一年以来，我心理上幻灭得厉害，似乎人未老而精神先衰，对于许多事物，也都发生不出兴趣。有时想到树高千丈，总要落叶归根，很希望有一个开支节省的安定的去处。达夫他亦流露出这个意思。"又说，"我们都认为唯一符合我们生活上经济上愿望上的去处是坐四小时火车即能到达的杭州。在从不关心政治的我的胸怀里，还认为杭州是我想象中的最好去处，可以作我的终老之乡。"

迁居后的郁达夫的心情似乎并不如王映霞达观。在由上海迁居杭州的第一夜，郁达夫失眠了，于是他干脆起床拿起新出版的鲁迅与许广平的《两地书》看起来。这一看，顿时让郁达夫精神焕然，他"从夜半读到天明，将这《两地书》读完之后，神经觉得愈兴奋了"，他此刻人在杭州，但心却在上海。上海不仅有他与鲁迅等人的战斗足迹，更有他对王映霞一见倾心后，就此留下的美好时光。他内心是否有预感，上海留给他的甜蜜岁月一去不复返了；"好事只愁天妒我"，更多地也只能珍藏在心里了。

郁达夫、王映霞此后的情感里程，果然出现了谁也不愿看到的一幕：1940 年 3 月，他俩以一则"离婚启事"宣告了 12 年情缘的结束。1945 年 8 月 20 日夜，用笔抗日的斗士郁达夫在南洋被日本宪兵队杀害。王映霞后来则以耄耋之年，在杭州"叶落归根"。

海风百年

江南机器制造总局：一个半世纪的强国梦

提篮桥监狱的百年沧桑

上海滩车牌往事

1979，上海，广告归来

江南机器制造总局：一个半世纪的强国梦

秘薇　徐炬

提起局门路、制造局路，想来上海本地居民都耳熟能详。不过，说到这些地名的来历，可能不会有很多人知晓。其实，路名中的"局"字，均来自于附近一家大名鼎鼎的机构——江南机器制造总局。

江南机器制造总局又称江南制造局、江南机器局、上海制造局、上海机器局。19世纪60年代，经历了两次鸦片战争和太平天国运动的大清王朝摇摇欲坠。为挽大厦于即倾，恭亲王奕䜣和曾国藩、左宗棠、李鸿章等官员，发起了购买和仿造洋船洋炮、加强军事实力的洋务运动，兴办了一批近代军事工业。江南机器制造总局就是由李鸿章在上海创办的规模最大的一处军工企业。当年，靠近黄浦江边的制造局路与局门路、高昌庙路（今高雄路）、广东街（后改名炮厂后街）交错围绕，圈划出制造局这片中国近代史上内涵独特的地域。

近日，笔者查阅了入选"首批上海市档案文化遗产名录"的江南机器制造总局档案，其中的相关历史片段，足以将我们带往真实的历史现场。

赎罪银子做了买厂钱

同治四年（1865）暮春，已升任苏松太道近一年的丁日昌颇有些寝食不安——一桩棘手的公事，正沉沉地压在他的心头。

3年前，署理江苏巡抚李鸿章，率领一帮旗帜不整、穿着破烂的士兵，乘坐上海县士绅凑钱租来的7艘外国运兵船，冒险穿越太平军把守的江防，抵达上海。这支临时组建才3个月的淮军，靠着3000支从香港买来的洋枪，与太平军在上海打了几场硬仗，愣是把打了鸡血般亢奋神勇的太平军生生击退了。之后，李鸿章立即被实授江苏巡抚，率军对抗卷土重来的十万太平军。好在有清廷雇佣的"常胜军"和洋枪洋炮的帮衬，李巡抚的淮军最终把太平军逼出了上海。

经上海一役，李鸿章认识到了"炮火绝妙精厉"的西洋枪炮的厉害，开始着手打造自己的兵工厂。1863年春，他先是在上海松江一所古庙里，建立起一个只有榔头、锉刀、泥炉和50名工人的上海洋炮局。是年底，与清政府解约的英国阿思本舰队途经上海，李鸿章看准机会，派人与阿思本暗中做了交易，用不到5000两白银买下了英国舰队"水上兵工厂"的机器设备，并将这些机器悄悄运到了苏州，之后把上海洋炮局的人马也调到了苏州，建起了苏州枪炮局。苏州枪炮局用上了英国的工作母机，扩招了300多名工人，由丁日昌以及韩殿甲、马格里各主持一个车间，生产出了开花炮弹、自来火枪、田鸡炮等武器。有了这些像模像样的西式枪炮武装，淮军声威大壮，在战场上节节得胜。

1864年初夏，湘楚军会攻天京，太平天国覆亡在即。一直站在时局巨变潮头的李鸿章已下定决心，筹办江南制造总局。而被李鸿章慧眼选中、主持筹办诸事的人，正是当年从广东急调过来的"学识深醇，留心西人秘巧"的丁日昌。

丁日昌先是奉命在上海访购各种"制造机器之器"。在已经开埠20年、万国货物流通无碍的上海，此事尚属容易。经丁日昌努力，已设法采买到不少。但若要开厂，还必得购置土地厂房，此事便不是说成就能成的了。不过，机会很快在1865年降临。当时沪上的船舶修造业竞争极其激烈，颇具规模的美商旗记铁厂眼见市场趋于饱和、银子越来越难赚，有意退出上海市场。旗记的土地厂房都是现成的，若能将之盘下，则"江南制造总局"指日可成矣。得知消息的李鸿章大喜过望，认为"此项外国铁厂机器，觅购甚难，机会尤不可失"，饬令丁日昌迅速定议。可在无一点资金的情况下，面对美商狮子大开口的十万两收购费用，丁日昌陷入了困境。

为筹措资金日思夜虑的丁日昌，错过了1865年的大好春光。但事情的转机，却又出现在了眼前。海关通事唐国华，圩子张灿、秦吉等因贪污被革职羁押。在肥差上捞够了油水的几人，此时满脑子都是"破财消灾"。唐国华游历外国多年，于洋匠事务也算熟悉，并擅与西人打交道。赎罪心切的他，与同案几人凑足了4万两银子，预备买下旗记铁厂献给朝廷，以免牢狱之苦。成大事者，不拘小节，更何况这种交易在大清国早已见惯不惊。丁日昌立即下令释放了几人，拿下了厂房设备。该厂另有铜、铁、木材等剩余材料，由江海关道筹款白银 2 万两收购。

万事俱备。1865 年 9 月，两江总督李鸿章正式上报朝廷，奏请成立江南机器制造总局。在奏折中，李鸿章写道："该厂一经收买即改为江南制造总局，正名办物，以绝洋人觊觎。"随后，苏州枪炮局由丁日昌、韩殿甲主持的部门和曾国藩委托容闳在美国纽约向朴得南公司所购买的 100 余台机器，也全部并入江南制造总局。自此，寄托了几代中国人强国梦并创造了中国工业史上无数个第一的大型近代企业，走上了历史舞台。

大清"江南"船梦的沉浮

成立之初的江南制造总局地处虹口租界内，周围的洋人对这个定时炸弹似的兵工厂极为抵触，华洋之间的矛盾不时爆发。且闹市区的工厂，发展空间自然非常有限，因此李鸿章等人早有"择地移局"之意。百般挑选之下，上海城南高昌庙濒临黄浦江的地方，成了迁厂的首选地点。在保存至今的江南制造总局档案中，相当一部分是当时购地、动迁、恩恤（安置动迁居民）的往来文书，足见迁厂一事头绪之多、工作之繁。

江南机器制造局炼钢厂的一五吨钢炉

江南机器制造总局所设的翻译馆

1867 年，江南制造总局正式搬迁至高昌庙，成立了轮船厂。对长久以来为西洋坚船利炮所苦、而又颇思振作的曾国藩等官员来说，"造船"被赋予了重振大清国运的期望。在他们的支持下，1868 年 8 月，江南制造局造第一艘木壳轮船下水试航，轰动了上海滩。曾国藩亲自登船，并为之命名为"恬吉"。他很有信心地展望："将来渐推渐精，即二十余丈之大舰，……或亦可苦思而得之。"此后的十余年间，江南制造局共造军舰 8 艘，最大的海安、驭远两舰，长 300 尺，宽 42

江南机器制造局的炮厂

尺，马力1800匹，受重2800吨。李鸿章曾骄傲地说："（两轮）在国外为二等，在内地为巨擘。"

惜乎，此时的大清国运衰微，这批凝聚着无数精英心血的舰船，几乎无一善终者。

1884年，中法战争爆发，"驭远"等五舰奉命增援被法舰队封锁的台湾。孰料，法人大大地狡猾，竟然中途截击。一番遭遇战后，三艘清舰逃脱，"驭远"、"澄庆"二舰由于个头大、跑不快，只得避入附近的石浦港。法舰不识航道，不敢入内港，便封锁港门，派鱼雷艇潜入石浦港偷袭。驭远舰受到攻击后立即还击，两艘鱼雷艇被击伤，困在浅滩动弹不得。但令人意外的是，次日天明，欲图救援鱼雷艇又忌惮"驭远"火力的法舰，却意外发现"驭远"、"澄庆"二舰已自沉在港中，船上官兵全部不知所踪。法舰队没有"硬碰硬"就捡了个大便宜，自然狂喜而还。

二舰沉没之谜，说法不一，近年来根据史料的挖掘和学者的分析，倾向于认为当时两舰管带害怕再遭法舰攻击，下令将船凿沉，之后上报谎称被法军鱼雷艇击沉。可叹，号为"巨擘"的驭远舰，竟是"死"了个不明不白。近80年后的1961年，驭远舰被打捞出来，重见天日。从已变为一摊废物的驭远舰上，清理出来众多弹药、煤炭、铜铁和贵金属器皿，后人只能凭此想象它往昔的威武与荣光。

另一艘"操江号"的命运，更令人唏嘘。1894年7月25日清晨，满载军械的"操江号"护卫着运送清军的英舰"高升号"路过朝鲜丰岛海面，远远看到海面冒着滚滚黑烟。不一会儿，只见挂着龙旗的"济远"舰急速驶来，身后尾随着日军"吉野"、"浪速"二舰。"济远"在奔逃中与"操江号"用旗语沟通，告知被袭击的信息。"操江号"大约自知不是对手，立刻调转航向加速逃跑。这时，"吉野"抛下济远，随"操江号"而来，并以密集炮火攻击，最终操江号只得挂起白旗，被日军俘获。操江号上的82名水手，成为清日战争中最初的清军战俘。更令国人蒙羞的是，被俘之后，"操江号"被编入日本联合舰队，担任朝鲜水域哨戒，并参加了对清威海卫作战。1903年除籍后，又在日本兵库县当起了检疫船，1965年才被拆解。至此，令曾、李诸公引以为傲的首批"江南"造军舰凋零殆尽。

由于经费难筹和李鸿章渐渐属意于购买外国新船，1885年，江南制造总局停止了造船，专造枪炮弹药。很长一段时期内，中国造船技术与世界先进水平越来越远。"江南"船梦，只得在大清的一片狼狈中黯然破灭。直至1905年，江南制造总局在颇有远见的新任两江总督周馥主持下，局、坞正式分家，分别成立上海兵工厂和江南船坞。从此江南造船厂开始了"官办民营"的独立历史和第一次发展小高潮。不过，对摇摇欲坠的大清来说，江南船坞欣欣向荣与否已无关大局。数年之后，民国的成立，为江南制造总局的历史翻开了新的一页。

制造局门前的革命血

辛亥年（1911）十月末，武昌首义爆发后，举国震动。在上海这块各种势力犬牙交错、角力无休的土地上，革命党人自然也要酝酿一场大动作。江南制造总局就是革命党人聚焦已久的目标——它既是清军的军火库，又是上海清军兵力最强之地；拿下江南制造总局，既切断了清军的利爪，又为光复上海清除了最大的障碍。

这一夜，几个革命党人，来到上海贞吉里江南制造总局提调李平书的家中，筹谋共举大事。李平书在家中第一次见到了大名鼎鼎的陈其美。几十年之后，他在自传中写道，陈其美竟是一"恂恂儒者"，让他十分意外。支持革命的李平书，其实一直期待的是江南制造总局和平光复。他曾亲自劝说江南制造局总办张士珩不要再将江南制造局的武器弹药继续运往南京，但张士珩没有听从李平书的规劝。从张士珩的角度来看，身为李鸿章亲外甥和大清二品大员并赏头品顶戴的他，也确有足够理由拒绝这些乱党的拉拢。总之，李平书"献厂归诚，以免流血"的设想没有实现。

最终，陈其美攻打江南制造总局的计划在李平书的全力支持下获得通过。11月3日下午，起义军在上海南市九亩地誓师，起义打响了。据参加起义的上海清真商团领袖伍特公回忆，由于"（当日）上午十一时，闸北巡警臂绕白布，先行发动"，制造局闻讯，警戒更加森严，"于江滨列排炮六尊，要口设水机关枪，更于大门设小钢炮"。

下午3点，立功心切的陈其美带了200多人的敢死队，向商团公会借了40支步枪、子弹若干发，出发去打制造总局。这些明目张胆的"乱党"路过沪军军营时，驻守清军不但不加阻拦，反而"举手加额"与敢死队员互相致敬。原来，商团早就跟驻军营长打过招呼，守军也乐得睁一只眼闭一只眼，后来干脆拿了上海商团发的遣散费一哄而散。敢死队一路挺进，到总局门前恰逢开门放工，数十人趁机一拥而入。驻守制造局的清兵立刻向天放枪恫吓，熟料敢死队毫无惧色，一边往里冲一边投掷炸弹。清兵这下动了真格，向敢死队开枪不止，冲在前边的敢死队员顿时一死两伤。在后边的队员眼见不妙，不由自主地向后退却。这时，陈其美一边大呼着指挥队员继续前进，一边拿出两枚炸弹交给左右。巡逻的清军发现了乱党头子就是陈其美，赶忙上前抓捕。陈其美拿出了革命党本色，就地开始了慷慨演说："彼此均系同胞，幸勿伤犯。"谁知局员和兵勇根本不买他的账，一拥而上，将他拿下，绑起手脚扔进了马厩。

这时候，在沪军营集结的商团各队，正在焦虑地等待着。这支跃跃欲试的队伍中，有一名年轻的杂粮行学徒傅昌裕，50年后的1961年，他留下了一篇宝贵的回忆录，现为上海档案馆馆藏。这是一个无月之夜，夜幕之下只有"刷刷"的行军声。当商团顺利到达制造局门口时，二道门的火力正旺。傅昌裕和他的同志们，只能卧倒在巷道两旁，待机而动。铁门里不时吐出火舌般的子弹，让人无法抬头。如此相持到了午夜，有位同志跳起来大喊："同志们，起来冲锋！"一有经验的老兵立刻按住他，告诫其"机枪厉害，不可起立"。但这位同志年轻气盛，不听劝阻，一意向前，没走几步，便中弹倒地。傅昌裕眼见他"再起再扑，终于不起"。此时，傅昌裕队死伤已有三四人，他自己也左手中弹，折断一指。

正当傅昌裕们悲愤交加又无计可施时，西栅突然起火，红光漫天、杀声四起，正门的机枪也偃旗息鼓没了声息。行伍里一位同志冒险蛇行至二道门侦察，看到里面步枪已经搭起枪架，插了白旗，百余清兵站立一旁，等待投降。他振臂一呼，商团队员顿时蜂拥而入。这时已是次日早晨6点20分了。

傅昌裕事后才知道，放火的是潘月樵、夏月润兄弟和小保成等伶界队员。他们灵巧地翻入后门，将煤油浇在木柴上，然后点火焚烧了洋枪楼厂间房屋。总办张士珩、管带苏文斌在一片混乱中乘小轮弃局而逃，清兵这才纷纷投降。带领敢死队的洪门二哥刘福彪受了重伤，但他忍着剧痛找到了陈其美，用刀子将捆缚陈的铁绳割断，之后又背着陈其美回到商会。

攻下江南制造局后，库房里的大量武器顿时为民军所用，武装了商团队伍。尤其是那些崭新的步枪，本来正打算被运到南京、汉口去武装清兵，现在上海商团团员"人各取得一柄，复出枪弹，商团分得数箱"。

民国成立后，江南船坞更名为江南造船所，进入第二次业务发展高潮。1918年，江南造船所承造美国政府的4艘万吨级木甲运输舰，两年后完工交货。这是中国造船

江南制造总局炼钢厂

业有史以来的最大工程，又是工业发达国家的首次政府订货，因此引起广泛重视，中外报刊竞相报道。然而好景不长，从淞沪抗战开始，江南制造局所在区域便成为日军轰炸的重灾区。1938年江南造船所被日军侵占，其后一直未能恢复。1949年国民党撤离上海时，将此处的船坞、船台、发电机和主要车间炸毁，更使其丧失了基本生产能力。新中国成立以后，"江南"才迎来了涅槃般的新生。

后 记

至新中国成立，"江南"厂在沧桑岁月中几经沉浮，但与国外现代工业始终保持着相对紧密的联系，工程技术和制造水平一直处于中国前列，代表着民族工业的发展水平。新中国成立后，重回人民手中的"江南"厂焕发了新生。1953年，它被正式改名为江南造船厂。当时的厂区中既有清朝时建造的小楼、民国时期制造的飞机厂房，也有油毛毡、三合板搭起的简易屋棚。新中国的造船事业，就这样在摸索中开始了自己的现代化进程，即使是"文革"期间，江南造船厂的生产也没有停滞过。"江南"再次创造了许多中国"第一"：第一艘潜艇、第一艘护卫舰、第一台万吨水压机、第一艘自行设计的远洋货轮、中国海军第一次环球航行的军舰……1996年，江南造船厂更名为江南造船（集团）有限公司。2008年，为了迎接世博会的召开，作为中国规模最大、设施最先进、生产品种最多的现代化造船企业，"江南"整体搬迁到长兴岛。现今，"江南"已经成为世界上最大的单体造船厂之一，正向着成为国际顶级造船企业的目标迈进。

提篮桥监狱的百年沧桑

张姚俊

2013 年 5 月，国务院公布了第七批全国重点文物保护单位名单，提篮桥监狱的早期建筑赫然在列。此事余波未平，一则"提篮桥监狱即将搬迁"的消息又引发社会广泛关注。一时间，"死亡之城"、"远东第一监狱"等醒目的字眼频频见诸中外媒体的报道。可是，对于大多数上海人来说，"提篮桥监狱"仅仅是个空泛的概念，殊难说清它的来龙去脉。那么，从建成至今的 110 年里，提篮桥监狱经历了哪些沧桑变迁？在其高墙之内、铁窗之下曾经又是何等光景呢？要回答这一系列问题，不妨让我们将时钟再次拨回到 1903 年，从头讲起吧。

"远东第一监狱"是怎样炼成的？

1903 年 6 月 10 日，公共租界工部局董事会依照常规举行例会。当天会议的主要内容是审议工部局工务委员会的报告。在这份内容庞杂的报告里，虽然只是非常简略地提及"一座可容纳最高数量囚犯的新监狱将在 8 月 1 日竣工"，但这短短廿余字却引得主持会议的总董贝恩不住地颔首，嘴角露出一丝满意的微笑。

的确，对于再度当选总董的贝恩来说，应对租界内五花八门的棘手事务已是得心应手，可巡捕房拘留所人满为患的问题还是令他挠头。早在工部局成立之初，警务处便在中央、老闸等巡捕房附设拘留所，拘押违法的外侨。在租界里犯法的华人则交由中国官府处理。十九世纪六七十年代，工部局曾推行苦役制度，强制华籍囚犯从事砸石块、筑路等重体力劳动，巡捕房由此开始羁押中国犯人。随着人口激增，公共租界的犯罪率一直居高不下，导致捕房拘留所时时"爆棚"，连会审公廨的狱所里都已拥

提篮桥监狱房内景（1929年）

挤不堪。与之相伴的是，狱中的敲诈勒索、打架斗殴乃至凶犯骚动屡见不鲜，传染病也在狭小的监房里肆虐。

无奈之下，工部局只得于1889年初租下英国领事馆厦门路监狱的北侧监舍，暂时抵挡汹涌的"犯人潮"。然而，"寄人篱下"终不是长久之计。1901年10月，工部局董事会决定在华德路（今长阳路）上建造大型监狱。英国驻新加坡工程处在该项工程招标中拔得头筹。不到两年时间，一座拥有两幢4层监楼的新监狱就完竣了，这让整天为关押场地不足而烦心的贝恩长舒了口气。

这所新监狱的全名是"公共租界工部局警务处监狱"，亦称华德路监狱。不过，上海市民更喜欢唤其作"提篮桥监狱"。因为在距离监狱不远处的海门路古时曾是下海浦的一部分，浦上原有一座木桥通向下海庙（今址为昆明路73号）。据说，当年常有善男信女提着盛放香烛的篮子，过桥前往庙内进香礼佛，此桥遂名提篮桥。后来，下海浦被填没，木桥也遭拆除，但"提篮桥"三字却被保留下来，成为那一带的片区名。提篮桥监狱即因此得名，且在坊间沿用了近百年。有趣的是，尽管历史上提篮桥监狱多次"改名换姓"，从解放前的"华德路刑务所"、"司法行政部直辖上海监狱"

到解放后的"上海市人民法院监狱"、"上海市监狱"，可它的正式名称中从未出现过"提篮桥"这一地名。直至1995年6月，监狱正门挂上了"上海市提篮桥监狱"的牌子，提篮桥监狱方才算是名实相符。

实际上，工部局工务委员会向董事会报告的日期是预估的竣工时间。提篮桥监狱的第一幢监楼（AB监）于1903年5月18日就已启用。第二幢监楼（CD监）和配套的办公场所、医院及看守宿舍等则是在是年的8月28日投入使用。早期的提篮桥监狱全部由青砖和石块垒成，占地面积约10亩，计有美式监房480间。监狱的拱形大门开设在华德路117号（今长阳路111号处）。

正如那句俗语所云："罗马不是一天建成的"，提篮桥监狱在落成后的数十年里，至少经历3次以上的改扩建，才基本达到如今的规模。1929年，著名作家阿英在租界被捕，一度关押于提篮桥监狱。据他回忆，那时的提篮桥监狱有东西南北4座监楼，"每监是5层，每层背靠背建筑两排房间，每排间数约有40个，每间少则收3人，多则收4人。每间占地宽4尺，长8尺，三面墙，一面铁栏——铁栏边就是门。""从铁栏到狱窗约有一丈五尺左右，用中国式的跑马楼的建筑形式，中间是天井，可是这天井看不到天，上面是有屋顶的，每层天井而且是用铁丝网平兜了，以免犯人跳楼寻死。"囚牢里生活虽不免"挨饥忍饿，甚至于水都不能多得一点"，但阿英还是保持着革命乐观主义精神。在他看来晚饭后的一两个钟头之间是狱中生活最惬意的时候。"那时早班的西捕是全退去了，晚班的还没有来，只有印度阿三（即印籍看守）在守着。我们在这时，可以说是很放肆的，唱歌，说故事，唱戏，唱小调，做政治报告，一切都是自由的……"

阿英出狱以后，提篮桥监狱仍在不断"扩张"。当1935年的扩建，也就是解放前的最后一次扩建落下帷幕时，提篮桥监狱的占地面积已经扩大到60.4亩，11幢钢筋混凝土结构的监楼组成了一个庞大而复杂的关押体系，各类监室接近4000间，其中不乏橡皮监（防暴牢房）、绞刑房和"风波亭"（禁闭室）之类的特种监房。此外，监狱还附设女子监狱和童犯感化院（专门收押少年犯）。

与此同时，监狱正门也从华德路117号迁至147号。那是一座形状方正、并无出众设计可言的大门。若不是四周5米多高的围墙及门楣上刻着一行英文："SHANGHAI MUNICIPAL GAOL"（意即"上海工部局监狱"），普通路人很难想

提篮桥监狱内的"西人监"

象此门背后就是一所设施精良、壁垒森严的监狱，而且这所监狱最高在狱囚犯人数超过 8000，远胜印度的孟买监狱和日本的巢鸭监狱一筹，号称"远东第一监狱"。

"革命军中马前卒"瘐毙狱中

1903 年夏，当提篮桥监狱建设工程进行得如火如荼之际，震惊全国的"苏报案"也正处于法庭审理的关键时刻。由章太炎担任主笔的《苏报》因宣传维新而为清廷所不容。是年 6 月，清政府勾结公共租界当局逮捕了章太炎等人，并查封报馆。素以"革命军中马前卒"自命的邹容闻讯后，激于义愤，自投巡捕房。此案一经披露，轰动朝野。12 月 24 日，章、邹二人被判处终身监禁，解送提篮桥监狱服刑。后迫于社会舆论，会审公廨改判章太炎监禁 3 年、邹容监禁 2 年，罚作苦工，期满逐出租界。他俩因而成为提篮桥监狱最早的一批犯人。

按照狱方的规定，牢犯的一日三餐不仅有荤有素，每周末甚至还有少量牛肉供应。可事实证明这只是给犯人"画饼充饥"罢了。身陷囹圄的章太炎这般描述提篮桥监狱的饭食："所食皆麦饭带秵，日食三合，粗粝鲠会咽"。据他估算，"同系五百人，一岁死者六十人，盖三分而瘪毙其一矣。"饭食粗劣不说，章太炎和邹容每日还必须完成繁重的劳役，若稍有懈怠，便会招致看守的一顿呵斥。

好在老成的章太炎耐得住性子，每日役毕，晨夜研诵《瑜伽师地论》，兼以修身养性。可年轻气盛的邹容哪里忍得这般煎熬与折磨，久而久之积郁成病。提篮桥监狱虽设有医院，但设备简陋、药品匮乏，根本无力医治。章太炎只好千方百计托人从监外捎来中药给邹容调理，却也难奏其效。到了1905年2月间，邹容的病势愈发加重，髀肉尽消，空存皮骨。见此情形，会审公廨勉强允准邹容保外就医。可是，就在邹容即将出狱的前一天，即4月2日，他稀里糊涂地被押往工部局医院就医。回到牢房后，他服用了医生配给的一包不知名的西药，就昏昏睡去。次日凌晨4点左右，邹容突然口吐鲜血，不治而亡，年仅20岁。

很显然，邹容之死十分蹊跷，当时许多人都怀疑邹容是被毒死的。革命党人吴越在给章太炎的信里更是一语中的："吾子邹容之死，有深疑焉。疑西人必为满清政府所使，使毒杀人，以去后患。"远在日本东京的中国留学生会馆亦为此事曾遣人来沪调查，但提篮桥监狱的森森壁垒岂容常人随意入内检视，这桩疑案最终也就不了了之。

令人发指的是，邹容去世后，狱方竟把他的遗体弃置高墙之外，多亏由《中外日报》馆收殓，暂时停放在四川路义庆里。其后，一个名叫刘季平的上海人在邹容逝世周年之日将他的灵柩运往华泾入土安葬。

日本战犯在华"第一审"

抗战胜利以后，严惩日本侵略者成为当务之急。当时，美军将一些重要的日本战犯关押在提篮桥监狱的"西人监"里。那是一幢6层高的监楼，原是专押外国籍男犯的地方，所以时人称之为"西人监"。1946年年初，美军中国战区参谋长兼驻华美军总司令魏德迈奉命在上海组建军事法庭，专门审理日军在中国大陆和台湾地区杀害美国空军被俘人员的有关案件。美军军事法庭就设在"西人监"的2楼。

是年1月24日上午10时整，法庭在"西人监"第一次开庭审判日本战犯。那天，出庭受审的总共18人，为首者是侵华日军第三十四军参谋长锅木正隆。此刻的锅木面无表情，内心却充满忐忑与恐惧。1944年11月21日，一架美军战机在汉口上空被日军击落，俘获3名美国飞行员的正是锅木正隆的部队。在锅木的授意下，日兵对美军俘虏施行毒刑。此3人最后丧命于绞索之下。在战争结束前夕，锅木奉调回国。日本宣布无条件投降后，他被从东京引渡到中国，关押于提篮桥监狱。因此，法庭上的锅木如坐针毡，他自知罪孽滔天，在劫难逃。

对锅木正隆等人的庭审后又进行了多次，美国空军飞虎队司令陈纳德将军也曾到庭旁听。1946年2月28日，美军军事法庭对18名日本战犯作出宣判：判处锅木正隆等5人死刑，其余13名战犯，除一人被无罪释放外，余者分别被处以无期徒刑或1年半至20年不等的有期徒刑。

一个多月后的4月22日上午8时，被绳索反绑着双手的锅木正隆和其他4名死刑战犯，在美国宪兵押解下，缓缓走向位于"西人监"3楼的绞刑房。当来到绞刑房外的一间囚室时，锅木他们停住了脚步。美军上尉汉姆用日语向他们宣布了执行绞刑的决定。出于人道，法庭专门请来了神父和僧侣，在临刑前为这5人举行了简单的宗教仪式。

一刻钟过后，行刑的时间到了。官至少将的锅木正隆因军衔最高，首先被押进绞刑房。负责行刑的美军中尉巴萨克把锅木推到了绞刑架下，先将他的手脚牢牢捆住，用一只黑布口袋蒙住锅木的头部，然后把绞架上的绳索套进其颈部，稍稍用力勒紧。随着监刑的美军检察官韦斯德上校一声令下，巴萨克推动手闸，绞架下的那块活动地板瞬间朝两侧分开，锅木双脚悬空，挣扎了几下便结束了他罪恶的一生。

从1946年1月至9月，共有47名日本战犯在提篮桥监狱受到美军军事法庭的审判。除去被施行绞刑和枪决的外，更有畏罪自杀者，日本陆军大将安藤利吉就是其中之一。

日本战犯在提篮桥监狱被施以绞刑

安藤在战时曾任台湾军司令官，也是日治时期末任台湾总督。1946年4月19日深夜11时45分，当巡逻的看守路过安藤的监房门口时，忽然听闻室内发出一阵阵轻微的呻吟，这时才发现安藤利吉已倒卧在地上，神志不清。看守立即跑到办公室，致电监狱医院派人前来急救。然而，等他返回原处，安藤已告殒命。嗣后经搜查发现，安藤用于自杀的烈性毒药是他藏于衣服的夹缝中带入监狱的。至于自戕的原因，安藤在写给陆军士官学校时期的同窗好友冈村宁次的遗书里说得明明白白："余自知死期已至，故而自尽。"这正应了中国的一句古训："多行不义必自毙。"

历史资料表明，国民党政府先后在上海、北平（今北京）、沈阳等10座城市设立专门审判日本战犯的军事法庭。此中，上海的第一绥靖区军事法庭和北平的第十一战区军事法庭首先开审，时间均在1946年4月。而设于提篮桥监狱的美军军事法庭比之提前了3个月。据此断定，提篮桥监狱乃是中国境内最早审判日本战犯的地方。1997年8月，提篮桥监狱内关押、审判和处决日本战犯的场所被列为"上海市抗日纪念地点"，并立碑铭记这段中国人民雪耻的历史。

1949年5月31日，《解放日报》对提篮桥监狱被关押革命同志获释一事的报道

上海解放后，被监禁在提篮桥监狱的革命同志光荣出狱

"受难的兄弟自由了"

1949年7月的一天，素日冷冷清清的提篮桥监狱门口却是一番锣鼓喧天、鞭炮齐鸣的热闹景象。住在周边的市民不知发生何事，纷纷赶去围观。过了不多时，只见监狱大门徐徐打开，数十名衣着整洁的"犯人"在上海各界代表的簇拥下，昂首阔步，喜气洋洋地走出提篮桥监狱。眼尖的人一看到这群"犯人"，马上惊呼："啊？！伊拉（他们）几个月前不是已经从提篮桥放出来了吗？哪能（怎么）今朝又到此地来？"

事实确实如此。这件事的源起还要追溯到上海解放前夕。1949年初，国民党的反动统治已是摇摇欲坠。在垂死挣扎的同时，国民党反动派预谋杀戮囚禁在提篮桥监狱里的 50 名共产党人和爱国民主人士。为了营救这些革命志士，中共上海局和上海市委的领导刘长胜、张承宗、张祺等会同中共上海市警察局委员会（简称"警委"）的有关人员设想过多种营救方案，但考虑到提篮桥监狱地处闹市，施救的胜算渺茫而不得不放弃。

幸亏，中共社会部在上海负责情报、策反工作的吴克坚、林亨元等成功策反了代理典狱长王慕曾。所以，当上海警备司令部司令陈大庆下令将提篮桥监狱的政治犯转移到舟山群岛时，王慕曾以种种借口拖延着不办。5 月 23 日，人民解放军向上海市区发动总攻。为了防止敌人蓄意加害，提篮桥监狱的地下党组织根据"警委"的布置，开展武装护监斗争，确保了所有在押革命同志的人身安全。

上海解放伊始，时任上海市委书记的张承宗就嘱咐上海总工会筹备委员会副主任张祺尽快将囚禁在提篮桥监狱里的同志接出来，还交给张祺 300 块银元，作为出狱同志的生活费。

5 月 28 日一大早，张祺拎着一袋沉甸甸的银元，前往市军管会找政务委员会负责人曹漫之接洽。一打听才知道曹漫之的办公室在天潼路。于是，他又提着大布袋子打算赶到天潼路。不料，张祺正要步出军管会大门时，却被解放军哨兵拦了下来。原来，张祺身穿长衫，实足一副有钱人的打扮，而且哨兵打开布袋一瞧，满是白花花的银元，让人目眩。这更令小战士觉得眼前此人甚是可疑。幸而，一位熟识张祺、穿着军装的地下党员帮他解了围。后在曹漫之的介绍下，张祺与接管提篮桥监狱的军代表毛荣光等人接上头，并将那一袋银元转交给狱中的同志。经过商量，确定立即释放王中一等 45 名中共党员；另有 5 人系农工民主党成员，需取得该党的市级组织证明以后再行释放。

次日下午 2 点多，张祺以中华全国总工会代表的身份，乘着一辆大客车前往提篮桥监狱迎接出狱的战友。等他赶到监狱时，王中一他们早已在监狱员警饭厅等候。3 点半，在举行完简短的"慰问与欢送政治犯恢复自由大会"之后，45 人一路高唱《跟着共产党走》，举着用被单和席子制作的、书写着"毛主席万岁"、"感谢人民解放军"等语的横幅和标语，兴高采烈地列队步出监狱大门。见到亲人重获自由，早已等候在长阳路上的亲属和工友们纷纷拥上前去，争相拥抱、握手、脸上挂满喜悦的泪水。"欢迎受难同志出狱！"不知是谁首先喊响了口号，在场人群的激情一下子被点

刑满释放人员走出提篮桥，走向新生活（1980年代）

燃，一阵阵的呼号响彻长阳路。

31日，创刊才4天的中共上海市委机关报《解放日报》就在显著位置刊发了《军管会接收伪上海监狱，被迫害的"政治犯"当即获释恢复自由》的新闻报道，还配发短评《受难的兄弟自由了》，详细记述了3日前提篮桥监狱那感人的一幕。

不过，出乎张祺意料的是，陈毅同志对这次迎接被捕同志出狱工作很不满意。在听取汇报后，他思忖了片刻，对张祺言道："这些同志都是被国民党反动派抓进监牢的，现在我们把他们解放出来，不能这样无声无息、默默无闻，而要敲锣打鼓、放鞭炮，对这件事要好好做文章，搞得有声有色、热热闹闹。"张祺这才明白自己低估了此事蕴含的重大政治意义。

于是，根据陈毅市长的指示，张祺又把出狱的大部分同志找回来，重新在提篮桥监狱集合，同时组织申城各界代表前去迎接，并在监狱大门口敲锣打鼓，燃放鞭炮，如同欢迎英雄凯旋一般。苏联电影代表团当时正巧访问上海，他们用摄像机记录下了这一生动的场面。这些珍贵的历史场景日后被编入了中苏合拍的大型纪录片《解放了的新中国》。该片的原始拍摄资料至今仍完好地保存在俄罗斯。

弹指一挥间，20世纪初叶诞生的提篮桥监狱已走过了一个多世纪的漫漫长路。提篮桥监狱这百余年来的风雨沧桑其实很难用文字尽数，更多的历史瞬间有待后人去追寻、去揣摩，正所谓"横看成岭侧成峰"。

上海滩车牌往事

章慧敏

在上海公安博物馆的交通馆里，陈列着众多不同时期、不同款式、不同材质的私家车车牌。其中那块"沪AZ0518"特别吸引参观者的眼球。其实，人们注意的不仅是那一组阿拉伯数字，而是有关这块车牌的注释："1992年，一块'沪AZ0518（我要发）'的吉利号码Z牌照曾拍出了30万元的天价……但有趣的是仅仅一周过后，车主就因欠款被告上法庭……"

"沪AZ518"的车牌把人们的思绪拉回到改革开放之初的1986年，中华人民共和国第一块私家车牌"沪AZ0001"在上海诞生，这标志着一个新的时代正式拉开了帷幕。当时，有勇气、有实力拍到私家车牌的可是"大户"的象征啊。

公博馆的工作人员当年曾有个愿望，就是寻找到1912年中国（上海）颁发的第一块车牌"001"号。然而，他们虽有"001"车牌的历史记录，却遍寻不着这块不知散落在何处的私家车牌。

从"001"到"AZ001"到"AZ518"到如今上海趋之若鹜的车牌竞拍市场，这个过程距离今天已整整100年了。车牌的传奇故事恍若隔空对话，吸引人们的是这些不同凡响的数字，还有数字背后的故事，清晰地展开上海私家车车牌逐渐演变的历史。

如同一出今昔穿越的电视连续剧，昨天和今天的现实对比之中，100年的沧海桑田啊！

私车牌照"001"

谁是拿到中国第一块汽车牌照的人呢？

中国的第一块汽车牌照并不是被中国人拿下的，而是被一名丹麦籍的医生拍走的。只不过他后来回国了，连同汽车和牌照一起被宁波籍的房地产大王周湘云的弟弟周纯卿买去了。

关于这件事，至今社会上仍流传着另一个江湖传说，说是周湘云耗费了巨资在上海买到了中国"001"号私家车牌，没想到此举引起了同为地产巨头犹太人哈同的觊觎——哈同先是与他协商，想从他手里买下这块车牌，但被周湘云一口拒绝。于是，哈同放出狠话，只要周湘云敢让这个车牌出现在马路上，他就会派地痞流氓砸掉这辆车；那段日子，哈同还着手准备与周湘云打官司夺牌。万般无奈，周湘云只能将车子与车牌一同锁在家中的车库里，这块中国的"001"车牌也因此束之高阁，不见了天日。

但史料记载，哈同与周家两代人素有交情，老哈同每到岁末年初，都要上门借用

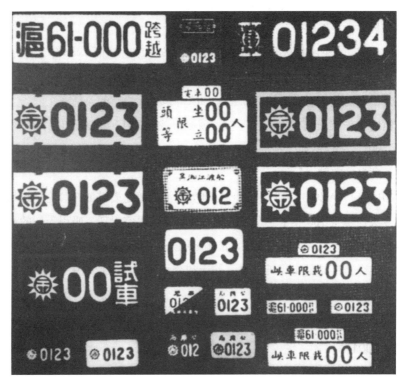

解放前使用的各种车辆牌照

周湘云的红顶花翎朝服，他怎么可能去会夺周家之美呢？再说周湘云虽是当年上海滩的风云人物，在上海公共租界工部局纳税人的名册排名第五，但他是个传统的"老派人"，除了做生意，就是玩古董。不过，他的弟弟周纯卿倒是个追赶时髦的人，对时尚用品趋之若鹜。所以，当听说拥有"001"车牌的丹麦医生要回国了，他便抢先一步买下汽车和牌照是顺理成章的事。

这辆汽车的最后一次使用是在1945年周纯卿的葬礼上。汽车上面放着周纯卿的遗像缓缓地开过上海的街头。从此后它便消失在人们的视野之中。事实上，日本人进入租界后，原工部局颁发的汽车牌照就不起作用了，再后来租界被收回，原先的汽车牌照再也没用处了，这块有着传奇色彩却同时又充满历史意义的牌照最终不知去向，实为憾事。

那么，中国的汽车牌照是在什么样的背景下发放的呢？

原来，在1902年时，有个匈牙利人将两辆汽车从海路运抵上海使用，这两辆车也是上牌的，只不过上的是马车的牌照。往后，随着外国人渐渐涌入上海淘金，到了1912年上海已经有汽车140辆了。为了便于管理日渐增多的车辆，工部局决定对汽车发放牌照。当年，他们设置了1号到500号的私家车号，单一的黑底白字。而对车主的规定则是每个季度每辆车须缴纳税金15两银子。虽说价格昂贵，但在上海能买得起私家车的无外乎外籍人士和富豪商贾，所以，中国真正意义上的汽车牌照是1912年在上海颁发的。

1958年沪客-560微型汽车

当年，中国的私家车车牌允许不同的款式，就说周纯卿的001号车吧，这是辆黑色的英国产的长方形汽车，司机位置在右边，前排、后排各4人座，前排座位下面有4张小凳，拉出来又可坐4人，一共可以坐12人。车身前挂的牌照是铜质椭圆形的，用黑漆写上古罗马字"I"，号码下

斯大林赠送给宋庆龄的吉姆轿车

还刻着上海工部局的缩写："S.M.C"。

自然，这个牌照不是工部局发的原件，周纯卿将原件放家里了，他是嫌工部局发的白底黑字和汽车不搭调，就自己设计了车牌的这个样式。周纯卿不仅对牌照进行了改装设计，他对车子也进行了装饰：在挡风玻璃两旁安装了2只方形的车灯，还在车把手处镶嵌了铜质的"周"的篆体字，在整个上海当然也是异常风光的事……

变革中的私车牌照

中国的汽车牌照经历了数次变革，其中有顺序式排列的"86式"车牌，"92式"智能化的机动车车牌，以及仅仅存在了10天的"02式"个性化车牌，还有"08式"人性化自主编排式车牌等等。

我们从史料看到，周纯卿可以自制车牌，说明民国时期的车牌管理比较混乱，当时，对车辆管理的权力是下放给各地政府的，因此车牌也是五花八门，直到1947年，全国才开始换发统一的汽车牌照，格式为"00—****"号牌。前面的"00"为各省的区域号，后面的数字为领取牌照时的汽车是多少辆。

新中国成立后的1951年起，车牌开始有变化了，以江苏省为例，上世纪七十年代，江苏是09开头，南京作为省会城市，是09-1……那么，新中国的四次车牌变革究竟是怎么一回事呢？在此我们不妨做个梳理——

第一次"86式"变革：这是顺序式机动车牌照。"86式"牌照分为两行，上面一行小字表示"发证机关代码"，省市区全名＋两位数字序号；下面一行大字是五位编码。同时区分车型，依次为：小车绿牌，大车红牌，外籍车黑牌，教练车、试验车蓝牌，等等。

第二次"92式"变革：这是实施电脑选号的智能化机动车牌照。也就是把50个或者100个号牌分为一段（或叫一组），然后输入电脑，让车主当场随机抽取。发证机关代码为各省市区的简称加上A、B、C……的英文大写字母。与"86式"顺序性相比，"92式"只有一行字，字体大了许多。今天，马路上行驶的车辆大部分就是这种"92式"车牌。

第三次"02式"变革：这是以个性化为主的机动车牌照。"02式"采用国际通用的浅底黑字，车牌分两行，上面一行表示"发证机关代码"，下面的大字是编码，分为左右两段的格式，车主可按"3个英文字母+3个阿拉伯数字"自行组合。同样是采用电脑选号，但比"92式"车牌在容量上整整大了100位。也就是说，采用这种方式后，各个城市可供选择的机动车号牌将有上千甚至几千万个。但可能是技术问题，才满10天就被叫停了。

第四次"08式"变革：这是人性化自主编排式车牌照。"08式"的外观仍然沿用"92式"机动车号牌式样，号码共有7位，前2位是省市简称和发牌机关代号，后5位可以由机动车车主按照相应的编号选取……

私车牌照的4次变革，无疑拉开了改革开放后中国汽车行业迅猛发展的大幕，个人拥有一辆汽车不再是奢望。

1986年的11月，上海诞生了第一位真正意义上的私家车车主。当时，私家车被称为"私人自备车"，因此上海市交管部门规定私车牌号使用"自备车"的第一个拼音字母Z，上海人称之为Z牌照。这个被认为具有划时代意义的沪AZ牌照0001号被挂在一辆凯迪拉克小轿车的前面。

在说AZ0001号牌照时，我们不能不说1986年的时代背景。这一年，中国的轿车年产首次突破了1万辆，而邻国韩国的产量则是60万辆，德国奔驰公司刚刚开进了中国，成立了奔驰（中国）有限公司……

从上世纪八十年代末到九十年代中期的很长一段时间内，带着Z牌照的桑塔纳是上海滩一代先富起来的人们最初的追求和情结。和所有紧缺的商品一样，当时的桑塔纳要批条子才能买到。最初，沪AZ牌照是不要钱的，只要你买得起车，人人都可以申领。但当时买得起车的人自然是凤毛麟角。从1986年到1994年的8年中，上海的私车牌照一共只发放了2000多张。到了1995年，一张车牌的底价已经飙升到10万元，实际成交价接近了一台"普桑"的价格（普桑时价为20万）。所以，直至上世纪九十年代末，上海总共才发行了不到5000张Z牌……

那时的私车牌照完全属于"先富起来的一代人"。

0001号车主属于上海嘉定区一位早年下海的老板王先生，这辆挂着AZ0001的牌照的豪车在以后的20年里为他赢得了无数路人的目光。也使得在很长一段时间内，能够拥有一辆挂有AZ牌照的私家车成为实力和身价的象征。九十年代初，这批牌照被允许拍卖和转让后，曾被炒到十几万元的高价。

也就在这一年的 12 月，45 岁的盛先生路过外滩延安东路 15 号时，看到有很多人在排队。在那个年代排队抢购紧俏物品是常有的事情，他好奇地挤上前，这才得知政府开始允许私人运营出租车，排队的人是在客管处门前申领私人出租车牌照的。盛先生想到了 18 岁还待业在家的女儿，也加入了排队的队伍。不久，他获得了一块宝贵的沪 AX1017 的私人出租车牌照，成为上海最早的一批私人出租车主。

拿到牌照的盛先生马上用 2.7 万元购买了一辆"波罗列斯"汽车，不会开车的他雇用了一位退休工人做驾驶员，让女儿坐在副驾驶上负责收钱。

这一年，邓小平第七次登上美国《时代》周刊的封面，在接受美国记者采访时，多次阐述了"让一部分人先富起来"的论点，这使盛先生犹如吃了颗定心丸。他又买了辆牌照为 AZ0035 的罗马尼亚产的"达契亚"，这是上海第 35 辆私家车车牌。为此，他开着私家车多次到原单位针织九厂附近兜来兜去，看到曾经的领导和同事流露出羡慕的眼光，他很满足。

这一年，我国国有企业的平均月工资只有 120 元。

世界上最贵车牌

近年来，随着我国汽车工业的快速发展、人民生活水平的日益提高，尽管上海每年都在拓展空中的、地下的、平面的道路利用，但仍无法彻底改变道路拥堵的现象。其中，逐年增长的私家车无疑是路面堵塞的原因之一。

为了控制私车数量无序地增长，有序地保障交通安全，对私车限牌的措施成了目前强有力的一个手段。全国的一些大城市也是各出其招：北京采取"公开、公平、公正"的原则摇号；广州采用摇号、竞拍加环保的新模式；而在上海，则延续着通过竞拍这唯一的途径获取车牌……

私车牌照的紧缺使上海如今的牌照价格一路走高，以至于人们戏称这是史上最贵的一块"金牌"。其实，这话还有些偏颇，因为比上海贵的还有，原因不言而喻，近年来世界各大城市为有序管理车辆，减少道路拥堵，都在想方设法地控制私车牌照的发放。就在 2008 年，阿联酋首都阿布扎比的一次拍卖会上，有位阿联酋富豪成功拍

民国时期的汽车牌照

1956年第一辆抵沪的"解放牌"汽车使用的"红五星"牌照

上世纪八十年代至九十年代使用的86式摩托车牌照

得仅有一个数字"1"的车牌号，它的价格也创纪录地达到了5220万迪拉姆（阿联酋本国货币），约合1420万美元。这也成了世界上最昂贵的车牌号。

成功拍得"1"车牌后，这名巨富表示："我们有谁不愿意当第一呢？这个车牌价格合理，5220万迪拉姆跟我的财富相比算不了多少钱。"

而在新加坡购买车辆，注册和申请执照却是非常的昂贵和复杂。为限制私车的增长，政府强制征收大笔费用。要注册一辆私车，必须支付下列费用：进口税（向海关缴纳），由海关评估，为汽车公开市场价的45%；注册费，1000新元（相当于667美元）；附加注册费，由海关评估，为汽车公开市场价的150%。

这些费用专门针对购车者，以提高购车成本，降低购车率。进口税和附加注册费两项大约相当于一辆汽车公开市场价的200%。

如此高额的用车成本难道还不能限制私车的增加？所以，在新加坡买车被看作是非常"痛苦"的一次性投资。

上海也有近乎天价的竞拍。那是1992年7月，上海试行了一次"Z"牌照吉祥号码的拍卖。在这场中国大陆首次私人自备轿车牌照拍卖会上，留下了一段至今仍被老上海当笑话的"趣闻"。

那天的拍卖会一共拍卖了14个吉祥车牌。其中"Z0518"汽车牌号竞争激烈，仅仅几分钟后就从起拍价2万元猛地抬到竞价30.5万元。"518"的谐音是"我要发"。初"下海"的某些人特别迷信吉祥数字能给自己带来好运，自然，拍到幸运数字更能显示自己的实力和虚荣心。于是，在拍卖现场这个"我要发"的车牌价格大大出乎了拍卖行预计的15万元的极限。最终，一个姓苏的老板花了30.5万元把这个"518"抢到了手。在买到车牌的同时，他还挑选了一辆价值30万元的豪华型奥迪轿车。在众目睽睽之下，他当场付清了总价60.5万元的全部购车费用扬长而去。

这一天，参与竞拍的14张号牌全部成交，总金额高达人民币224.8万元。Z0518的故事被全国媒体广泛报道和追踪，甚至在《人民日报》和《经济日报》都上了重要版面。美国《纽约时报》也惊呼"中国出现了超级富翁"。

事情并没有结束：一个月后，苏老板的公司因为欠款被告上法庭。法庭调查后发现他的公司早已负债累累，他是在"空麻袋背米"呀。于是，Z0518奥迪车被查封了，并且再次拍卖以偿还债务。

可是，这第二次的拍卖却流了标。"518"从趋之若鹜到无人喝彩，关键还在于这个数字。有钱人对它又有新的解释了：他们说是这块车牌很霉运，虽然"518"在粤语中的谐音是"我要发"，但上海话的谐音却是"呒（不）要发"，不吉利的！

成也萧何，败也萧何啊。这场闹剧过后，公安部下令全国禁止拍卖"吉祥数字"。

在上海公安博物馆的交通馆里一路徜徉，我们看到的是那些已有百年历史的一张张不同的车牌，每一张私家车牌后面都有属于它们的故事，都在娓娓道出时代变迁中上海昨日和今日的车水马龙。

私车牌照的昨天一页早已翻过，今天，上海这个大都市正面临着新形势下私车牌照的变革和阵痛，明天的公博馆又将会陈列今天正在竞拍的牌照后面的故事，那是写实，是记录，是又一段新的历史。

1979，上海，广告归来

袁念琪

上海人对广告是不陌生的。

在这座城市开埠后，外商就带来了销售商品的各种广告手段，使之成为中国现代广告的发源地之一。最先在上海滩露脸的是报纸广告，发布在1862年（清同治元年）创刊的《上海新报》。1911年（清宣统三年），路牌广告登场。1926年，林振彬开办了第一家中国人的广告公司，五开间门面的华商公司坐落在今天的香港路上。1927年，国人开办的第一座插播广告的凯旋电台在新新公司6楼"玻璃房"播出。1929年，上海诞生了全国第一家制作霓虹灯广告的远东霓虹灯厂。老上海人更是忘不了"梁新记牙刷，一毛不拔"，还有祥生汽车行的"四万万同胞，请打四万号电话"；记得那夜幕里的漕河泾"冠生园"红透半爿天的巨型霓虹灯……

当上海走到上世纪七八十年代，数一遍全市的广告公司才3家，用不完一个巴掌：为隶属商业一局的上海市广告装潢公司，文化局的上海美术设计公司和外贸局的上海广告公司。作为夜上海标志之一的高楼广告霓虹灯，早在1954年就仅存3块：南京西路成都路口的"金星钢笔"、四川北路天潼路口的"白雪"和大世界北的"胃宁"，两年后，都被标语替代。到了"文革"时期，商店霓虹灯招牌统统灯灭，广告从大小媒体里消失，路牌广告被改成政治标语和语录牌……

1976年，"文革"结束，也就在这冰雪消融的时候，广告回来了。30多年前，报告它重回上海的第一枝报春花，开在了电视荧屏。

破冰的电视广告

1979年1月28日，这个星期天的与众不同并不因它同时又是春节，它进入历史是中国大陆第一条电视广告出现在当时上海 129 万台电视机的屏幕上。这个《参桂养荣酒》广告，片长 1 分 30 秒。一次的播出费，不到 300 块。

这时，距党的十一届三中全会闭幕才第 37 天，全会刚确定全党工作重点转移到社会主义现代化建设上来。那么，上海电视人吃的第一只螃蟹是怎么来的呢？

广告片的制作者是上海电视台新闻组的摄影记者吴国泰，说起来，这事有点偶然。老吴说："每到春节，电视台都要做一些反映大好形势的、市场繁荣这些节目。这时，我们认识了药材公司的老朱同志。在拍完预定节目之后，他提出帮参茸大补酒拍些镜头，少量地出些钱。"

药材公司要拍的，就是参桂养容酒。中国人讲究"冬令进补，夏天打虎"，参桂养荣酒是一种补酒，与十全大补酒、人参酒齐名。主要原料是生晒参、糖参、桂圆肉和玉竹，用的是 52 度的高度白酒。此时，正是市场销售的大好时机。

老吴的请示得到了电视台总负责人邹凡扬的支持，总负责人就是当时电视台的一把手，到了 2 个月后产生的新班子，才有了台长和副台长的称谓。此时的电视台，没有专拍广告的部门和人员，更无现在社会上多如牛毛的电视制作机构。这活就交给了吴国泰。拍广告片用的是 16 毫米彩色胶片，而不是磁带。直到笔者 1984 年进电视台新闻部采访科，因为电子摄像机少，拍新闻还在用 BOLEX16MM 摄影机，16 毫米胶片是 KODA，一盘可拍 5 分钟。

遗憾的是，这条在中国广告史、中国电视史，甚至是在中国改革开放史上都具有划时代意义的广告，现在却是踏破铁鞋无觅处。据相关人员对《参桂养容酒》广告的回忆，我们面前展现了这样的画面：晚辈在店里买酒，送到长辈家孝敬长辈，拿着酒的长辈笑逐颜开。

后到福建电视台工作的吴国泰记得：因宣传的是补酒，就找了一位年已古稀的老先生做模特。他是上海小有名气的灯彩工艺师何克明先生，当时已 85 岁高龄；他银须飘飘，把酒称赞。

代理参桂养容酒广告的是上海市美术公司（现上海市广告装潢公司），公司在这年的年初就恢复了广告业务。而上海电视台，则是在该广告播出的 3 天之前，由邹凡扬向中共上海市广播事业局委员会和中共上海市委宣传部递交了他起草的"关于试办广告业务的报告"。

参桂酒广告模拟图

与此同时，他主持并由汪志诚起草了《上海电视台广告业务试行办法》和《国内外广告收费试行标准》。在上海电视台，也可以说是中国大陆第一个广告刊例价里——国内广告播出费是每 30 秒 100 元，每 60 秒 160 元。制作费是彩色幻灯片每张 10 至 20 元，彩色影片每分钟（40 英尺）500 元。来自国外和港澳地区的播出费是每 30 秒 1700 元，每 60 秒 2000 元。每分钟制片费 5000 元。此外，电视台的广告业务科也宣告成立。

一石激起千层浪。美联社、路透社等二十多个国家和地区的媒体纷纷发了消息，其中一家美国报纸写道："上海电视播放广告是中国开放的信号。"

1989 年，我采访了时任上海电视台广告经营部业务指导的蔡文奎，说起当年："广告播出后，对国内外的反响是相当强烈的，美国和其他一些国家通讯社都发布了新闻。大多数同志都表示支持，还有少数人认为广告是资本主义的，抱着怀疑和抵触的情绪。"

建国以来，上海广告业走过的路程与共和国的命运紧紧相连。多少年来，认为市场经济是属于资本主义的，服务于它的广告自然是彻头彻尾的资本主义货色。还未认识到社会主义同样需要广告在商品的生产和流通中发挥作用，它不仅是提供生产信息的活动，还是经济是否搞活的一个标志。

就在上海电视台播放中国大陆第一条电视广告的当天，《解放日报》刊登了戏剧道具和"十全大补酒"等广告，名列"文革"后报纸恢复广告的全国第一。2 月，第一块户外广告牌伫立"中华第一街"南京路。3 月 5 日，上海人民广播电台播出"春蕾药性发乳"广告，又创全国第一个。3 月 15 日，《文汇报》刊登外商雷达表广告，又为上海拿下一个全国第一。鲜花重放的上海广告，不断创造了全国第一。3 个月后，广东电视台开办广告。一年之后，广告在中央电视台亮相。

争议：国际饭店之顶

毕竟是好些年没有尝到广告的滋味，就像一个长时间吃惯了粗茶淡饭，一下子就面对满汉全席和法俄大菜，不适不服是自然难免的。

1985 年，国际饭店吸引了人们的目光。南京西路 170 号的 24 层国际饭店，建于

1934年；以其83.8米的高度，曾为上海及远东的第一高楼。它不仅是上海的地标之一，而且在1950年被定为上海这座城市的原点，位置就在国际饭店顶端的旗杆中心。

争议就在它顶层那一圈东芝（TOSHIBA）霓虹灯广告。这个日商广告引起了一些人的强烈抗议，认为在上海的原点、在上海的标志性建筑上放置日本广告有辱国格。在他们眼里，这就是鬼子进村的"消息树"。他们来回使劲地揉着双眼，仰望蓝天；这解放区的天，还是晴朗的天么？甚至还有人的眼光从国际饭店转至外滩，提出要拆除外滩外白渡桥至延安东路段对面、浦东陆家嘴沿黄浦江那一排外商的户外广告。

上海市广告协会顾问、被中国广告协会授予"广告人终生成就奖"的徐百益先生，1941年加入英国广告顾问协会。据他回忆，当年解放区也是做广告的。《解放日报》自1936年12月13日创刊起就与广告结缘。他用浙江普通话叙述："该报的广告刊例价以3方寸起码，第一版面地位每日每方寸3角，普通地位每日每方寸2角。启事广告以5号字计，每日每字1分2厘，50字起码，第一版面加倍。颂德讣告另议。"

新中国成立以后，在"文革"前的1962年，上海就诞生了中国第一家专做进出口广告的上海广告公司。在"文革"结束后，在中国大陆第一条电视广告于上海播出两个多月后，1979年3月15日18：51到18：52，上海电视台率先播出中国大陆第一条外商电视广告：瑞士雷达表，片长60秒。也就在同一天，《文汇报》也刊登雷达表广告，成为第一家恢复外商广告的大陆报纸。但是长期以来留存人们头脑里的某些观念，是不会自行退出历史舞台的。

这年7月，京城一家大报报道："北京市政府已下令拆除三环路以内及北京与外界相通的主要公路的所有商业广告牌，以体现首都作为全国政治中心的特色。在之前有人提出'长安街已经成日本街'。"就在王府井街口巨大的SONY广告牌被换上《北京市公共交通线路示意图》四年后，东芝霓虹灯广告仍立在上海国际饭店的顶层。

雷达表广告

1987 年 6 月，北京人民大会堂这个中国政治中心的重要舞台，举行一个它问世以来从未有过的会议——第三世界广告大会。这是中国政府对广告从未有过的表态。时任国家主席李先念接见参加会议的各国代表，国务院代总理万里致开幕词。大会联合主席高哈先生心知肚明："在人民大会堂举行这样的大会，有其特殊的意义，它表明了中国实行对外开放政策的持续性及其通过贸易与合资来实现现代化的决心。"

1989 年 4 月 8 日，电扬广告有限公司第 256 个办事处在沪成立。至此，已有电通株式会社、奥美市场公司和电扬广告有限公司 3 家外国广告公司走进上海：它们报进了上海的户口。拥有广告——地球村共同的世界经济语，中国又获得与世界对话的能力。

人们对外商广告的接受度和观念在变，对荧屏上崭露头角时日不多的电视广告，同样也经历了一个从不理解到光火再到容忍，甚至是部分欣赏的过程。

还是在 1985 年，上海电视台播出了香港 TVB 制作的电视连续剧《上海滩》。周润发扮演的许文强倾倒了上海人，文强的礼帽文强的长围巾在当时的华亭路卖起来像发牌一样，卖得飞起来。但是，对电视里插播的"啪啪啪"三枪打出的雨伞广告，虽说只有短短的 15 秒，可有人却是难以忍受；往电视台打电话写信仍不解心头之恨。现在，你就是打上 1 万枪，他也无动于衷了。正如前香港亚视老板邱德根先生所说："人们已接受这样的观念，有广告的节目才是好节目。"

1988 年，上海市城乡抽样调查大队的调查结果揭示，上海人对广告的变化已显端倪：对广告表示"有限度的欢迎"的人是 30%，表示"可以接受"是 48.2%。它表明，总体是肯定和接纳的。调查样本来自市区 53 个居委会和郊县 23 个村所抽取的 1300 户。此时，距广告回归上海已近 10 年。

越过辽阔天空

"越过辽阔天空，啦啦啦，飞向遥远群星。来吧！阿童木，爱科学的好少年……善良勇敢的，啦啦啦，铁臂阿童木。我们的好朋友啊，无私无畏的阿童木。"

阿童木问世于 1952 年，出自日本著名动画制作人手冢治虫先生之手。阿童木有点像中国脚踩风火轮的哪吒，不过他是脚底喷火穿梭天穹。1980 年，他随卡西欧

（CASIO）广告亮相中国。那年，卡西欧以购买动画片《铁臂阿童木》在央视播出来换取卡西欧广告的播出。

直到今天，不少人一见阿童木就会想起1985年上海电视台的《"卡西欧杯"家庭演唱大奖赛》。直至今天，它仍是广告与电视节目成功结合的一个杰作。此后的960万平方公里土地上，几乎是无杯不赛、无赛不杯。在记忆中稍稍搜索，就有"雀巢杯"通俗歌曲演唱大奖赛、"健牌"中国国际台球大赛、"风华杯"杂文征文、"如意杯"节目主持人评选……

"卡西欧杯"家庭演唱赛按家庭为参赛单位，不要任何专业背景，能唱会演就行。用今天的话来说，它就是个"海选"节目，为中国大陆电视选秀节目的鼻祖。其吸引力不仅有时尚的电子琴奖品，而且是参赛者一家老小都能上电视。初赛、复赛，电视全程播出，决赛更是安排在大年夜的黄金时段直播。它让平民百姓、让普通人家第一次走上荧屏。

操作该节目的是文艺部少儿科，从徐汇教师进修学院一名教师成为少儿节目负

卡西欧大奖赛是当年最火的电视节目

卡西欧大奖赛

责人的庄云飞，与《"卡西欧杯"家庭演唱赛》一路同行。他说："这个节目是日本卡西欧株式会社跟我们联合办的，但是协议不是一年一签，是十年一签，要求我们常办常新，对我们的压力特别大。"

感到压力的不仅是电视台。28年前的普通人，对走上电视还是显得犹豫和心有顾虑。巫洪宝觉得自己家有条件一试，他不仅自己拉得一手好二胡，两个女儿都是小荧星艺术团成员。但他的提议却遭妻子和女儿们的反对，理由居然是在大庭广众面前感到难为情。巫洪宝家庭差点就这样与首届冠军失之交臂，今天听来如同天方夜谭。当这家人敲打着自制乐器，唱着《卖汤圆》夺冠时，是否庆幸当初还是坚定地迈出了这一步？

眼看开赛的日子一天天临近，而经编导们动

员组织来的参赛者还不到预期的一半。病急乱投医的编导们想出了有奖报名这招，在南京西路 651 号电视台门口摆了个摊，放开嗓门吆喝："付 5 块钱报名费，送一只 30 块钱闹钟"。

另一方面，请歌唱家任桂珍和陈海燕家庭救急示范。上台的任桂珍家成员还不齐，缺丈夫饶余鉴，这位歌唱家那时正在意大利演出。当比赛起来后，这些家庭都退出了比赛。

走过艰难的起飞，"卡西欧杯"家庭演唱赛火了。从初赛到决赛的 120 多天里，每个星期只要一到周三和周六，不单是上海，江浙沪千万家庭都在收看家庭演唱赛，千万台电视机回响着一个共同的声音——卡西欧。

比赛的舞台背景上，一行"卡西欧通电子琴 Casiotone"耀眼醒目。创立于 1946 年的卡西欧，其当家产品可是电子计算器；日产电子琴无论质量还是音色，老大当属雅马哈。但这时的上海，卡西欧电子琴的名气"乓乓"响；就连上海电声厂也借了大光，组装的 PT—1 型卡西欧电子琴供不应求。

一时间，家庭演唱领导业余生活新潮流；被媒体评为"奥运会后上海出现的又一次电视热"，可与世界杯比肩。更创下了今天难以想象和复制的 94.5% 的高收视率。同时，在全国掀起家庭演唱赛风潮。

对这一"卡西欧效应"，有学者评论道："上海电视台以改革家的眼光和气魄，领导了电视竞赛节目的新潮流。从来没能上一上舞台的一家老小，今天却能通过屏幕与上千万的观众见面，观众的踊跃程度，超过观看第一流歌唱家的演出。"

同时被改变的，还有人们对广告的心态和认识。可以说，我们认识了广告，广告也认识了我们；我们改变了广告，广告也改变了我们。

从 1985 年到 1997 年，卡西欧杯家庭演唱赛共举办了 11 届，成了上海万千家庭的一个年度期待。周冰倩、巫慧敏等中国大陆第一代平民明星就此诞生，他们的命运也就此改变且步入歌坛。就连主持该节目的叶惠贤，也就此完成由相声演员到节目主持人的华丽转身。他说忘不了这样一个细节：几辆卡车突然在石门路上停了下来，司机们纷纷从驾驶室探出脑袋，对着上街沿的叶惠贤大声叫道："卡西欧——"

图书在版编目 (CIP) 数据

上海，不能抹去的记忆 / 许云倩主编 . 一上海：
上海人民出版社，2014
ISBN 978 - 7 - 208 - 12721 - 0

Ⅰ.①上…　Ⅱ.①许…　Ⅲ.①报告文学–作品集-中
国-当代　Ⅳ.① I25

中国版本图书馆 CIP 数据核字 (2014) 第 298696 号

出 品 人　邵　敏
责任编辑　林　岚　汤　淼
封面装帧　汤　靖

世纪文睿出品

上海，不能抹去的记忆
许云倩 主编

出　　版　世纪出版集团 上海人   出版社
　　　　　（200001　上海福建中路 193 号　www.shsjwr.com）
出　　品　世纪出版股份有限公司上海世纪文睿文化传播分公司
发　　行　世纪出版股份有限公司发行中心
印　　刷　上海商务联西印刷有限公司
开　　本　720×1000　1/16
印　　张　17.5
字　　数　280,000
版　　次　2015 年 1 月第 1 版
印　　次　2015 年 1 月第 1 次印刷
ISBN　978 - 7 - 208 - 12721- 0/I · 1325
定　　价　35.00 元